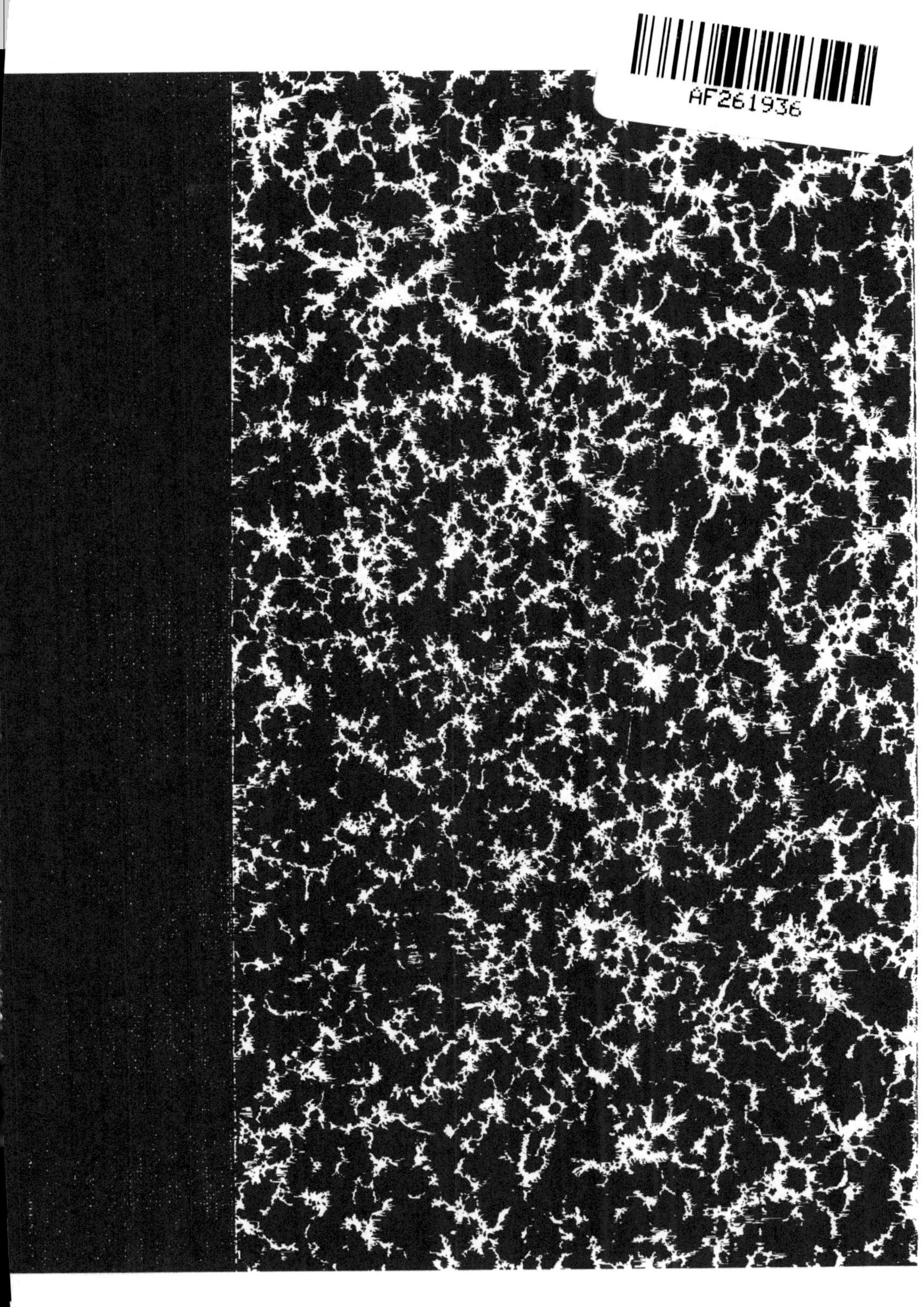

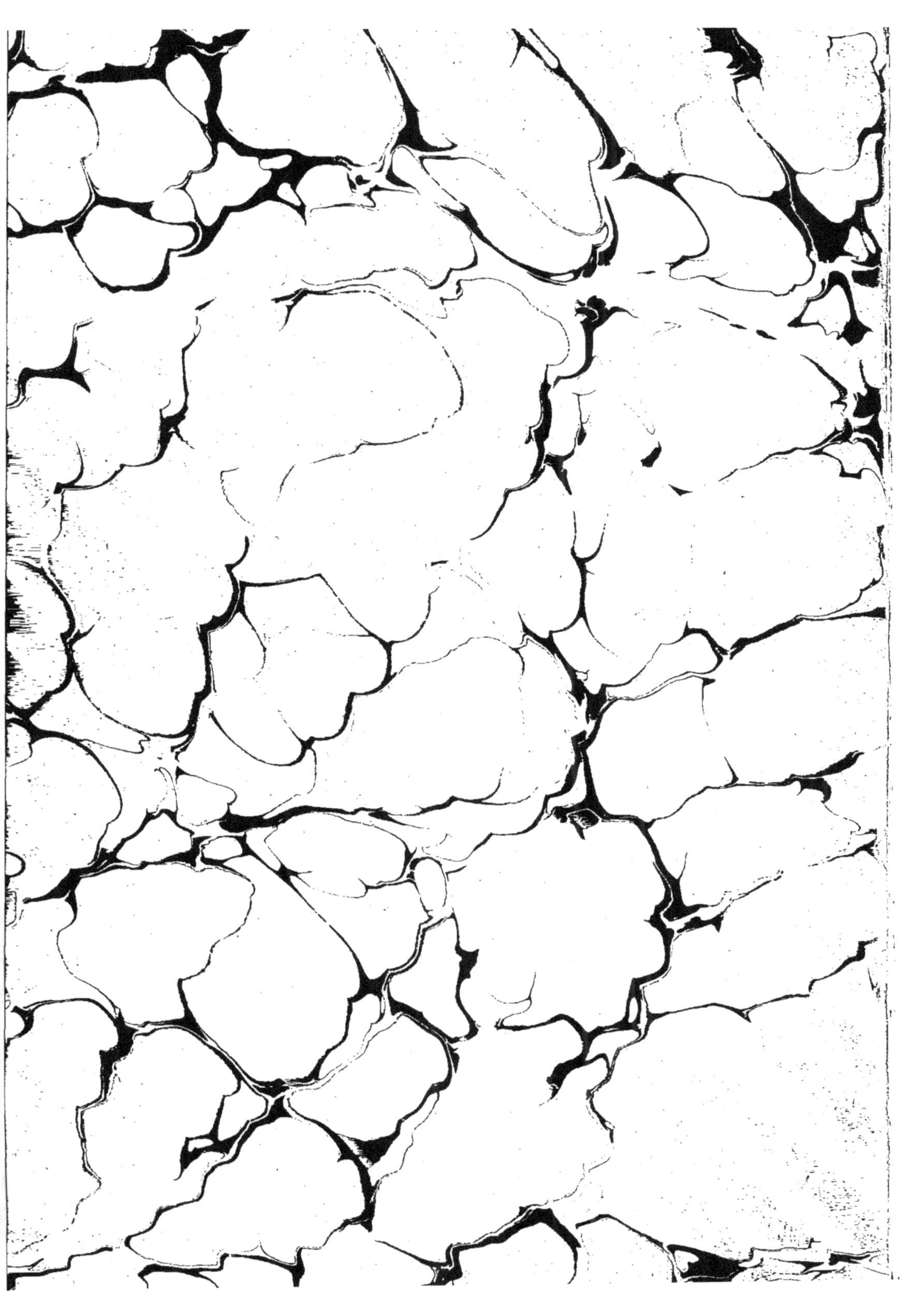

ŒUVRES COMPLÈTES

DE BERGIER

DOCTEUR EN THÉOLOGIE

CHANOINE DE LA MÉTROPOLE DE PARIS,

CONFESSEUR DE MESDAMES DE FRANCE, ETC., ETC

Augmentées d'un grand nombre d'ouvrages inédits,

SAVOIR

TRAITÉS DIVERS, DISSERTATIONS, DISCOURS, LETTRES, ETC.,

ET REPRODUITS D'APRÈS LES MANUSCRITS AUTOGRAPHES.

PUBLIÉES

PAR M. L'ABBÉ MIGNE,

ÉDITEUR DE LA BIBLIOTHÈQUE UNIVERSELLE DU CLERGÉ,

OU

DES **COURS COMPLETS** SUR CHAQUE BRANCHE DE LA SCIENCE RELIGIEUSE.

TOME DEUXIÈME.

8 VOLUMES, PRIX : 50 FRANCS.

S'IMPRIME ET SE VEND CHEZ J.-P. MIGNE, ÉDITEUR,
AUX ATELIERS CATHOLIQUES, RUE D'AMBOISE, AU PETIT-MONTROUGE,
BARRIÈRE D'ENFER DE PARIS.

1855

ŒUVRES COMPLÈTES

DE

NIC.-SYL. BERGIER.

Quatrième Partie.

THÉOLOGIE DOGMATIQUE ET MORALE.

Section deuxième. — DOGME.

DICTIONNAIRE DE THÉOLOGIE

DOGMATIQUE,

LITURGIQUE, CANONIQUE ET DISCIPLINAIRE,

MIS EN RAPPORT

AVEC LES PROGRÈS DES SCIENCES ACTUELLES,

ANNOTÉ ET AUGMENTÉ

PAR M. PIERROT,

ANCIEN PROFESSEUR DE PHILOSOPHIE ET DE THÉOLOGIE AU GRAND SÉMINAIRE DE VERDUN.

TOME PREMIER.

A-C

Imprimerie MIGNE, au Petit Montrouge.

NOTICE HISTORIQUE SUR BERGIER.

Au moment où la philosophie se préparait à livrer au catholicisme les attaques les plus perfides, la Providence préparait à la religion d'habiles défenseurs : de ce nombre fut l'illustre auteur du *Dictionnaire de théologie* que nous actualisons.

BERGIER (Nicolas-Sylvestre) naquit à Darney (1) le 31 décembre 1718, d'une famille honnête et religieuse. Ayant manifesté dès sa jeunesse des sentiments de la plus tendre piété, il fut destiné à l'état ecclésiastique. Il entra au séminaire de Besançon, qui était dirigé alors par des maîtres habiles, au nombre desquels se distinguait M. Bullet, connu par plusieurs ouvrages très-érudits en faveur de la religion. Le jeune disciple fit de rapides progrès sous un si savant maître. Doué d'un aussi bon cœur que d'un excellent esprit, il conserva toujours pour M. Bullet une profonde reconnaissance et une extrême vénération. Le mérite de Bergier le fit demander par M. Chifflet de Denne, conseiller au parlement de Franche-Comté, pour faire l'éducation de ses enfants. M. de Denne se félicita d'un pareil choix, car le jeune maître eut les plus brillants succès. Il fallait à Bergier une carrière plus vaste que celle d'une éducation particulière. A peine élevé au sacerdoce, il se présenta pour obtenir une chaire de philosophie à l'université de Besançon. Malgré les éloges mérités qu'il obtint, comprenant qu'il avait besoin de se fortifier dans les sciences théologiques et philosophiques, il se rendit, l'année suivante (1745), à Paris, pour y suivre les grands maîtres et s'aider des riches bibliothèques de la capitale. Après trois ans de séjour dans le centre de tou'es les sciences, il fut rappelé par son archevêque, qui le plaça à Flange-Bouche, paroisse de campagne située dans la Franche-Comté. Il s'y occupa avec beaucoup de zèle des fonctions du saint ministère. C'était un bonheur pour lui lorsqu'il pouvait trouver un moment pour se livrer à l'étude. Aucune production nouvelle un peu importante ne lui était étrangère. Ce qui détermina peut-être ses destinées futures, ce furent deux sujets proposés par l'académie de Besançon. Il concourut si heureusement qu'il remporta deux médailles d'or (en 1752), l'une pour un discours d'éloquence, et l'autre pour une dissertation historique. L'année suivante, il se présenta encore au concours, et remporta de nouveau le prix d'éloquence sur cette question : *L'assiduité au travail peut-elle procurer à la société autant d'avantages que la supériorité des talents ?*

Il se peignit si bien dans ce chef-d'œuvre d'éloquence, qu'on dit publiquement : « Il s'est peint lui-même sans le vouloir. » Il ne fut pas aussi heureux sur le sujet historique : il traita d'une manière plus ingénieuse que solide cette belle question : *L'origine du nom des Séquanais, leurs mœurs, leur religion, la forme de leur gouvernement et les limites du pays qu'ils habitaient avant que Jules-César eût conquis les Gaules et dans le temps de cette conquête.* Depuis cette époque, il se présenta tous les ans au concours, et il se passa peu d'années sans qu'il remportât quelque prix ou accessit.

Bergier s'appliquait en même temps à des ouvrages plus sérieux. Il publia les *Éléments primitifs des langues découverts par la comparaison des racines de l'hébreu avec celles du grec, du latin et du français.* Il fit paraître en même temps l'*Origine des dieux du paganisme*, ouvrage suivi d'une traduction d'Hésiode. Cet ouvrage manquait de profondeur. Nous ne parlerons pas, dit Feller, de son *Traité sur l'Origine des dieux du paganisme*, ouvrage où l'on ne trouve ni sa logique, ni la marche judicieuse de sa vaste érudition ; il le répudia en quelque sorte lui-même par l'éloge qu'il fait plusieurs fois de l'histoire des temps fabuleux, dont le résultat lui était tout à fait contraire. Il était, dit l'abbé Barruel, du petit nombre de ceux qui pouvaient le juger ; mais je puis assurer que je n'ai point vu d'admirateur plus sincère et plus éclairé de cette estimable production de M. du Rocher, que l'abbé Bergier lui-même : il la louait, la préconisait partout, et disait hautement que le système de la *fable expliquée par l'histoire* était mieux prouvé que le sien, et méritait la préférence à tout égard.

En 1764, époque marquée par la déplorable expulsion des Jésuites des colléges de France, Bergier fut appelé à diriger celui de Besançon. Il quitta avec regret sa bonne paroisse de Flange-Bouche. Mais la dureté du climat, une annexe difficile à desservir, l'engagèrent à accepter le poste élevé qu'on lui offrait. L'année suivante l'académie de Besançon l'admit au nombre de ses membres. Il venait de publier son *Déisme réfuté par lui-même*. Il y combat particulièrement J.-J. Rousseau : il l'attaque avec ses propres armes, et ne lui oppose pour l'ordinaire que ses propres sentiments établis dans quelques autres endroits de ses ouvrages. C'est là qu'il manie heureusement la comparaison de l'aveugle-né pour expliquer le rapport de notre raison avec la nature et les ouvrages de Dieu ; qu'il prouve la nécessité et l'existence de la révélation, la voie dont Dieu veut se servir pour nous la faire connaître, et

(1) Petite ville du diocèse de Saint-Dié. Elle appartenait autrefois au diocèse de Besançon.

qu'il justifie pleinement la religion des maux qu'on lui attribue ; qu'il démontre l'inutilité et les faux principes du nouveau plan d'éducation tracé dans l'*Emile*. Il allie le christianisme avec la politique ; enfin il réfute d'une manière victorieuse l'*Apologie* de Rousseau contre le Mandement de Mgr l'archevêque de Paris, etc. Cet ouvrage fut bientôt suivi d'un autre. *La Certitude des preuves du christianisme* parut en 1767. L'auteur l'opposa à l'*Examen critique des apologistes de la religion chrétienne*, ouvrage insidieux, longtemps connu en manuscrit, et qui avait fourni des matériaux à un grand nombre de livres impies. L'abbé Bergier dévoile la passion et la mauvaise foi de l'auteur de ce livre, et, sans s'étonner de cette foule de raisonnements spécieux, il les attaque en détail, fait voir l'illusion de chacun en particulier, et renverse ainsi l'édifice entier. Ces ouvrages avaient fait une profonde sensation. Plusieurs églises cherchèrent à s'attacher un homme aussi distingué que Bergier. L'évêque d'Arras lui fit expédier les provisions d'un canonicat. Presque en même temps M. de Beaumont lui en fit parvenir d'autres pour Paris. Bergier accepta de préférence le canonicat de Paris, non pas à cause de la splendeur de l'Eglise à laquelle il serait attaché, mais parce qu'il pensa pouvoir y être plus utile.

En arrivant dans la capitale, il mit au jour son *Apologie de la religion chrétienne*, ouvrage plein de précision, de clarté et de modération. Il profita des grands moyens scientifiques mis à sa disposition pour compléter cet écrit. La suite de cette Apologie, ou *Réfutation des principaux articles du Dictionnaire philosophique*, présente une précision, une énergie, un laconisme admirable. L'abbé Bergier, en revenant plusieurs fois sur les mêmes objets auxquels ses adversaires, qui se répètent sans cesse, le rappellent, paraît toujours armé de nouvelles raisons et de nouvelles autorités, et, quoiqu'il satisfasse toujours, il ne s'épuise jamais et oppose à la monotonie des philosophes une fécondité et une variété qui forment un contraste peu avantageux à leur cause. Le *Système de la nature* faisait beaucoup de ravages : Bergier lui opposa, en 1771, son *Examen du matérialisme*. C'est dans cet ouvrage que le célèbre apologiste de la religion fait l'anatomie de la monstrueuse production qu'il réfute avec une exactitude qui tient du scrupule, et le met à l'abri du reproche que quelques philosophes avaient osé faire à d'autres, d'avoir passé sous silence des objections essentielles. Dans le premier volume, il détruit le matérialisme, et dans le second, il justifie la religion et traite de la Divinité, des preuves de son existence, de ses attributs, de la manière dont elle influe sur le bonheur des hommes. En ouvrier infatigable, Bergier travaillait alors à un écrit beaucoup plus considérable que ceux qu'il avait publiés. Il voulait réfuter toutes les objections faites contre la religion. Il mit au jour son fameux *Traité de la Reli-*

gion, ouvrage qu'il écrivit de sa main jusqu'à trois fois, quoiqu'il fût de douze volumes. Il y traite de tout ce qui a rapport à la religion : histoire, physique, géographie, politique, morale, philosophie, érudition sacrée, tout se réunit sous sa plume pour justifier la religion indignement attaquée.

« Quelques personnes, dit M. de Sainte-Croix, crièrent contre un si grand nombre de volumes ; mais quiconque fera les réflexions suivantes n'en sera point étonné. 1° L'auteur a rassemblé les principes épars des impies de tous les siècles, pour former de leur doctrine une espèce de corps ; il a discuté les reproches qu'ils faisaient à la religion, ce qui exigeait les plus grandes recherches. 2° Il a montré la filiation des diverses erreurs des ennemis du christianisme ; il a prouvé que les incrédules modernes n'étaient que les copistes de leurs devanciers ; que les incrédules d'Angleterre avaient donné naissance à ceux de France ; que les uns et les autres n'avaient fait que ressasser les objections surannées de Celse, de Porphyre, de Julien l'Apostat, quoique mille fois réfutées d'une manière victorieuse ; qu'ils avaient puisé chez les anciens hérétiques leurs difficultés contre quelques dogmes du christianisme. L'ouvrage de l'abbé Bergier contient donc la réfutation de toutes les objections formées contre la religion chrétienne dans tous les siècles. Que l'on juge d'après cela si l'auteur a outrepassé les bornes dans le nombre des volumes.

« Quand l'ouvrage dont nous parlons fut devenu public, quelques personnes parurent disputer à l'abbé Bergier le mérite de l'invention de son plan. Voici à quelle occasion. M. de Beaumont, archevêque de Paris, avait engagé quelqu'un à composer un ouvrage que ce prélat aurait adopté, et qui aurait été distribué par parties, et en forme d'instruction pastorale, pour prémunir les fidèles contre les dangers de l'incrédulité. Le travail fini, l'auteur le remit à M. de Beaumont, sans lui avoir donné cependant la forme d'instruction pastorale. Le prélat pria l'abbé Bergier de le lire, et de lui dire ce qu'il en pensait. L'abbé Bergier le lut, en rendit le témoignage le plus avantageux, et le remit à M. l'archevêque. M. de Beaumont fut instruit du reproche de plagiat qu'on faisait à l'abbé Bergier : il voulut savoir à quoi il devait s'en tenir. Il pria l'abbé Chevreuil, chanoine et chancelier de l'église de Paris, vicaire général du diocèse, ancien professeur de Sorbonne, homme bien connu par ses vertus et ses talents, de lire les deux plans avec attention, et de lui dire jusqu'à quel point le reproche en question pouvait être fondé. La réponse de l'abbé Chevreuil fut qu'on avait inculpé à tort l'abbé Bergier ; que les deux plans étaient différents ; que l'un n'était point calqué sur l'autre ; que les deux auteurs ayant eu les mêmes matières à traiter, ils devaient se ressembler sous ce rapport ; mais que chacun les avait traitées à sa manière ; que d'ailleurs l'abbé Bergier avait fait ses preuves, et qu'il n'était point fait pour être plagiaire. Ce détail vient de quelqu'un bien instruit du fond de cette affaire, et il l'aurait supprimé, s'il ne connaissait des personnes encore imbues de la prévention dont il s'agit contre l'abbé Bergier. »

La cour désira s'attacher notre illustre apologiste : elle le choisit pour confesseur de Monsieur et de Mesdames tantes du roi. Ses nouvelles fonctions l'obligeaient à rester à Versailles ; il y porta l'esprit de modestie et de désintéressement qui avaient toujours marqué son caractère. Il voulut se démettre de son canonicat : il ne le conserva que sur la vive instance du chapitre. Il refusa un bénéfice qui lui avait été offert. S'il accepta une pension du clergé de France, elle lui fut accordée sans qu'il l'eût sollicitée.

Il allait fréquemment à Paris pour assister au chœur, afin de remplir, autant qu'il était en lui, ses fonctions de chanoine. Il refusa toujours les distributions manuelles lorsqu'il n'était point présent. Sa place lui donnait cependant le droit de les recevoir. C'était une privation, non pour lui-même, mais parce qu'il ne pouvait faire assez de bien ; car il employait ses revenus en aumônes. « Quoique je sois à la veille de faire une perte considérable, écrivait-il le 9 novembre 1789, tant sur mes revenus que sur ce qui m'est dû, je n'ai de regret qu'autant que je ne pourrai plus assister les malheureux. » De semblables paroles peignent toute la richesse du cœur de l'homme.

On se proposait de revoir l'Encyclopédie et de la publier sous une nouvelle forme. On s'adressa à Bergier pour reviser et compléter le dogme. On sait, par l'avertissement qu'il mit à la tête de son ouvrage et que nous rapportons nous-même, le travail immense que lui causa le Dictionnaire que nous actualisons.

On y trouve en général la vaste érudition, la logique rigoureuse, le style coulant, rapide, aisé de ses autres productions ; mais çà et là, ainsi que dans l'ouvrage précédent, un peu trop d'indulgence ou de complaisance envers les gens d'une secte qui ne dédaignait point ses talents ; une espèce d'égard pour des erreurs accréditées, et de composition avec quelques préjugés dominants. « Je crois quelquefois, a dit un critique, entendre la religion qu'il a si savamment défendue, lui dire avec un ton de tendresse et de plainte : *Tu quoque, Brute!* Des hommes respectables ont témoigné leurs regrets sur son association à une tourbe d'écrivains que le chef lui-même appelait une race détestable de travailleurs, qui, ne sachant rien, et qui, se piquant de savoir tout, cherchèrent à se distinguer par une universalité désespérante, se jetèrent sur tout, gâtèrent tout, mettant leur énorme faucille dans la moisson des autres. Il est certain que cette association a infiniment contribué à répandre un ouvrage pernicieux, vaste magasin d'erreurs de tous les genres, dont les lecteurs chrétiens avaient la plus grande aversion, et qui, depuis qu'il fut décoré du nom d'un auteur si sage et si religieux, trouva place dans les bibliothè-

ques les plus scrupuleusement composées. » Ce reproche est formulé un p'u sévèrement. Est-ce un si grand crime de mettre le contre-poison à côté du poison ? Nous ne voyons pas que Bergier ait pactisé avec l'erreur dans son savant écrit. Il fait, il est vrai, concessions de certaines opinions qui n'appartiennent pas au dogme catholique; mais il est sage de ne pas confondre les vérités de foi avec les opinions qu'on peut rejeter sans blesser la conscience.

Bergier termina sa sainte et laborieuse carrière le 9 avril 1790.

Ce qui distingue particulièrement l'abbé Bergier, ce qui fait le caractère exclusif de ses ouvrages parmi les apologies de la religion, c'est, dit Feller, à qui nous avons beaucoup emprunté pour cette notice, une logique d'une précision et d'une vigueur étonnantes, qui se montre, dans une seule et même matière, sous des formes absolument différentes ; attaque le sophisme en tant de manières à la fois, le frappe si rudement dans les endroits où sa résistance paraissait le mieux assurée, que la victoire se décide toujours par cette lumière pleine et brillante qui ne laisse subsister aucun nuage de l'erreur. Je ne sais s'il est possible d'avoir plus de connaissances en tant de genres divers, mais particulièrement dans l'histoire, la théologie, la critique, et surtout dans cette immensité de brochures et de compilations de toutes les espèces que les Encelades de ce siècle ont entassées comme des monts pour abattre, si ce triste exploit pouvait être l'ouvrage des mortels, le trône de l'Eternel. Personne ne connaît et ne confond mieux les ruses et les détours de ces esprits faux et tortueux, ces petits artifices que le mensonge emploie avec un art qui lui est honteusement propre, ces fruits odieux de la mauvaise foi, ces tours de malice noire, cette impiété maligne, comme parle l'Ecriture, qui dirige les attaques de l'ennemi contre le lieu saint. *Quanta malignatus est inimicus in sancto!* Tout cela s'évanouit comme une fumée devant les regards de l'éternelle et invincible vérité présentée avec ses traits naturels par cet homme de génie. *Ad nihilum deductus est in conspectu ejus malignus.* C'est surtout dans le genre d'argument qu'on appelle rétorsion que M. Bergier excelle; c'est par lui ordinairement qu'il consomme son triomphe. A peine a-t-il repoussé les attaques des adversaires du christianisme, qu'il les attaque lui-même avec leurs propres armes, tournées contre eux avec une célérité et une adresse qui étonnent le lecteur, et qui, mettant pour ainsi dire la religion hors de l'arène, y placent le philosophisme et l'accablent de mille traits. »

Voici la liste des ouvrages de l'abbé Bergier : 1° Discours couronné, en 1763, à l'académie de Besançon, sur cette question : *Combien les mœurs donnent de lustre aux talents,* in-12. — 2° Il avait, dix ans auparavant, remporté le prix de Dissertation à la même académie. — 3° *Les Eléments primitifs des langues.* 1764, in-12. — 4° *La certi-*

tude des preuves du christianisme, ou *Réfutation*, etc. L'Examen critique des apologistes de la religion chrétienne, 1767, in-12. Plusieurs fois réimprimé. — 5° *Réponse aux Conseils raisonnables*, relativement à l'ouvrage précédent, in-12. On l'a jointe aux nouvelles éditions de la *Certitude*. — 6° *Réponse à la Lettre insérée dans le Recueil philosophique*, au sujet du livre intitulé : *La Certitude des preuves du christianisme*, in-12. — 7° *Le Déisme réfuté par lui-même, ou Examen des principes d'incrédulité répandus dans les ouvrages de J.-J.-Rousseau*, 1766, in-12. Il y avait eu cinq éditions avant 1772. — 8° *L'Origine des dieux du paganisme et le sens des fables, par une explication suivie des poésies d'Hésiode*, 1767, 2 vol. in 12. Il y a eu une seconde édition en 1774. — 9° *Apologie de la religion chrétienne* contre l'auteur du *Christianisme dévoilé* et contre quelques autres critiques, 1769, 2 vol. in-12. Il y a eu une seconde édition en 1770. — 10° *Examen du matérialisme*, ou Réfutation du *Système de la nature*, 1771, 2 vol. in-12. — 11° *Traité historique et dogmatique de la vraie religion, avec la Réfutation des erreurs qui lui ont été opposées dans les différents siècles*, 1780, 12 vol. in-12. — 12° *Dictionnaire théologique, faisant partie de l'Encyclopédie*, 1788 et suiv., 3 vol. in-4°.—13° *De la Source de l'autorité*, imprimée sans nom d'auteur, en 1789, in 12.—14° Un *Discours* sur le mariage des protestants, 1787, in-8°. — 15° *Observations* sur le divorce. Cet écrit fut imprimé à Besançon, 1790. Il servait de réponse à un mémoire en faveur du divorce, répandu dans le sein de l'Assemblée constituante. — 16° *Tableau de la miséricorde divine*. Il est presque entièrement composé de passages de l'Ecriture. *Moins il y aura du nôtre*, dit-il lui-même au premier chapitre, *plus l'instruction sera solide. Dans tout ce qui vient de la main des hommes, l'erreur peut s'y être glissée; et si nous donnions nos idées particulières, il y aurait lieu de s'en défier; mais lorsque nous nous bornons à exposer la conduite de Dieu envers tous les hommes et dans tous les temps... Cette doctrine ne peut être suspecte.* — 17° *Examen* du système de Bayle sur l'origine du mal. Remarques sur cette question : *Si la foi est contraire à la raison.* Dissertation sur le saint Suaire de Besançon. Plan de théologie. Ces divers ouvrages ont été imprimés à Besançon, 1831.

M. Asseline, évêque de Boulogne, a été propriétaire d'un ouvrage de Bergier sur la rédemption : nous ne savons ce qu'il est devenu.

Les principes de métaphysique qui se trouvent dans le Cours d'études à l'usage de l'Ecole militaire sont attribués à Bergier par M. Barbier.

AVERTISSEMENT DE L'AUTEUR,

QUI SE TROUVE DANS L'ÉDITION DE PARIS DE 1788.

Si la partie théologique de l'*Encyclopédie* a tardé à paraître, nous espérons que le public nous pardonnera ce retard, lorsqu'il sera instruit des difficultés que nous avons eues à vaincre, et de l'immensité du travail dont nous nous sommes trouvé chargé.

D'environ deux mille cinq cents articles dont cet ouvrage est composé, il y en a au moins un quart qui manquaient dans l'ancienne *Encyclopédie*, ou qui n'avaient été traités que comme des articles de grammaire; il a fallu les faire. Un nombre presque égal contenaient une doctrine fausse ou suspecte; ils avaient été copiés dans des écrivains hétérodoxes, ou faits par des littérateurs qui, par leurs principes, favorisaient l'incrédulité; il a fallu les corriger. Plusieurs renfermaient des discussions inutiles; nous les avons abrégés. D'autres étaient incomplets, nous y avons ajouté ce qui nous a paru nécessaire. Quelques-uns ont été retranchés comme superflus. Nous n'avons pas vu, par exemple, où était la nécessité de faire vingt articles de l'arianisme, parce que les partisans de cette hérésie ont porté autant de noms différents; de distinguer *homoousios et consubstantiel*, dont l'un est la traduction de l'autre; de parler du dimanche des *Palmes* et de celui des *Rameaux*; de changer une lettre pour placer *corban* et *korban*; *chirotonie* et *keirotonie*, au lieu de l'*imposition* des mains; *purim* et *phurim*, qui signifient les *sorts*; de mettre des mots grecs ou hébreux au lieu des mots français qui y répondent. Ainsi, à presque tous les égards, notre travail doit paraître absolument neuf.

Des trois parties qu'il embrasse, savoir, la théologie dogmatique, la critique sacrée et l'histoire ecclésiastique, la première est celle qui demande le plus d'attention, et qui renferme le plus de difficultés. Comme toute autre science, elle a son langage particulier, certaines expressions consacrées à exprimer les mystères, desquelles on ne peut se départir sans s'exposer à tomber dans l'erreur. On ne doit pas exiger d'un théologien qu'il emploie d'autres termes plus clairs tirés du langage ordinaire, ni qu'il fasse comprendre évidemment des vérités que Dieu a révélées pour être crues sur sa parole, quoique nous ne puissions pas les concevoir.

Depuis près de dix-huit cents ans que la théologie chrétienne est formée, il ne s'est pas écoulé un seul siècle dans lequel elle n'ait été combattue par quelque secte de mécréants; cette science est donc devenue très-contentieuse. Comme elle consiste à savoir non-seulement ce que Dieu a révélé, mais comment cette doctrine a été attaquée, et comment elle a été défendue, il n'est presque pas un seul article qui ne soit un sujet de dispute : un théologien écrit donc toujours au milieu d'une foule d'ennemis, et jamais ils ne furent en plus grand nombre que dans notre siècle. On ne doit donc pas être étonné de nous voir continuellement aux prises avec les sociniens, avec les protestants, qui ont renouvelé presque toutes les anciennes erreurs; avec les déistes et les autres incrédules qui les ont copiés tous. Nos maîtres en théologie sont les Pères de l'Eglise; nous nous croyons obligé de suivre leur exemple. Or, ces auteurs respectables ont écrit, chacun dans son temps, contre les erreurs qui faisaient du bruit pour lors, et non contre celles dont le souvenir était à peu près effacé; il est de notre devoir de les imiter.

Nous ne sommes pas assez injuste pour accuser les protestants d'avoir voulu, de propos délibéré, favoriser les ennemis du christianisme; mais il n'est pas moins vrai que, sans le vouloir, ils leur ont fourni presque toutes leurs armes; c'est un événement que nous n'avons pas pu nous dispenser de faire remarquer une infinité de fois, parce que la chose est évidente. Si les protestants se fâchent de se trouver continuellement dans notre ouvrage associés aux incrédules, ce n'est pas à nous qu'ils doivent s'en prendre, mais à leurs docteurs. Chez les luthériens, Mosheim et Brucker; chez les calvinistes, Beausobre, Basnage, Le Clerc, Barbeyrac; chez les anglicans, Chillingworth et Bingham, sont ceux dont nous avons principalement consulté les livres, parce que ce sont les derniers qui ont écrit, et qui paraissent avoir le plus de réputation. Ils ont cherché à donner une nouvelle tournure aux anciennes objections; ils ont eu l'art de défigurer la plupart des faits de l'histoire ecclésiastique; il n'est presque pas un seul des Pères de l'Eglise, contre lequel ils n'aient formé des accusations; ils ont donc imposé une nouvelle tâche aux théologiens catholiques, à laquelle nos meilleurs controversistes n'ont pas pu satisfaire : nous avons donc été obligé de nous en charger; et si nous n'avons pas répondu à tout, nous croyons du moins avoir fait le plus essentiel. En donnant une courte notice des ouvrages des Pères, nous avons tâché de faire leur apologie.

Il en est de même des personnages de l'Ancien Testament dont l'histoire sainte a loué les vertus, et que les incrédules, en marchant sur les traces des manichéens, se sont appliqués à noircir. Mais loin de chercher à multiplier les articles de critique sacrée, nous en avons supprimé un grand nombre. Il nous a semblé inutile de disserter sur des expressions que tout le monde entend, ou sur des termes qui n'ont rien d'extraordinaire, et de copier le *Dictionnaire de la Bible*. Il est plus nécessaire sans doute d'éclaircir les passages dont les hérétiques ou les incrédules ont abusé, ou qui font un objet de dispute entre les théologiens.

On doit comprendre qu'un *Dictionnaire théologique*, quelque exact qu'il puisse être, ne pourra jamais tenir lieu d'un cours de théologie complet, dans lequel on rassemble sur chaque question toutes les preuves et les réponses aux objections; où l'on fait voir la liaison que nos dogmes ont entre eux, de manière que l'un éclaircit et confirme l'autre (1). Ce serait une erreur de croire qu'avec le secours d'un *Dictionnaire* aussi abrégé, l'on peut devenir grand théologien. Si celui-ci avait été destiné à paraître seul, il aurait nécessairement fallu le rendre plus étendu, y faire entrer plusieurs articles de métaphysique, de morale, d'histoire, de discipline, de jurisprudence canonique, que nous avons dû laisser à ceux auxquels ils appartiennent.

Il n'aurait pas été difficile non plus de le charger de citations; mais il suffit d'avertir, en général, que pour la *Critique sacrée*, les *Prolégomènes de la Polyglotte d'Angleterre*, la *Philosophie sacrée de Glassius*, les *Dissertations et les Préfaces de la Bible d'Avignon*, en 17 volumes in-4°, sont les principales sources où l'on a puisé. Pour l'*Histoire ecclésiastique*, Fleury, Cave, du Pin, Tillemont, dom Ceillier, sont les auteurs qu'il aurait fallu citer continuellement. Nous n'avons pas hésité de copier plusieurs observations dans les protestants desquels nous venons de parler, surtout de Mosheim, lorsqu'elles nous ont paru vraies et dignes de l'attention du lecteur. Pour la théologie dogmatique, quand nous aurions mis à chaque article les noms de Petau, de Tournély, de Wittasse, de Lherminier, de Juénin, ou de quelques auteurs plus modernes, le lecteur n'en aurait pas été plus instruit; ces ouvrages sont connus de tous les théologiens, et les autres personnes ne sont pas tentées de les lire.

Nous n'avons pas la vanité de croire que ce *Dictionnaire* est tel qu'il devrait être; un seul homme, quelque laborieux qu'il soit, ne peut suffire à cette entreprise. Ceux qui viendront après nous pourront faire mieux; il est plus aisé de voir les défauts d'un ouvrage déjà fait, que de les éviter en le composant.

(1) Un Dictionnaire théologique a d'autres avantages que n'offre point un traité complet : il est d'un usage plus général; on le consulte plus commodément, plus agréablement; il renferme d'ailleurs un grand nombre d'articles dont n'est point susceptible un cours de théologie.

AVERTISSEMENT

SUR CETTE NOUVELLE ÉDITION.

I. *Nécessité de compléter le dogme.* — Le *Dictionnaire de Théologie* de Bergier a acquis une juste célébrité. Les matières y sont exposées avec clarté; la controverse y est soutenue avec vigueur; les difficultés y sont abordées franchement et résolues avec autant de sagacité que d'érudition. L'auteur a fait comme la plupart des apologistes de la religion chrétienne : il a travaillé pour son époque, et il a parfaitement réussi. « On ne doit pas être étonné, dit-il (*Avertissement sur l'édition de 1788*), de nous voir continuellement aux prises avec les sociniens, avec les protestants, qui ont renouvelé presque toutes les anciennes erreurs; avec les déistes et les autres incrédules, qui les ont copiés tous. Nos maîtres en théologie sont les Pères de l'E-glise; nous nous croyons obligé de suivre leur exemple. Or, ces auteurs respectables ont écrit, chacun dans son temps, contre les erreurs qui faisaient du bruit pour lors, et non contre celles dont le souvenir était à peu près effacé; il est de notre devoir de les imiter. » Aussi s'est-il presque exclusivement attaché à réfuter les faussetés et les calomnies répandues tant dans les ouvrages philosophiques des incrédules de son temps, que dans ceux des protestants qui lui paraissaient *avoir le plus de réputation*, tels que, Mosheim, Brucker, Beausobre, Basnage, Daillé, Le Clerc, Barbeyrac, Spanheim, Chillingworth, Bingham et plusieurs autres. On conçoit facilement, d'après ce but franchement avoué, que les raisonnements de notre auteur doivent être bien plus souvent des arguments *ad hominem* que des preuves directes. C'est d'ailleurs ce dont on est parfaitement assuré, après la lecture de quelques pages du *Dictionnaire*. L'habile controversiste part assez souvent de principes avoués par les adversaires qu'il a en vue ; il en tire des conséquences rigoureuses et poursuit vigoureusement son ennemi jusque dans son dernier retranchement. L'avocat a toujours gagné son procès ; mais quelquefois le théologien n'a rien démontré. Qu'il paraisse dans l'arène un champion à qui l'on ne puisse opposer les mêmes armes, il demeurera bientôt maître du terrain. Quelquefois même, les traits lancés ne peuvent atteindre l'adversaire que l'on croit combattre : notre auteur, en effet, dans la persuasion intime où il est que les protestants de toutes les sectes, que les incrédules de tous les partis, s'accordent toujours pour batailler contre l'Église romaine, suppose trop facilement qu'ils doivent admettre les principes les uns des autres, et que tous approuvent les concessions faites par quelques-uns d'entre eux. Aussi, oppose-t-il souvent aux uns les principes et les aveux des autres : c'est là combattre dans le cabinet des ennemis imaginaires, mais ce n'est point vaincre tel ou tel adversaire sur le champ de bataille. Le travail de Bergier, cependant, il faut en convenir, a exercé une influence salutaire sur les idées et les préoccupations de son siècle ; il a dissipé bien des préjugés et a fourni aux chrétiens zélés des armes très-puissantes tant contre le vieux protestantisme que contre l'incrédulité du xviii⁰ siècle. Mais de quelle utilité peut-il être, s'il est offert tel qu'il est à notre société moderne ? Où sont les protestants qui ont aujourd'hui un système de doctrine déterminé ? L'indifférence n'a-t-elle même pas, du moins à Paris, pris la place de l'esprit de parti ? Où sont les philosophes incrédules qui raisonnent encore à la mode du xviii⁰ siècle ? Le voltairianisme n'est-il pas descendu des sommités intellectuelles dans la fange populaire ? Là on ne raisonne pas, on blasphème par corruption et par ignorance.

On ne peut donc aujourd'hui opposer avec succès à aucun ennemi de l'Église la plupart des arguments dont notre auteur s'est servi, à son époque, avec tant d'avantage. Devons-nous, à son exemple, diriger nos batteries contre le protestantisme et l'incrédulité modernes ? Nous ne le pensons pas. 1° Le protestantisme actuel est insaisissable, surtout en France, où l'on jouit de la liberté des cultes : nous connaissons à Paris quatre sectes principales de calvinistes qui s'accordent sur fort peu de points ; en sorte que si l'on s'attache à en poursuivre une, on ne gagnera pas un pouce de terrain sur les trois autres. De plus, dans la même secte, un membre, et même un ministre conteste ce qu'un autre accorde ou admet ; c'est la suite nécessaire du défaut de règle extérieure de foi. Nous pouvons en dire autant de nos incrédules et de tous les philosophes qui nient l'existence

d'une révélation surnaturelle, en faveur d'une prétendue révélation naturelle faite par Dieu à la raison de chaque individu. Dans la même école, les premiers principes et à plus forte raison les conséquences varient avec les individus. Au reste, aucun incrédule, aucun philosophe ennemi de l'Église n'a de système arrêté dont on puisse faire l'objet d'une réfutation solide et utile. L'éclectique surtout trouve dans l'inconséquence de son système des moyens fort expéditifs de se débarrasser des argumentations les plus irrésistibles : il rejette sans balancer les conséquences dont il aurait à rougir, bien qu'elles découlent rigoureusement de ses principes. On conçoit qu'il n'est plus guère possible de continuer, même en l'actualisant, le même genre de controverse. 2° Quand, par impossible, on parviendrait à réfuter victorieusement tous les ennemis actuels de l'Église, en les prenant en détail et en les attaquant les uns après les autres, quel avantage en résulterait-il, soit pour nos incrédules contemporains qui ne partagent pas les mêmes erreurs, soit pour ceux qui viendront après nous, lesquels pourraient éluder tous nos arguments, en niant, comme ont fait les modernes, tous les principes de leurs devanciers, ou en imaginant de nouvelles absurdités ; soit surtout pour les fidèles de bonne foi qui tiennent à se rendre compte de leur croyance, indépendamment de tout système de protestantisme, d'incrédulité ou de philosophie, suivant la recommandation du prince des apôtres (*I Petr.* iii, 15) ?

Sur ces considérations, nous nous sommes décidé à donner dans ce *Dictionnaire* une démonstration complète et directe de la religion catholique, que l'on puisse opposer facilement à toutes les erreurs passées, présentes ou futures ; qui soit indépendante de tous préjugés de secte, d'école ou d'éducation reçue dans une religion quelconque ; enfin, qui satisfasse tous les esprits raisonnables, et qui serve de flambeau à tous ceux qui cherchent la vérité de bonne foi. Quand donc nous ne pourrons, à l'aide de quelques notes, rendre les articles importants de Bergier démonstratifs par eux-mêmes, et indépendamment de tous autres principes que ceux qui seront établis dans l'ouvrage même, nous en ferons d'entièrement neufs, en évitant toutefois les redites autant que possible. Si parfois nous combattons des erreurs modernes, ce ne sera qu'accidentellement et sous forme de conséquence, ou pour montrer que tous les systèmes d'incrédulité manquent de principes constitutifs rationnels, et ne reposent que sur des *postulata* de tout point contestables.

On comprend facilement que la partie dogmatique du *Dictionnaire* devra être complétée en un grand nombre de points, et enrichie de beaucoup d'articles entièrement neufs (1). L'auteur nous prévient lui-même

(1) Les additions que nous ferons au Dictionnaire de Bergier seront mises en notes au bas des pages. Quelquefois elles seront intercalées dans le texte, et

qu'il n'a pas prétendu faire un cours complet de théologie. « On doit comprendre, dit-il (*loc. cit.*), qu'un *Dictionnaire théologique*, quelque exact qu'il puisse être, ne pourra jamais tenir lieu d'un cours de théologie complet..... où l'on fait voir la liaison que nos dogmes ont entre eux, de manière que l'un éclaircit et confirme l'autre. » Pour nous, nous ne voyons pas pourquoi un Dictionnaire ne pourrait *tenir lieu d'un cours de théologie complet*, si toutes les questions importantes s'y trouvaient traitées avec clarté et solidité, quoique avec peu d'étendue. Quant à *la liaison des dogmes*, loin d'être incompatible avec la forme d'un Dictionnaire, elle s'impose d'elle-même à la tête de tous les articles, qui, selon leurs divers degrés de généralité, doivent être rattachés ou à des rameaux, ou à des branches, ou au tronc même de l'arbre théologique. L'enchaînement des vérités est tellement nécessaire dans un *Dictionnaire de théologie*, que chaque article y forme un petit tout, une petite synthèse plus ou moins générale, ou développée dans toutes ses parties et mise sous la dépendance d'un chef plus étendu, ou fractionnée en un certain nombre de subdivisions.

II. *Travaux à faire sur la partie scientifique.* — Notre auteur paraît avoir possédé toutes les connaissances de son temps, soit en histoire et en géographie, soit en physique et en histoire naturelle; il parle même de chimie et de géologie, sciences qui étaient encore au berceau. Il suit et combat avec succès ses adversaires sur ces divers terrains scientifiques. Mais il suffit d'avoir une idée des prodigieux progrès qu'ont faits, depuis le commencement de ce siècle, toutes les sciences d'observation, pour être convaincu que tous les raisonnements auxquels elles ont servi d'appui dans le dernier siècle ne peuvent pas avoir aujourd'hui une bien haute portée. Il y a donc beaucoup à actualiser sous ces rapports dans le *Dictionnaire de théologie*. Nous ne rectifierons pas les inexactitudes scientifiques au fur et à mesure que nous les rencontrerons, nous nous contenterons le plus souvent de les signaler, avec ou sans exposition de motifs : le lecteur profite peu de notions scientifiques isolées, éparses çà et là, et comme perdues dans un vaste ouvrage; aussi, réunirons-nous, autant que possible, dans de grands articles, les documents que nous aurons à donner sur telle ou telle science, pour éclaircir tel ou tel point de controverse religieuse. Au besoin nous renverrons à ces articles substantiels, dont la lecture laissera dans l'esprit des notions d'autant plus durables qu'elles seront précises et solides. On a voulu tourner contre la religion, au commencement de ce siècle, plusieurs sciences de nouvelle création : nous démêlerons ce qu'elles

ont d'incontestable d'avec ce qui est encore à l'état d'hypothèse, et nous montrerons qu'elles confirment nos dogmes au lieu de les infirmer.

III. *Observations sur les principales édi- du Dictionnaire théologique de Bergier.* — Le *Dictionnaire* de Bergier a eu un grand nombre d'éditions. La première est celle de 1788, qui parut dans l'Encyclopédie méthodique. Elle contient le texte de l'auteur sans aucune addition. On y remarque beaucoup de fautes typographiques. — La seconde édition est celle de Liége. Dès 1780 la société typographique de Liége réimprimait le *Dictionnaire* de Bergier ; elle en conserva scrupuleusement le texte : elle ajouta seulement certains articles tirés du *Dictionnaire de jurisprudence* de l'Encyclopédie méthodique. Ces articles sont désignés sous le signe ☞ Quelques auteurs ont cru que ces articles sont de Bergier, parce que notre auteur y renvoie quelquefois. Ils ne sont pas de la plume de notre habile controversiste. 1° Ils sont signés des lettres initiales de plusieurs auteurs, qui ne sont pas celles de Bergier. 2° « Ils sont souvent écrits dans un mauvais esprit, ainsi que l'a remarqué, avant nous, l'auteur du *Cours alphabétique et méthodique de droit canon* (T. II, col. 1209 et 1231), et dans des principes tout opposés à ceux de Bergier. » 3° Notre savant critique blâme plus d'une fois les articles religieux de ce *Dictionnaire de jurisprudence*, par exemple, dans ses articles B. GAMIE et CÉLIBAT.

Mgr Gousset, aujourd'hui archevêque de Reims, a préparé une édition du *Dictionnaire* de Bergier, qui parut à Besançon en 1826 ; elle est enrichie d'extraits des meilleurs auteurs. Nous lui croyons un très-grand défaut; c'est d'avoir pour but principal de propager la doctrine du *sens commun* et le funeste système de M. de Lamennais. Il y a un grand nombre de notes de cette édition qui demandent à être lues avec précaution. Mgr Gousset a donné dans sa Théologie dogmatique une sorte de rétractation de ce qu'il avait écrit en faveur des doctrines lamenésiennes. Voici comment il s'exprime : « L'auteur de l'*Essai sur l'indifférence en matière de religion*, après avoir admirablement établi la nécessité de la foi dans le premier volume, entreprit, dans le second, de fixer le critérium de la certitude en toutes choses sur le *sens commun*, dont il poussait trop loin l'application; et il plaça dans le genre humain, en dehors de l'Église et des traditions apostoliques, l'autorité qui doit servir de règle aux croyances du chrétien. Ce système a été condamné par l'encyclique *Singulari*, de Grégoire XVI, du 25 juin 1834. « Il est déplorable, dit ce pape, de voir jusqu'à quel excès se précipitent les délires de la raison humaine, quand quelqu'un se jette dans les nouveautés; quand il veut, contre l'avis de l'Apôtre, être plus sage qu'il ne faut l'être, et prétend, par une extrême présomption, chercher la vérité hors de l'Église catholique, dans laquelle elle se

alors nous aurons soin de les indiquer par ce signe : [ ]. Les articles nouveaux seront marqués d'un astérisque * et imprimés en caractères plus petits que ceux du texte.

« trouve sans le plus léger mélange d'erreur, « et qui pour cela est appelé en effet la co- « lonne et le fondement de la vérité. Vous « comprenez bien, vénérables frères, qu'ici « nous parlons de ce système trompeur de « philosophie introduit récemment et tout « à fait blâmable, dans lequel, par un désir « effréné de nouveautés, on ne cherche pas « la vérité là où elle se trouve certainement, « et, négligeant les traditions saintes et apos- « toliques, on admet d'autres doctrines vai- « nes, futiles, incertaines, et non approuvées « par l'Eglise, doctrines que les hommes « légers croient faussement propres à soute- « nir et à appuyer la vérité. » Les évêques « de France ont souscrit à l'encyclique de « Grégoire XVI ; nous avons été nous-même « heureux de la publier, comme vicaire ca- « pitulaire de Besançon, conjointement avec « les autres administrateurs du diocèse. Par « cet acte, nous rétractions tout ce que nous « aurions pu dire ou écrire dans le sens du « système philosophique de l'*Essai*. Ce sys- « tème n'avait point été compris de ceux qui « l'avaient embrassé; ils ne se le présen- « taient pas tel qu'il est : ce qui explique la « facilité avec laquelle ils l'ont abandonné.»

Mgr Doney, évêque de Montauban, a re-produit l'édition de Mgr Gousset. Il y a ajouté un bon nombre d'excellents articles. Il a re-tranché un certain nombre d'articles qui con-tenaient trop évidemment les doctrines de M. de Lamennais sur la certitude. Cette édi-tion est loin d'avoir rejeté toutes les notes condamnables. Nous croyons donc que cette édition, pas plus que celle de Mgr Gousset, ne peut sans danger être mise entre les mains de jeunes gens qui pourraient facilement se laisser entraîner à l'esprit de système. Nous ne laisserons passer aucune note, soit de l'édition de Mgr Gousset, soit de celle de Mgr Doney, sans signaler le danger qu'elle pourrait renfermer.

M. Lefort, imprimeur à Lille, a rendu d'é-minents services à la cause catholique par ses nombreuses publications. Il a aussi donné une édition du Dictionnaire de Bergier. Il a purgé les éditions de Besançon des dange-reuses doctrines de M. de Lamennais. Ce qui fait le principal mérite de l'édition de Lefort, ce sont des notes nombreuses et très-savan-tes, et des articles entièrement neufs ; quel-ques-uns peut-être ont-ils trop peu d'utilité. Dans notre temps de mercantilisme, il faut attirer les lecteurs et les acheteurs par quel-que chose de nouveau. Quoique bien plus complète que celle de Besançon, et surtout qu'on puisse la lire sans danger, cette édition est loin de satisfaire entièrement le lecteur. Il y manque beaucoup d'articles nouveaux. Il y a bon nombre d'articles de Bergier qui ont besoin d'additions, d'explication et même de correctif. Nous ne voyons pas même un mot dans cette édition pour les indiquer.

Nous avons fait connaître dans les p e-miers paragraphes de cet Avertissement ce que nous nous proposons de faire pour ren-dre cette édition complète. Nous devons ob-server ici qu'il n'y a pas une seule note des éditions précédentes qui n'ait trouvé sa place dans notre Dictionnaire, ou que nous n'ayons appréciée, soit pour l'adopter, soit pour la condamner. Nous avons fait précéder les ar-ticles principaux de l'exposition du dogme catholique. A la fin de chaque volume nous plaçons une table où se trouve l'indication des principales questions traitées dans les ar-ticles. Cette table facilitera infiniment les recherches.

IV. *Observations critiques.* — Quelques auteurs ont reproché à Bergier une tendance à allégoriser certains faits rapportés dans l'Ecriture sainte : nous nous sommes aperçu de cette imperfection, et nous en avons pré-venu le lecteur dès l'article ADAM, au sujet de l'arbre de la science du bien et du mal, et de la tentation d'Eve. Mais nous devons ajouter que souvent, comme il le fait déjà dans le second de ces cas, après avoir penché pour l'allégorie, il démontre que le sens lit-téral n'entraîne aucune absurdité. 2° M. Bon-netty, directeur des *Annales de philosophie chrétienne* et de l'*Université catholique*, fait peser sur notre savant controversiste, comme sur bien d'autres, l'inculpation de cartésia-nisme : « Malheureusement, dit-il (*Annal.,* août 1845, p. 158), le déisme rationnel et car-tésien est le point commun d'où ils partent pour arriver les uns à l'Evangile, et les au-tres pour le combattre. » Il y a ici du vrai et de l'exagéré : Bergier est cartésien, il fait quelquefois (*Voy.* art. ADAM, fin) abstrac-tion des traditions primitives; mais aussi, souvent il y renvoie, et M. Bonnetty lui-même reconnaît en lui « un de ceux qui ont commencé à faire sentir l'importance qu'il y avait à faire remonter la Révélation jusqu'à Adam, et le christiani me jusqu'à l'origine de l'homme » (*loc. cit.*). Enfin, nous obser-verons que les adversaires des cartésiens ne sont point encore plus avancés qu'eux en fait de motifs de crédibilité.

L'œuvre de Bergier, malgré ses imperfec-tions, n'est pas moins un monument remar-quable, élevé en faveur de la religion. Avec quelques améliorations, il peut devenir le manuel du controversiste, et l'un des plus solides appuis de la religion dans notre siècle d'incrédulité.

Nous n'avons pas besoin de rappeler ici qu'un grand nombre d'articles du Dictionnaire de Bergier ont déjà été traités plus ou moins longuement dans les divers Dictionnaires qui composent l'Encyclopédie théologique. A cet égard, nous croyons utile de renvoyer nos lecteurs à l'*Avis* que nous avons mis en tête du tome II des *Religions* (vol. XXV de l'En-cyclop.).

INTRODUCTION
AU DICTIONNAIRE DE THÉOLOGIE
DOGMATIQUE.

§ I. — Dieu, disent les Pères de l'Eglise, donne au genre humain des leçons convenables à ses différents âges (1); comme un père tendre, il a égard au degré de capacité de son élève; il fait marcher l'ouvrage de la grâce du même pas que celui de la nature, pour démontrer qu'il est l'auteur de l'un et de l'autre. Tel est le principe duquel il faut partir, pour concevoir le plan que la sagesse éternelle a suivi, en prescrivant aux hommes la religion.

Ce plan renferme trois grandes époques relatives aux divers états de l'humanité. Dans les siècles voisins de la création, le genre humain, dans une espèce d'enfance, n'avait encore d'autre société que celle des familles, d'autres lois que celles de la nature, d'autre gouvernement que celui des pères et des vieillards. Dieu révéla aux patriarches *une religion domestique*, peu de dogmes, un culte simple, une morale dont il avait gravé les principes au fond des cœurs. Le chef de famille était le pontife-né de cette religion primitive. Emanée de la bouche du Créateur, elle devait passer des pères aux enfants par les leçons de l'éducation. La tradition domestique, les pratiques du culte journalier, la marche régulière de l'univers et la voix de la conscience se réunissaient pour apprendre aux hommes à n'adorer qu'un seul Dieu. Ce premier lien de société, ajouté à ceux du sang, était assez puissant pour unir les diverses branches d'une même famille, et pour former insensiblement des associations plus étendues.

Cette idée de la religion primitive n'est pas de nous, elle est tirée des livres saints. L'Ecclésiastique, après avoir parlé de la création de nos premiers parents, ajoute: *Dieu les a remplis de la lumière de l'intelligence, leur a donné la science de l'esprit, a doué leur cœur de sentiments, leur a montré le bien et le mal: il a fait luire son œil sur leurs cœurs, afin qu'ils vissent la magnificence de ses ouvrages; qu'ils bénissent son saint nom, qu'ils le glorifiassent de ses merveilles et de la grandeur de ses œuvres. Il leur a prescrit des règles de conduite, et les a rendus dépositaires de la loi de vie. Il a fait avec eux une alliance éternelle, leur a enseigné les préceptes de sa justice. Ils ont vu l'éclat de sa gloire, ont été honorés des leçons de sa voix ; il leur a dit : Fuyez toute iniquité ; il a ordonné à chacun d'eux de veiller sur son prochain (Eccli. XVII, 5 seqq.).*

Mais la religion révélée de Dieu est un joug que l'homme consent difficilement à porter ; s'il n'ose le secouer absolument, il cherche à le rendre moins incommode. La négligence des pères, l'indocilité des enfants, la jalousie, l'intérêt, la crainte, passions inquiètes et ombrageuses, firent interrompre peu à peu les pratiques du culte commun, et oublier la tradition domestique. L'homme se fit autant de divinités qu'il y a d'êtres dans la nature ; il ne suivit que son caprice dans le culte qu'il leur rendit. Bientôt il y eut autant de religions que de peuplades ; chacune voulut avoir ses dieux tutélaires. Cette division fatale est une des causes qui ont le plus retardé les progrès de la civilisation.

§ II. — Après plusieurs siècles, un grand nombre d'hommes se réunirent, commencèrent à suivre des lois et des usages communs, à former un peuple, une république, un royaume. Mais ces nations naissantes, toujours en défiance les unes à l'égard des autres, demeurèrent dans un état de guerre ; elles ne s'approchaient que pour se dépouiller et s'entre-détruire ; tout étranger était censé un ennemi. Déjà plongées dans l'erreur, comment pouvaient-elles être corrigées ? comment faire revivre la révélation donnée à nos premiers pères ? Dieu donna aux Hébreux *une religion nationale*, incorporée aux lois et à la constitution de leur république, ou plutôt destinée à la fonder. Relative au climat, au génie de cette nation, aux dangers dont elle était environnée, elle était faite non pour un peuple déjà policé, mais qui allait le devenir. C'est donc relativement à l'intérêt politique, à l'utilité nationale qu'il faut l'envisager, pour en voir la sagesse, et pour estimer le temps de sa durée.

Telle est encore l'idée que nous en donne le même auteur sacré: *Dieu, dit-il, a préposé un chef à chaque nation ; mais il a réservé pour sa part les Israélites. Il a éclairé toutes leurs démarches, comme le soleil répand sa lumière sur toute la nature; ses yeux n'ont cessé de veiller sur leurs actions ; leurs iniquités n'ont point effacé l'alliance qu'il avait faite avec eux (Ibid.).*

L'homme s'était égaré en prenant pour des dieux les différentes parties de la nature; Dieu frappa de grands coups sur la nature, pour faire sentir aux hommes qu'il en était le maître. Il effraya les Egyptiens, les Chananéens, les Assyriens, les Hébreux, par des

(1) Tertull., *de Virgin. velandis*, c. 1; S. Aug., *de vera Relig.*, c. 26 et 27, etc.; Théodoret, *Hæret. Fab.*, l. v, c. 17; *de Provid*, orat. 1re, etc.

prodiges de terreur. *J'exercerai*, dit-il, *mes jugements sur les dieux de l'Egypte ;* il déclare qu'il fait des miracles, non pour les Hébreux seuls, mais pour apprendre à tous les peuples *qu'il est le Seigneur.* Il les fit en effet sous les yeux des nations qui jouaint le plus grand rôle dans le monde connu. Dieu ne révéla point de nouveaux dogmes, mais il annonça de nouveaux desseins. La croyance de Moïse et des Hébreux était la même que celle d'Adam et de Noé ; le décalogue est le code de morale de la nature : le culte ancien fut conservé ; mais Dieu le rendit plus étendu et plus pompeux : dans une société policée, il fallait un sacerdoce ; la tribu de Lévi en fut chargée à l'exclusion des autres. *La tradition nationale* était l'oracle que les Hébreux devaient consulter ; toutes les fois qu'ils s'en écartèrent, ils tombèrent dans l'idolâtrie ; dès qu'ils voulurent fraterniser avec leurs voisins, ils en contractèrent les vices et les erreurs.

Mais Dieu ne laissa point ignorer ce qu'il avait résolu de faire dans les siècles suivants. Par la bouche de ses prophètes, il annonça la vocation future de toutes les nations à sa connaissance et à son culte. La religion juive n'était qu'un préparatif à la révélation plus ample et plus générale, que Dieu voulait donner, lorsque le genre humain serait devenu capable de la recevoir.

§ III.—Ce temps était arrivé, quand le Fils de Dieu vint annoncer, sous le nom *d'Evangile* ou de bonne nouvelle, une *religion universelle.* La révélation précédente avait eu pour but de former un royaume ou une république sur la terre ; Jésus-Christ prêcha le *royaume des cieux.* Une grande monarchie avait englouti toutes les autres ; tous les peuples policés étaient devenus sujets du même souverain. Les arts, les sciences, le commerce, les conquêtes, les communications établies, avaient enfin disposé les peuples à fraterniser et à se réunir dans une seule Eglise. Le Fils de Dieu envoie ses apôtres prêcher l'Evangile à *toutes les nations.* J'en ferai, dit-il, un seul troupeau sous un même pasteur (1). Si ce dessein n'avait pas été conçu dans le ciel, il serait le plus beau qui eût pu se former sur la terre ; et si Jésus-Christ n'était pas Dieu, il serait encore le meilleur et le plus grand des hommes.

Ceux-ci étaient moins grossiers et moins stupides que dans les siècles précédents ; aussi les signes de la mission du Sauveur n'ont point été des prodiges de terreur, mais des traits de bonté. Les mœurs étaient plus douces, mais plus voluptueuses ; il fallait une morale austère pour les corriger. Une philosophie curieuse et téméraire n'avait laissé subsister aucune vérité ; il fallait des mystères pour la confondre et pour réprimer ses attentats. Les usages de la vie civile avaient acquis plus de décence et de dignité ; il fallait un culte noble et majestueux. Les connaissances circulaient d'une nation à une autre ; *la tradition universelle* ou *la catholicité* était donc la base sur laquelle l'ensei-

(1) Fiet unu n ovile et unus pastor. *Joan.* x, 16.

gnement devait être fondé. Telle est en effet la constitution du christianisme.

Ce n'est pas le connaître que de l'envisager comme une religion nouvelle, isolée, qui ne tient à rien, qui n'a ni titres, ni ancêtres. Ce caractère est l'ignominie de ses rivales ; ainsi elles portent sur leur front le signe de leur réprobation. Le christianisme est le dernier trait d'un dessein formé de toute éternité par la Providence, le couronnement d'un édifice commencé à la création ; il s'est avancé avec les siècles, il n'a paru ce qu'il est qu'au moment où l'ouvrier y a mis la dernière main. Aussi les apôtres nous font remarquer que le Verbe éternel, qui est venu instruire et sanctifier les hommes, est celui-là même qui les a créés (*Joan.* 1, *Hebr.* 1). Saint Augustin, dans ses livres *de la Cité de Dieu,* envisage la vraie religion comme une ville sainte, dont la construction a commencé à la création, et ne doit être finie que quand ses habitants seront tous réunis dans le ciel.

Ce plan sublime n'a pu éclore dans l'esprit d'un homme ; il embrasse toute la durée des siècles ; ceux mêmes qui, dans les premiers âges, ont concouru à son exécution, ne le connaissaient pas. C'est Jésus-Christ qui nous l'a révélé. Saint Jean, au commencement de son Evangile ; saint Paul, dans sa lettre aux Galates, et dans le premier chapitre de l'Epître aux Hébreux, l'ont clairement développé. Le christianisme est la religion du sage, de l'homme parvenu à l'âge viril et à la maturité parfaite (*Ephes.* iv, 13).

L'auteur de l'Ecclésiastique, qui a si bien présenté les deux premières époques de la révélation, ne pouvait peindre la troisième ; il l'a précédée de plus de deux cents ans ; mais il prie Dieu d'accomplir ses promesses et les prédictions des anciens prophètes, *afin,* dit-il, *que l'on reconnaisse la fidélité de ceux qui ont parlé en votre nom, et pour apprendre à toutes les nations que tous les siècles sont présents à vos yeux (Eccli.* xxxvi, 16).

§ IV. — Un signe non équivoque de l'opération divine est la constance et l'uniformité ; ce caractère brille dans la nature, il n'éclate pas moins dans la religion. Dieu n'a point enseigné aux hommes dans un temps le contraire de ce qu'il leur avait dit dans un autre ; mais à certaines époques il leur a révélé des vérités dont il ne les avait pas encore instruits auparavant. La croyance des patriarches n'a point été changée par les leçons de Moïse ; le symbole des chrétiens, quoique plus étendu, n'est point opposé à celui des Hébreux. Le code de morale donné à Adam se retrouve dans le décalogue ; celui-ci a été renouvelé, expliqué et confirmé par Jésus-Christ ; mais la religion parfaite et immuable dès sa naissance, parce qu'elle est l'ouvrage de la sagesse divine, a souvent été défigurée par l'aveuglement et par les passions de l'homme. Dieu ne change point ; l'homme varie continuellement. Plus il oublie et méconnaît les leçons de son Créateur, plus il est nécessaire que ce père sage et bon les renouvelle, lès rende plus étendues et plus frappantes.

Dans les égarements de l'homme, rien d'uniforme; la vérité est une, les erreurs changent à l'infini (1); un peuple nie ce que l'autre affirme, les opinions d'un siècle sont effacées par celles du siècle suivant. Tantôt les philosophes ont enseigné qu'il y a autant de dieux que d'êtres dans la nature; tantôt, qu'il n'y en a point du tout. Dans un temps, ils ont confondu la Divinité avec l'âme du monde; dans un autre, ils ont cru que Dieu était l'artisan du monde, mais qu'il ne se mêlait point de le gouverner. Les uns nous ont accordé une âme, les autres nous l'ont refusée; ceux-là combattaient pour la liberté humaine, ceux-ci pour la fatalité; telle secte croyait à la vie future, telle autre n'y ajoutait point de foi. Les plus anciens enseignèrent une morale assez pure; leurs successeurs la corrompirent ou la sapèrent par les fondements. Dans tous les lieux du monde on raisonnait sur la religion; dans aucun l'on n'osait y toucher, de peur de la rendre pire. Le peuple suivait à l'aveugle les leçons de ses conducteurs et la tradition de ses ancêtres : fables, contradictions, dérèglements partout.

Au milieu de cette nuit profonde, un rayon de vérité brille dans un coin de l'univers, une religion pure y subsiste; elle descend en droite ligne du premier homme, par conséquent du Créateur; elle s'est perpétuée dans une seule branche de familles successives. Lorsqu'elle est prête à s'éteindre, Dieu paraît de nouveau et se fait entendre : il parle en maître souverain de la nature; les Hébreux étonnés tremblent, écoutent dans le silence. Il faut les séparer de toutes les nations livrées à l'erreur, les assujettir par une loi sévère. Vingt fois ils veulent en secouer le joug, autant de fois ils sont forcés de le reprendre. Lors même qu'ils y paraissent le plus soumis, ils en prennent les dogmes de travers, en corrompent la morale, altèrent le sens des promesses divines. Dieu cependant est fidèle à les accomplir; au moment qu'il a marqué d'avance, son Verbe incarné paraît parmi les hommes, revêtu de tous les caractères de la Divinité. Annoncé par les prophètes, attendu par les justes, précédé par des prodiges, né du sang le plus noble qu'il y eût dans l'univers, il reçoit le nom de *Sauveur*; admirable par sa doctrine, étonnant par ses miracles, respectable par ses vertus, aimable par ses bienfaits, il prêche le royaume des cieux. Mais cette lumière luit dans les ténèbres : il est méconnu, rejeté, condamné par la nation même qu'il venait instruire et sauver. Il meurt, ressuscite, monte au ciel, ordonne et prédit la conversion du monde : elle s'accomplit; le christianisme est établi; il subsiste depuis dix-huit cents ans, malgré les efforts renaissants des incrédules de tous les siècles. Voilà le tableau de la religion. On ne peut y méconnaître la main de l'Intelligence toute-puissante et éternelle, qui d'un coup d'œil embrasse tous les siècles (1), voit toutes les révolutions que doivent subir ses créatures, trace dès le premier instant le plan qu'elle suivra dans toute la durée des temps.

§ V. — Pour en saisir l'ensemble, nous avons trois signes qu'il ne faut pas séparer. Dans l'histoire de la religion que nous présentent les écrivains sacrés, nous voyons :

1° Une chaîne de faits qui se succèdent, qui ne laissent aucun vide, où l'on ne peut rien déplacer. L'ordre des générations et des événements nous conduit d'Adam à Noé, de Noé à Abraham, de celui-ci à Moïse, de Moïse à Jésus-Christ. La création et la chute de l'homme, le déluge universel et la dispersion des peuples, la vocation d'Abraham et les prédictions qui regardent sa postérité, sont trois grandes époques auxquelles se rapportent les faits intermédiaires, et qui préparent de loin la révélation donnée par Moïse. Celle-ci nous fait envisager la venue du Messie et la conversion des peuples, comme le terme auquel tous ces préparatifs doivent aboutir. Voilà un plan général, un dessein suivi, qui démontre que rien n'est arrivé par hasard, et que rien n'a été écrit sans raison; ce n'est point ainsi que sont tissues les annales mensongères des autres peuples, auxquelles les philosophes trouvent bon de donner la préférence.

2° Une chaîne de vérités prouvées par ces faits mêmes, toujours relatives aux besoins actuels et à la situation dans laquelle se trouve le genre humain. Sous la première époque, tout concourt à inculquer ce dogme capital, qu'il y a un seul Dieu créateur, dont la providence dirige tous les événements, et qu'il gouverne en maître absolu le monde qu'il a tiré du néant. Sous la seconde, tout se rapporte à démontrer que ce même Dieu est le fondateur de la société civile, l'arbitre souverain de la destinée des peuples, qu'il les place et les déplace, les élève ou les humilie, les éclaire ou les laisse dans l'aveuglement, comme il lui plaît. Sous la troisième, le but principal de la révélation est de nous convaincre que Dieu est encore l'auteur de la sanctification de l'homme, que le salut n'est point l'ouvrage de la volonté seule, mais de la grâce divine et des mérites du Médiateur. — Ainsi, depuis la notion du Créateur, et la première promesse faite à l'homme pécheur, l'étendue et la clarté de la révélation va toujours en augmentant, à mesure que l'homme devient capable de leçons plus amples et plus parfaites, jusqu'à la manifestation pleine et entière de la grâce et de la vérité par Jésus-Christ. Par la révélation primitive, la loi naturelle ne paraît connue qu'autant qu'il était nécessaire pour la prospérité des familles, et pour engager les hommes à se rapprocher. Dieu tolère, dans les patriarches, des abus qui devaient être retranchés dans la suite des temps, mais qu'il eût été difficile d'arrêter

(1) Theod., *de Prov.*, orat. 1, pag. 324.

(1) Tu es Deus conspector sæculorum. *Eccl.* xxxvi, 19.

pour lors, et qui ne pouvaient encore produire d'aussi mauvais effets que chez les peuples mieux civilisés. La loi de Moïse supprime ou diminue une partie de ces abus; mais le *droit des gens*, ou le droit d'une nation à l'égard d'une autre, est encore très-peu connu. Il était nécessaire que les Hébreux demeurassent isolés et dans l'état de séparation dans lequel tous les peuples vivaient pour lors. C'est seulement par l'Evangile que les grands principes de morale sociale, de charité universelle, d'*humanité*, ont été enfin développés; les anciens philosophes n'en étaient pas mieux instruits que les autres hommes. Ici on reconnaît encore la sagesse de la Providence, qui ne donne à ses enfants que les leçons dont ils sont susceptibles, et n'exige d'eux des vertus que selon le degré de leurs connaissances.

3° Une chaîne d'erreurs et d'égarements chez les hommes indociles; erreurs qui viennent toujours de la même source, de leur révolte contre l'autorité divine. Sous la loi de nature, ceux qui se sont écartés de la *tradition domestique*, sont tombés dans le polythéisme et y ont persévéré; ils ont adoré les ouvrages du Créateur sans l'adorer lui-même; leur culte n'a été qu'un chaos de profanations. Tel est encore l'état des peuples chez lesquels le flambeau de la révélation ne s'est point rallumé; aucun progrès de la raison humaine, pendant soixante siècles, n'a été capable de les en tirer. Sous la loi mosaïque, lorsque les Juifs ont méconnu leur *tradition nationale*, ils se sont plongés dans l'idolâtrie, comme toutes les nations voisines; ils ont adoré l'ouvrage de leurs mains, sont devenus aussi aveugles que si Dieu n'avait jamais daigné les instruire. Dans le sein du christianisme, quiconque abandonne la *tradition universelle* ou la *catholicité*, tombe dans l'hérésie qui n'est qu'une philosophie erronée; mais s'il raisonne de suite, il n'y demeure pas longtemps, il passe rapidement au déisme, au matérialisme, au pyrrhonisme absolu : ou il adore le Dieu de Spinosa, ou il n'adore rien du tout. Nous verrons dans un moment le tissu des conséquences qui conduisent à cet abîme; l'enchaînement n'en fut jamais aperçu par ceux mêmes qui s'y trouvent enlacés.

§ VI. — Parmi tous ces grands génies qui attaquent aujourd'hui la religion, en est-il quelqu'un qui ait entrepris de renverser le plan général de la révélation, ou qui ait fait de fortes objections pour le détruire? Pas un seul ne s'en est seulement douté. A les entendre, il semble que la religion soit un hors-d'œuvre dans la société, et que l'on ne sache pas d'où elle est venue; que Jésus-Christ soit arrivé sur la terre sans être prévu ni attendu; que le christianisme soit le résultat des idées d'un homme singulier, qui a rêvé qu'il était destiné à changer la face de l'univers. — Ce n'est point ainsi qu'il est représenté dans nos livres saints. *Jésus-Christ, disent ses apôtres, n'est pas seulement d'aujourd'hui, il était d'hier, et le même pour tous les siècles* (*Hebr.* XIII, 8). *Il était dans les*

décrets éternels avant la naissance du monde (*Petr.* I, 20). *C'est l'agneau immolé dès la création* (*Apoc.* XIII, 8). *L'ouvrage qu'il a consommé développe enfin un mystère caché dans le sein de Dieu, dès le commencement des siècles, et fait comprendre la sagesse de sa conduite et de ses desseins éternels* (*Ephes.* III, 9, 10). Jésus-Christ a *fait de l'Ancien et du Nouveau Testament une seule et même alliance* (1). Conséquemment saint Augustin soutient que le christianisme a existé depuis la création (*Retract.* I, 13, n. 3); et M. Bossuet, que la religion est la même depuis l'origine du monde (*Disc. sur l'hist. univ.*, part. XI, art. 1).

Entreprendre de prouver la vérité et la divinité du christianisme, sans avoir égard aux deux époques de la révélation qui ont précédé, ce serait lui dérober la plus frappante de ses preuves, juger du coin d'un tableau sans envisager l'ensemble, mettre notre religion de niveau avec celle des Indiens et des Chinois. Non, elle tient à l'origine du monde, et doit durer autant que lui. Les autres ne sont que des excrescences ou des taches qui obscurcissent ou défigurent le plan général, ou tout au plus des ombres qui ne servent qu'à mieux faire sortir les traits de lumière.

De même que la religion domestique des patriarches n'a dû persévérer que jusqu'au moment où les peuplades dispersées se rassembleraient pour former des corps de nation, ainsi la religion nationale des Hébreux n'a dû se maintenir que jusqu'à l'époque à laquelle les peuples mieux civilisés seraient capables de composer une société religieuse *universelle*. En suivant le fil de l'histoire, on voit que cette constitution même du christianisme a empêché les peuples de l'Europe de retomber dans la barbarie. Une quatrième révélation générale est donc impossible; elle ne serait plus analogue à aucun état de la nature humaine. Tant que l'univers sera policé, il doit être chrétien; il ne peut être bien civilisé que par l'Evangile. Jésus-Christ a embrassé dans son plan toute la durée du monde, lorsqu'il a promis à son Eglise d'être avec elle jusqu'à la consommation des siècles. Longtemps avant la mission de Moïse, le Messie avait été annoncé comme un *législateur* qui devait *rassembler les peuples*; aucune prophétie ne nous parle d'un nouvel envoyé : lorsque Dieu lui-même a daigné nous instruire en personne, quel pourrait être le maître capable de nous donner de meilleures leçons ?

Jésus-Christ a reçu de son Père le souverain domaine sur toutes choses (*Matth.* XI, 27), tout a été créé par lui et pour lui, rien ne subsiste qu'en lui (*I Coloss.* I, 16, 17); son règne dans le ciel est éternel (*II Petr.* I, 11), et il ne cessera sur la terre que quand tous ses ennemis seront abattus à ses pieds (*I Cor.* XV, 25).

§ VII. *Origine et progrès de l'incrédulité.* — D'où peut donc venir l'irréligion qui de

(1) Fecit utraque unum. *Eph.* II, 14.

nos jours s'est répandue dans l'Europe entière ? La peste noire, qui au xiv° siècle ravagea une partie de notre hémisphère, ne fit pas des progrès plus rapides. Les auteurs sacrés ont constamment attribué à l'esprit de ténèbres les erreurs des hérétiques, les superstitions des idolâtres, les artifices malicieux des incrédules (*Ephes.* v, 12), et ils nous ont appris à connaître les moyens dont il se sert. Disons-le hardiment, nous n'avons que trop de preuves à produire ; l'incrédulité est fille de l'ignorance : dans un siècle qui se croit très-instruit, la religion n'est pas connue. Mais cette ignorance même tient à d'autres causes ; il en est de générales et de particulières ; l'histoire en est tracée dans celle des peuples qui nous ont précédés.

Ce n'est pas la première fois que cette maladie épidémique a paru dans le monde. Les Grecs, parvenus au comble de la prospérité par leurs victoires sur les Perses, se précipitèrent dans l'épicuréisme ; Rome, maîtresse du monde, chargée des dépouilles de l'Asie, fit entrer dans ses murs avec le luxe cette odieuse philosophie ; les Juifs, délivrés de la persécution des rois de Syrie, et enrichis par le commerce d'Alexandrie, virent éclore le saducéisme, qui n'était qu'un épicuréisme grossier. Selon les observations de plusieurs politiques modernes, les mêmes vaisseaux qui ont voituré dans nos ports les trésors du Nouveau-Monde, ont dû y apporter le germe de l'irréligion, avec la maladie honteuse qui empoisonne les sources de la vie.

A la suite du luxe marche la philosophie, qui n'est elle-même qu'un luxe de connaissances. Une nation qui s'applaudit d'avoir quitté les mœurs agrestes de ses aïeux, se fait presque un point d'honneur de renoncer à leur croyance. Ne serait-il pas aussi indécent de conserver l'antique religion de nos pères, que de porter les mêmes habits ? L'esprit, devenu calculateur, suppute les avantages d'une nouvelle façon de penser, comme il estime le produit d'un nouveau commerce ou d'une branche d'industrie ; nos philosophes ont porté l'exactitude jusqu'à évaluer la dépense du pain bénit et des cierges (1) : bientôt l'on marchande combien coûte la vertu, et l'on juge ordinairement qu'elle est trop chère.

Chez un peuple corrompu par l'amour effréné des plaisirs, plus la religion est sainte, plus elle doit devenir odieuse ; sa morale se trouve si éloignée du ton général des mœurs, qu'elle ne peut manquer de paraître impraticable : l'esprit, énervé par les faiblesses du cœur, n'envisage plus cette morale qu'avec effroi. On est descendu de sa hauteur par une pente imperceptible ; on ne se sent plus assez de force pour regagner le sommet. On argumente pour prouver qu'il est inaccessible, que la tête y tourne, que l'on ne peut y respirer : les philosophes, qui promettent de le démontrer, sont sûrs de trouver des auditeurs dociles. Les uns et les autres s'applaudissent de leur sagacité, vantent les progrès

des lumières du siècle, donnent l'irréligion comme le résultat des connaissances qu'ils ont acquises : ce n'est que l'effet des vices qu'ils ont contractés. Si nous pouvions nous flatter d'avoir plus de vertus que nos pères, il nous serait permis de penser que nous sommes aussi beaucoup plus éclairés.

Les panégyristes même du siècle présent nous font remarquer que *l'âge de la philosophie annonce la vieillesse des empires, qu'elle s'efforce en vain de soutenir. C'est elle qui forma le dernier siècle des belles républiques de la Grèce et de Rome. Athènes n'eut de philosophes que la veille de sa ruine, qu'ils semblèrent prédire. Cicéron et Lucrèce n'écrivirent sur la nature des dieux et du monde qu'au bruit des guerres civiles qui creusèrent le tombeau de la liberté* (1). Triste réflexion ! Si les flambeaux de la philosophie n'étaient que des torches funèbres destinées à éclairer les funérailles du patriotisme et de la vertu, il devrait être défendu, sous peine de la vie, de les allumer jamais.

Un autre spéculateur observe que le laboureur est nécessairement superstitieux, le matelot impie, le guerrier fataliste, l'habitant des villes indifférent (2). Quelle philosophie que celle qui dépend de la profession que l'on exerce, ou du séjour que l'on habite !

Mais il est bon de voir par quels progrès insensibles, par quel enchaînement de conséquences elle est parvenue à ce point d'*indifférence*, que l'on veut nous faire envisager comme le comble de la sagesse.

§ VIII. — Il y a un fait constant, et dont plusieurs philosophes sont convenus, c'est que les nations féroces, qui ravagèrent l'Europe au v° siècle et dans les âges suivants, auraient étouffé jusqu'au dernier germe des connaissances humaines, si la religion n'avait opposé des barrières à leur fureur. Les ecclésiastiques, obligés à l'étude par leur état, conservèrent une faible teinture des sciences qui avaient été cultivées sous la domination des Romains. Il y eut toujours des écoles établies dans l'enceinte des chapitres et des monastères, pour l'instruction de la jeunesse ; le nom de *clerc* devint synonyme avec celui de *lettré*. La langue latine consacrée aux offices de l'Eglise, quoique fort déchue de son ancienne pureté, fut dans la suite un secours pour reprendre la lecture des anciens auteurs. Dans le loisir du cloître, les moines s'occupèrent à rassembler et à copier les écrits que le génie destructeur des Barbares avait épargnés : à la renaissance des lettres, les archives des églises et des monastères ont été les uniques dépôts où l'on a retrouvé les monuments des siècles précédents.

La pompe extérieure du culte divin contribuait à entretenir un reste de goût pour les arts ; les rapports nécessaires avec le siége de Rome, et les pèlerinages de dévotion, furent pendant longtemps le seul lien de com-

(1) *Encyclopédie*, P. in bénit.

(1) *Hist. des Etab. des Europ. dans les Indes*, tom, VII, cap. 13.
(2) *Aux Mânes de Louis XV*, tom. I, p. 297.

munication entre les différentes nations de l'Europe ; la *trève de Dieu*, établie par un motif de religion, suspendit par intervalles les ravages de la guerre. Un des objets de l'institution de plusieurs fêtes fut d'interrompre les travaux des serfs, accablés sous la tyrannie féodale. Avant l'établissement des foires et des marchés publics, les *apports* ou le concours des peuples aux fêtes et aux tombeaux des saints, furent le rendez-vous ordinaire des négocians (1).

Si donc il s'est trouvé quelques vestiges d'humanité, de mœurs, de police, de lumières, parmi les hommes au xve siècle, c'est incontestablement au christianisme que l'on en est redevable (2). Sans la résistance que le zèle de la religion opposa aux tentatives réitérées des mahométans, ils auraient envahi l'Italie et les Gaules ; tout était perdu.

Lorsque les premiers littérateurs commencèrent à reprendre le fil des connaissances humaines, on n'avait pas lieu de prévoir que leurs successeurs se serviraient bientôt, pour attaquer la religion, des secours mêmes qu'elle leur avait conservés, et tourneraient contre elle les armes qu'ils avaient reçues de sa main : la révolution fut aussi prompte qu'elle avait été imprévue.

Il était impossible qu'au milieu des ténèbres qui avaient couvert la face de l'Europe pendant plusieurs siècles, il ne se fût glissé des abus dans la religion, que les mœurs du clergé ne se sentissent de la licence qui avait régné dans tous les états ; c'est de là que l'on est parti pour lancer les premiers traits contre la constitution même du christianime.

Ceux qui s'annoncèrent au xvie siècle, sous le titre de réformateurs, sentirent ces abus ; ils crurent y remédier en détruisant le principe auquel ils les attribuaient, savoir, l'autorité de l'Eglise. Ils ne virent pas qu'ils faisaient une brèche par laquelle toutes les erreurs allaient bientôt pénétrer ; que, pour renverser successivement tous les dogmes et les fondemens mêmes de la foi chrétienne, il n'y avait qu'à suivre la route qu'ils venaient de tracer. En effet, bientôt en imitant leur méthode, les sociniens rejetèrent tous les dogmes qui leur parurent incompréhensibles, citèrent au tribunal de la raison les oracles de la parole divine. Instruits par cet exemple, les déistes ne voulurent plus admettre aucune révélation, révoquèrent en doute plusieurs vérités de la religion naturelle. Enfin le matérialisme, armé de leurs argumens, osa lever sa tête altière et nier l'existence de Dieu. Les sceptiques, frappés du choc de ces divers systèmes, conclurent qu'il n'y a rien de certain ; qu'en fait de religion et de morale, un philosophe doit s'en tenir au doute absolu. De là est née l'*indifférence* pour toutes les opinions, à laquelle on donne le nom de *tolérance*. Dans l'excès du délire, l'esprit humain ne peut aller plus loin.

§ IX. — Cette progression surprenante est clairement marquée par les époques des personnages qui ont été à la tête de ces différents partis, et par la date de leurs ouvrages. Luther commença de dogmatiser en 1517 ; Calvin, en 1532 ; Lélio, Socin et Gentilis, vers 1550. Viret, l'un des réformateurs, a parlé des premiers déistes dans son instruction chrétienne, en 1563. Vanini, athée décidé, fut exécuté en 1619. Spinosa n'a paru que quarante ans après ; La Motte-le-Vayer et Bayle, deux sceptiques, ont écrit sur la fin de ce même siècle ; Montaigne les avait précédés.

En Angleterre, les progrès de l'incrédulité ont été les mêmes. Après les divers combats des différentes sectes protestantes et sociniennes, le déisme y eut des prosélytes. Le lord Herbert de Cherbury, premier auteur anglais qui l'ait réduit en système, publia son livre *de Veritate* en 1624. Hobbes, Tolland, Blount, Schaftsbury, Tindal, Morgan, Chubb, Collins, Woolston, Bolingbrocke, sont venus à la suite. Ce dernier, de même que Hobbes et Tolland, a semé des principes d'athéisme dans ses ouvrages ; David Hume, plus récent, a professé le scepticisme dans les siens.

Nos incrédules Français, qui parlent aujourd'hui si haut, n'ont été que les copistes des Anglais ; c'est un fait aisé à vérifier. Ils ont commencé par enseigner le déisme, insensiblement ils en sont venus au matérialisme pur ; pour achever la dégradation, le pyrrhonisme absolu se montre à découvert dans la plupart de leurs livres. Nous citerons ci-après quelques-unes de leurs maximes (1).

Ce phénomène, constamment renouvelé, ne peut être un effet du hasard ; déjà on l'avait remarqué chez les anciens philosophes. Trois cents ans avant notre ère, les dogmes de la religion naturelle et de la morale avaient été trop faiblement établis par Pythagore, par Socrate, Platon et Aristote, qui avaient précédé cette époque : ils avaient mêlé des erreurs à ces vérités essentielles. Les épicuriens et les cyniques, qui parurent alors, attaquèrent, les uns l'existence de la Divinité ou du moins sa providence ; les autres, les lois de la morale. Leurs égaremens furent remplacés par les hypothèses de Pyrrhon et de ses descendants, qui ne voulaient admettre aucune vérité.

Il n'en faut pas davantage pour convaincre un esprit droit, non-seulement de la nécessité de la révélation, mais du besoin que nous avons d'une autorité visible pour nous guider en matière de religion : l'une de ces vérités découle évidemment de l'autre. L'au-

---

(1) La première foire franche en France a commencé à Saint-Denis. *Hist. des Etabliss. Europ. dans les Indes*, tom. II, p. 2.

(2) *Vues philos.* de Prémontval, t. I, p. 154, IIme, *Hist. de la maison de Tudor*, tom. II, pag. 9.

(1) Les sectateurs des divers systèmes d'incrédulité ne sont appuyés sur aucune preuve positive, mais sur les difficultés qu'ils voient dans les opinions de leurs adversaires. Des difficultés et des objections peuvent inspirer des doutes ; mais elles n'opèrent point la conviction. En général, les incrédules sont flottants, incertains et non persuadés.

teur de l'article *Unitaires*, dans l'Encyclopédie, a très-bien montré la progression que doit faire un raisonneur, dès qu'il a franchi la barrière de l'autorité (1). Sur ce point important, les principes sont exactement d'accord avec les faits, ils servent d'appui les uns aux autres.

§ X. — Le premier essai des novateurs fut d'attaquer l'autorité de la tradition : ils ne virent pas qu'en renversant la tradition des dogmes, ils sapaient du même coup la tradition des faits. Car enfin on ne conçoit pas pourquoi il est plus difficile aux hommes de rendre témoignage de ce qu'ils ont entendu, que d'attester ce qu'ils ont vu : s'ils sont indignes de croyance sur le premier chef, nous ne voyons pas quelle confiance on peut leur accorder sur le second. Dès que la tradition des faits est aussi caduque et aussi incertaine que la tradition des dogmes, le christianisme ne peut se soutenir, il est appuyé sur des faits. Tous les arguments que l'on a rassemblés contre l'infaillibilité de la tradition dogmatique, ont donc servi à ébranler en général toute certitude morale ou historique (2). Celle-ci étant intimement liée à la certitude physique, comme nous le ferons voir, les coups portés à l'une ne pouvaient manquer de retomber sur l'autre. Quand on est parvenu à douter des vérités physiques, il ne reste qu'un pas à faire pour contester les principes métaphysiques sur lesquels portent nos raisonnements. A proprement parler, ces trois espèces de certitude sont appuyées sur le même fondement, sur le sens commun (3); l'on ne peut donner atteinte à l'une, sans diminuer la force des autres.

(1) *Voy.* encore Bayle, *Dict. Crit.*, art. *Acosta.* Apol. pour les cathol. , t. II, c. 4.

(2) *Voy.* Daillé, *de Usu Patrum.*

(3) *Voy.* Beaties , *An essai on the Natura ad immutability of Truth.* — [Les auteurs des différentes éditions de Besançon ont placé ici une note pour établir que Bergier a été l'un des précurseurs de l'école de M. de Lamennais sur les principes de certitude. Bergier admettait sans doute l'autorité comme l'un des principaux motifs de certitude ; mais il était loin de la regarder comme l'unique fondement de la vérité. Voici les principaux passages extraits de ses écrits, qui montrent combien il avait en estime le grand principe d'autorité pour servir de base aux jugements : « A proprement parler, dit Bergier, ces trois espèces de certitude, c'est-à-dire la certitude métaphysique, la certitude physique et la certitude morale , sont appuyées sur le même fondement, sur le *sens commun*. » Il s'exprime ainsi dans son *Traité de la vraie religion* : « En dernière analyse, la certitude métaphysique se réduit, aussi bien que les autres, au *dictamen du sens commun*. » Nous lisons dans le même ouvrage que « par la conduite de Dieu envers le genre humain, dès l'origine du monde, par les égarements des peuples qui ont oublié la révélation primitive, par les erreurs des philosophes anciens et modernes, il est prouvé jusqu'à l'évidence que la raison seule est très-faible, qu'elle n'a jamais su dicter à l'homme ce qu'il devait croire et pratiquer. » — « A parler exactement, l'homme n'a que des lumières d'emprunt ; Dieu l'a créé pour être façonné par l'éducation et la société; abandonné à lui-même, il serait presque réduit à l'animalité pure : il est de la nature de l'homme que la religion lui soit trans-

Dans la vue de détruire l'autorité de la tradition dogmatique, les novateurs soutinrent que les pasteurs de l'Eglise avaient changé la doctrine des apôtres, que la plupart de nos dogmes sont de nouvelles inventions de la théologie. Aujourd'hui les incrédules nous apprennent que les apôtres mêmes ont changé la doctrine de Jésus-Christ; que le christianisme, tel que nous le professons, a été fabriqué par saint Paul et par ses sectateurs. Julien avait fait cette rare découverte, il l'a transmise aux docteurs modernes (1).

Pour décréditer les témoins de la tradition, les critiques protestants se sont déchaînés contre les Pères de l'Eglise ; ils ont suspecté leur doctrine, leur morale, leur capacité, leur conduite, leur bonne foi (2). Des anciens Pères aux apôtres la distance n'est pas longue, les déistes l'ont franchie; ils ont appliqué aux apôtres les mêmes reproches

mise par l'éducation. » — « A proprement parler , la raison n'est rien autre chose que la faculté d'être instruit et de sentir la vérité, lorsqu'elle nous est proposée. » (*Dict. théol.*, art. *Raison.*) De peur qu'on n'abuse du mot religion naturelle, il a soin d'observer que la religion prescrite aux premiers hommes était naturelle, dans ce sens qu'elle était conforme aux besoins de l'humanité, à la nature de Dieu et à la nature de l'homme ; que lorsque nous en sommes instruits, nous pouvons , par les lumières de la raison, en sentir et en démontrer la vérité ; mais qu'elle n'est point naturelle dans ce sens qu'aucun homme soit parvenu , par ses propres recherches, à en découvrir tous les dogmes et tous les préceptes , et à les professer dans leur pureté. Personne ne l'a connue que ceux qui l'ont reçue par tradition. » (*Traité de la vraie Religion.*)

« Vainement les déistes disent que les devoirs de la religion naturelle sont fondés sur des relations essentielles entre Dieu et nous, entre nous et nos semblables , et qu'ils sont gravés dans le cœur de tous les hommes. Si l'éducation, les leçons de nos maîtres , l'exemple de nos concitoyens , ne nous accoutument point à en lire les caractères, c'est un *livre fermé pour nous*. Une expérience générale, et qui date depuis six mille ans , doit nous convaincre que la raison humaine , privée du secours de la révélation, n'est qu'un aveugle qui marche à tâtons dans le plus grand jour. » (*Ibid.*)—« Autre chose est de découvrir une vérité par la seule réflexion, autre est de la démontrer lorsqu'elle est connue. » (*Ibid.*). — Enfin, « l'on n'établit point le pyrrhonisme en se fixant à la tradition constante, uniforme, universelle, de tous les peuples dans leur origine, qui atteste une révélation. C'est au contraire, en suivant une route différente, en donnant tout au raisonnement et rien à la tradition, que les philosophes ont fait naître le pyrrhonisme. Tous ceux qui veulent retenir la même méthode aboutiront au même terme ; Dieu a voulu nous instruire par la tradition et par la voie d'autorité, et non par raisonnement. » (*Ibid.*) *Voy.* CERTITUDE, LOI NATURELLE. Il serait très-téméraire de conclure de ces passages qu'aux yeux de Bergier le sens commun était le seul motif de certitude. On ne peut lire deux pages de ses écrits sans reconnaître le contraire.]

(1) *Hist. crit. de J.-C.*, *Table des saints. Examen crit. de saint Paul*, etc.

(2) Daillé, *de Usu Patrum.* Si les apôtres eux-mêmes n'ont pas été exempts d'erreurs et de faiblesses, faut-il s'étonner que leurs disciples les plus zélés en aient été susceptibles? Barbeyrac , *Traité de la morale des Pères*, c. 8, § 39, etc.

que l'on avait faits à leurs successeurs (1). Il n'est pas une seule de leurs objections contre les écrits des Pères, qui n'ait été rétorquée contre ceux des apôtres. Les mêmes arguments que les critiques avaient faits contre l'authenticité de certains livres de l'Ecriture, ont été tournés par les incrédules contre tous les autres livres ; les objections que l'on oppose actuellement aux miracles du christianisme ont été forgées par les protestants contre les miracles opérés dans l'Eglise romaine.

Lorsqu'il fut question d'examiner la mission des prétendus réformateurs, les catholiques objectèrent que des hommes, qui avaient été sujets à toutes les passions humaines et à des erreurs dont leurs disciples étaient forcés de rougir, ne pouvaient avoir été suscités de Dieu pour réformer l'Eglise. Pour se tirer de ce mauvais pas, les novateurs répondirent que les apôtres mêmes avaient été sujets aux erreurs et aux passions humaines, et s'efforcèrent de le prouver. De ces accusations, quoique fausses, les déistes concluent que les apôtres n'ont point été envoyés de Dieu pour éclairer et corriger les hommes : bientôt cette critique impie s'est jetée sur Jésus-Christ même, a noirci sa doctrine, ses mœurs, ses intentions, ses vertus, et a tiré contre lui la même conséquence. Les sociniens, devenus déistes, affectèrent de faire de pompeux éloges de Jésus-Christ ; mais ils vomirent des torrents de bile contre Moïse (2) : leurs successeurs, moins hypocrites, ont également blasphémé contre l'un et l'autre. Les manichéens et les marcionites, qui soutenaient que la religion juive était trop grossière pour avoir été révélée par un Dieu infiniment sage, prétendaient aussi que ce monde est trop imparfait pour être l'ouvrage d'un Dieu infiniment bon : ainsi s'enchaînent les erreurs.

Si nous disons aux protestants qu'un fidèle doit user de sa raison pour connaître quelle est la véritable Eglise, et pour peser les preuves de son infaillibilité ; mais qu'après l'avoir connue, il doit se laisser guider par cette autorité : absurdité ! s'écrient-ils ; il s'ensuivrait que l'Eglise pourrait enseigner toutes sortes d'erreurs, sans que ses membres aient droit de consulter leur raison, pour savoir s'ils doivent les admettre ou les rejeter. Est-il plus difficile à la raison de juger quelle est la vraie doctrine que de savoir quelle est la véritable Eglise ? Très-bien, ont répliqué les déistes ; selon vous, on ne peut juger de la mission de Jésus-Christ et des apôtres, ni de l'inspiration des livres saints, que par la raison ; donc c'est encore à elle de voir si leur doctrine est vraie ou fausse : autrement Jésus-Christ, les apôtres, l'Ecriture, pourraient enseigner toutes sortes d'erreurs, sans que nous eussions droit de consulter la raison, pour savoir si nous devons les admettre ou les rejeter.

(1) *Première lettre écrite de la Montagne*, p. 23 et 29 ; *Troisième lettre*, p. 97, 98, 118.
(2) *Voy.* Morgan, *Moral philosopher*, etc.

En vertu de cette rétorsion, il a fallu convenir que c'est à la raison en dernier ressort de juger quelle est, dans l'Ecriture même, la doctrine digne ou indigne de Dieu, par conséquent révélée ou non révélée. Alors l'Ecriture ne nous impose pas plus d'obligation de croire, que tout autre livre. C'est le déisme pur. Dans les ouvrages faits par les protestants contre les déistes, nous n'avons vu aucune réponse à cet argument.

Les différentes sectes, pour s'établir, demandèrent la tolérance, bien résolues de ne pas l'observer lorsqu'elles auraient acquis des forces. Selon les principes qu'elles posèrent, la tolérance doit être illimitée ; les juifs, les mahométans, les païens, les déistes, les athées, ont autant de droit d'y prétendre qu'un hérétique quelconque. Ce point a été démontré de concert par les catholiques, par les protestants, par les incrédules (1). En effet toutes les raisons sur lesquelles les calvinistes avaient exigé la tolérance ont été rétorquées contre eux-mêmes par les sociniens (2). Les déistes, à leur tour, s'en sont servis pour prouver qu'il leur était permis de dogmatiser (3). Enfin, les athées les font valoir aujourd'hui en leur faveur, et s'en autorisent pour enseigner impunément le matérialisme (4). Il est ainsi démontré par le fait, aussi bien que par le raisonnement, que la tolérance universellement réclamée est l'aliment de toutes les erreurs et la destruction de toute religion.

§ XI. — Si nous suivons la progression des controverses qui se sont élevées successivement, nous ne verrons pas moins l'effet que devait produire le principe d'où l'on est parti, et la chaîne de conséquences qu'il a fallu parcourir. Dès que les réformateurs se furent élevés contre l'autorité de l'Eglise, et qu'ils s'arrogèrent le droit de juger du sens de l'Ecriture, ce livre divin, loin de concilier les opinions et de réunir les esprits, ne servit qu'à les diviser. Les mêmes arguments, par lesquels les calvinistes avaient attaqué le mystère de l'Eucharistie, servirent aux sociniens pour combattre tous les autres mystères. La plus forte objection que les premiers aient cru faire contre la transsubstantiation a été tournée par David Hume contre tous les miracles (5). D'autres sont allés plus loin. Si Dieu ne nous a point enseigné d'autres vérités que celles qui paraissent d'accord avec la lumière naturelle, on ne voit pas pourquoi la révélation était nécessaire. Dès que le christianisme nous enseigne des mystères, il y a lieu de penser qu'il n'est pas une religion révélée, et qu'il n'est pas appuyé sur des

(1) Papin, *sur la tolérance des protestants* ; Bayle, *Com. Phil.*, part. II, c. 7. *Traité sur la tolérance*, c. 22 ; Hume, *Hist. nat. de la Religion*, p. 68.
(2) Bossuet, 6ᵉ *Avert. aux protestants*, part. III.
(3) *Emile*, tom. III, pag. 172. *Lettre à M. de Beaumont*, p. 74.
(4) *Syst. de la nature*, t. II, c. 11, 12, 13.
(5) L'auteur d'*Emile* a très-bien prouvé aux protestants ; qu'en établissant le déisme, il n'avait fait que suivre les principes fondamentaux de la réforme. *Deuxième lettre de la Montagne*, p. 47, 60.

preuves sûres. Les ennemis de la révélation commencent par les préjuger fausses : il n'est pas besoin, selon eux, de preuves surnaturelles pour établir des vérités conformes aux lumières de la nature ; preuve, selon eux, qui ne peut nous obliger à croire des dogmes contraires à nos idées surnaturelles. On a donc contesté les prophéties et les miracles ; on a soutenu qu'ils sont non-seulement faux, mais impossibles : pour le prouver, on a eu recours au système de la *nécessité* ou de la *fatalité*, qui tient au matérialisme. Mais si les preuves du christianisme sont autant de fables, si cette religion qui paraît si sainte n'est qu'une imposture, y a-t-il une Providence qui veille sur la religion, un Dieu qui exige de l'homme un culte, et qui lui impose des lois ? Lorsqu'un pareil doute vient à éclore, on n'est pas loin de l'athéisme.

Les déistes ont encore attaqué la révélation, parce qu'elle n'a pas été donnée à tous les hommes ; on leur a montré que leur prétendue religion naturelle est dans le même cas, qu'elle a été méconnue par les païens, qu'elle est ignorée des peuples barbares : nouvelle objection contre la Providence ; les athées l'ont fait valoir. On a démontré aux déistes que quiconque admet un Dieu, admet des mystères ; que plusieurs attributs de Dieu sont incompréhensibles, et semblent inconciliables. Pour ne pas reculer, nos déistes révoquent en doute tous les attributs de la Divinité que l'on ne conçoit pas. Il n'est pas difficile aux athées de tourner en ridicule un Dieu dont les déistes n'osent rien affirmer.

Ceux-ci fondent leur incrédulité sur l'insuffisance des témoignages de la révélation ; les premiers établissent la leur sur l'insuffisance des preuves que fournit la raison. Selon les déistes, la Providence n'a pas assez fait de bien aux hommes dans l'ordre de la grâce ; selon les athées, elle n'en a pas assez fait dans l'ordre de la nature, puisqu'il y a du mal dans le monde. Mais prendrons-nous pour mesure de la bonté divine l'entêtement des esprits opiniâtres et l'ingratitude des mauvais cœurs ? En comparant la justice divine à la justice humaine, les déistes et les sociniens ont soutenu que Jésus-Christ n'a pas pu satisfaire pour nous ; en comparant la bonté divine à la bonté humaine, les athées concluent que l'existence du mal anéantit le dogme de la Providence.

§ XII. — L'axiome sacré des uns et des autres est que l'homme ne doit écouter que sa raison, ne se rendre qu'à l'évidence, rejeter tout ce qui lui paraît faux et absurde. Voyons les divers usages que l'on a faits de cette maxime séduisante.

Je vois clairement que telle loi, telle discipline, tel usage religieux est un abus ; que la raison, le bon ordre, le bien public en exigent la réforme : donc je dois travailler à introduire une discipline contraire, malgré tous les obstacles ; rompre, s'il le faut, toute société avec ceux qui s'obstineront à maintenir l'usage actuel. Voilà le fondement de la conduite de tous les schismatiques.

Je conçois avec une évidence invincible, qu'il n'y a qu'un seul Dieu ; la divinité de Jésus-Christ est donc une erreur : qu'un corps ne peut pas être en différents lieux au même moment ; la présence réelle de Jésus-Christ, dans toutes les hosties consacrées, est donc un dogme absurde : que Dieu ne peut pas être un et trois ; le mystère de la Trinité est donc une contradiction. Les passages de l'Ecriture qui semblent prouver la divinité du Verbe, la présence réelle, ou la Trinité, doivent être expliqués par d'autres qui me paraissent dire le contraire. Ainsi ont raisonné les ariens, les sociniens, les protestants, et tous les sectaires qui ont paru depuis la naissance de l'Eglise.

Je suis intimement convaincu que Dieu ne peut pas révéler des dogmes absurdes, inintelligibles, contradictoires, indignes de sa sagesse et de sa véracité suprême ; je vois de pareils dogmes dans toutes les religions qui se disent révélées ; donc toutes ces prétendues révélations sont des chimères ; donc toutes les preuves sur lesquelles on peut les appuyer, sont fausses ; donc il faut s'en tenir à la religion naturelle. Tel est le système des déistes.

Il n'est pas possible de douter qu'un Dieu, qui prendrait intérêt au culte des hommes, ne leur en révélât directement, actuellement et sans interruption, la forme ; il ne souffrirait pas qu'ils le lui refusassent par une ignorance invincible. S'il y avait un Dieu, s'écriait Toland, et un Dieu qui s'intéressât au bonheur des humains, sans doute il prendrait pitié de l'état d'incertitude et d'ignorance où je suis (1). C'est le langage de ceux qui soutiennent l'indifférence des religions, et qui n'en veulent aucune.

Il est évident qu'un être doué de qualités incompatibles, dont les attributs sont inconciliables et contradictoires, n'existe pas : or, quelle que soit l'idée que l'on veut me donner de Dieu, non-seulement je n'y conçois rien, mais j'y vois des contradictions formelles : donc Dieu n'existe pas et ne saurait exister. Les athées ne cessent de répéter cette prétendue démonstration (2).

Un philosophe ne doit admettre que ce qu'il conçoit, et dont l'existence lui est démontrée. Or, ce qu'on dit des esprits ou des substances distinguées de la matière, est inconcevable ; leurs qualités, leurs opérations, leur manière d'être sont autant de mystères inintelligibles, dont on ne peut avoir aucune idée claire. Je ne conçois que des corps, mes sens ne peuvent m'attester l'existence d'un être distingué de la matière : donc tout est matière, les esprits sont des chimères. Voilà le grand argument des matérialistes.

Puisqu'un philosophe ne doit admettre que ce qu'il conçoit, je ne puis affirmer l'existence d'aucun être quelconque. L'essence de la matière et la plupart de ses propriétés sont inconcevables. Ce que l'on dit du temps

____

(1) *Dial. sur l'âme*, pag. 64.
(2) *Syst. de la nat*, tom. II, ch. 2. *Traité des erreurs populaires*, pag. 111, etc.

ou de la durée, soit finie, soit infinie, de l'espace créé ou incréé, du mouvement, de la divisibilité de la matière, du principe intérieur des opérations de l'homme, des causes physiques, etc., est inintelligible; il n'est pas un seul de ces objets sur lequel on ne puisse faire des questions insolubles; d'ailleurs les sens nous trompent, ils ne nous attestent que des apparences; leur témoignage ne doit jamais prévaloir à celui de la raison; donc il n'y a rien de certain; l'on doit tout au plus admettre des probabilités et des vraisemblances. Ainsi ont parlé les acataleptiques, les académiciens, les sceptiques, les pyrrhoniens souvent copiés par les philosophes modernes (1).

§ XIII. — Si la maxime sur laquelle se fondent les incrédules est vraie, le pyrrhonisme est donc le seul système raisonnable. Après avoir supposé que l'évidence de nos idées doit être la seule règle de nos jugements, on prouve doctement que cette évidence est réduite à rien. Un philosophe ne la voit que dans ses propres opinions, quelque absurdes qu'elles soient d'ailleurs (2).

Pour résumer en deux mots, les protestants ont dit : nous ne devons croire que ce qui est expressément révélé dans l'Ecriture, et c'est la raison qui en détermine le vrai sens. Les sociniens ont répliqué : donc nous ne devons croire révélé que ce qui est conforme à la raison. Les déistes ont conclu : donc la raison suffit pour connaître la vérité sans révélation; toute révélation est inutile, par conséquent fausse. Les athées on repris : or ce que l'on dit de Dieu et des esprits est contraire à la raison : donc il ne faut admettre que la matière. Les pyrrhoniens viennent fermer la marche, en disant : le matérialisme renferme plus d'absurdités et de contradictions que tous les autres systèmes : donc il ne faut en admettre aucun (3).

Selon un déiste anglais : de même que le calvinisme a produit des enthousiastes dans son origine, il a fait éclore enfin des athées. Un athée n'est qu'une espèce d'enthousiaste, idolâtre de sa raison, qui déclame contre Dieu et sa providence (4).

Ainsi le premier pas dans la carrière de l'erreur a conduit nos raisonneurs téméraires au dernier excès d'aveuglement; ainsi la raison livrée à elle-même ne trouve plus

de borne où elle puisse s'arrêter; elle est entraînée par le fil des conséquences beaucoup plus loin qu'elle n'avait prévu. Tout homme, qui a suivi la naissance et le progrès de différentes opinions, est convaincu qu'entre la vérité établie par la main de Dieu et le pyrrhonisme absolu, il n'y a point de milieu où l'esprit humain puisse demeurer ferme.

Quiconque se pique de raisonner, doit être chrétien catholique, ou entièrement incrédule, et pyrrhonien dans toute la rigueur du terme.

Nos adversaires mêmes ont confirmé par leur aveu la vérité de cette théorie : ils disent que le christianisme une fois détruit, l'existence de Dieu et l'immortalité de l'âme ne tiennent presque plus à rien; mais que si l'on admet un Dieu, l'on est forcé de dévorer toute la suite des conséquences qu'en tirent les superstitieux, c'est-à-dire les chrétiens; que ceux-ci raisonnent plus conséquemment, et sont plus d'accord avec eux-mêmes que les déistes; que le déisme est un système où l'esprit humain ne peut pas longtemps s'arrêter (1). C'est donc uniquement la crainte des conséquences qui conduit les incrédules à l'athéisme; de peur d'être forcés à croire trop, ils prennent le parti de ne rien croire du tout. Leur manière de philosopher, dit un encyclopédiste, n'est au fond que l'art de *décroire* (2). De même que les sociniens ont démontré aux protestants qu'ils n'avaient pas suivi leur principe jusqu'où il peut aller, et s'étaient arrêtés sans savoir pourquoi, un déiste prouve aux sociniens qu'ils sont coupables de la même inconséquence. Mais un athée retombe sur les déistes, et leur montre qu'ils sont eux-mêmes des raisonneurs pusillanimes, et qu'ils se contredisent; enfin un pyrrhonien, à son tour, fait voir aux athées qu'ils déraisonnent, qu'un dogmatique quelconque prête le flanc à ses adversaires, et se trouve bientôt percé de ses propres traits. Nous demandons si, la dispute étant réduite à ce point, le triomphe de la religion peut encore paraître douteux? pour se débarrasser de ses ennemis, elle n'a qu'à leur laisser le soin de s'entre-détruire.

§ XIV. — Quand on connaît les vrais motifs qui déterminent la plupart des déserteurs de la religion, l'on n'est plus tenté de leur prêter l'oreille; ils ont eu la complaisance de les dévoiler eux-mêmes.

Si nous remontons, dit l'un d'entre eux, *à la source de la prétendue philosophie de ces mauvais raisonneurs, nous ne les trouverons point animés d'un amour sincère pour la vérité; ce n'est point des maux sans nombre que la superstition a faits à l'espèce humaine, dont nous les verrons touchés; nous verrons qu'ils se trouvent gênés des entraves importunes que la religion, quelquefois d'accord*

---

(1) Quiconque ne se rendrait réellement qu'à l'évidence, ne serait guère assuré que de sa propre existence. *De l'Esprit*, t. I, note, p. 22.

(2) Je n'ose être d'aucun avis; je ne vois qu'incompréhensibilité dans l'un et dans l'autre système. *Quest. sur l'Encyclop.*, Idée, sect. 1. Adorez Dieu soyez honnête homme, et croyez que deux et deux font quatre. *Dict. philos.*, Nécessaire.

(3) En traçant cette généalogie impure, nous n'avons aucune intention de chagriner les protestants; s'ils méconnaissent leurs descendants, ceux-ci, plus honnêtes, ne renient point leurs ancêtres; ce sont les protestants, disent-ils, qui ont commencé la révolution; mais ils ne sont pas allés assez loin. Enfin l'on est allé si loin, qu'il faudra nécessairement reculer.

(4) Morgan. *Moral philosopher*, tom. I, p. 219.

(1) *Syst. de la nat.*, tom. II, c. 7, p. 221 et suiv. Chap. 12, pag. 357. *Première lettre à Sophie*, pag. 5; *Deuxième lettre*, pag. 41, *Dial. sur l'âme*, pag. 145, 146; *Le Bon Sens*, § 117, 118.

(2) *Encyclop.*, Unitaires, p. 309.

avec la raison, mettait à leurs déréglements. Ainsi c'est leur perversité naturelle qui les rend ennemis de la religion ; ils n'y renoncent que lorsqu'elle est raisonnable ; c'est la vertu qu'ils haïssent encore plus que l'erreur et l'absurdité. La superstition leur déplaît, non par sa fausseté, non par ses conséquences fâcheuses, mais par les obstacles qu'elle oppose à leurs passions, par les menaces dont elle se sert pour les effrayer, par les fantômes qu'elle emploie pour les forcer d'être vertueux... — Des mortels emportés par le torrent de leurs passions, de leurs habitudes criminelles, de la dissipation, des plaisirs, sont-ils bien en état de chercher la vérité, de méditer la nature humaine, de découvrir le système des mœurs, de creuser les fondements de la vie sociale? La philosophie pourrait-elle se glorifier d'avoir pour adhérents, dans une nation dissolue, une foule de libertins dissipés et sans mœurs, qui méprisent sur parole une religion comme lugubre et fausse, sans connaître les devoirs qu'on doit lui substituer? Sera-t-elle donc bien flattée des hommages intéressés, ou des applaudissements stupides d'une troupe de débauchés, de voleurs publics, d'intempérants, de voluptueux, qui, de l'oubli de leur Dieu et du mépris qu'ils ont pour son culte, concluent qu'ils ne se doivent rien à eux-mêmes ni à la société, et se croient des sages, parce que souvent, en tremblant et avec remords, ils foulent aux pieds des chimères qui les forçaient à respecter la décence et les mœurs (1)?

Nous n'aurions pas osé dire d'aussi terribles vérités, mais il nous est permis de les copier; les incrédules ne peuvent être mieux définis que par les maîtres qui les ont formés.

L'auteur du *Système de la nature* ne s'est pas exprimé avec moins d'énergie, en recherchant les causes qui peuvent porter à l'athéisme et à l'irréligion. La première est, selon lui, l'indignation qu'inspire à tout homme qui pense la vue des maux qu'ont produits dans le monde l'idée de Dieu et la religion. La seconde est la crainte importune que doit faire naître dans l'esprit de tout raisonneur conséquent l'idée d'un Dieu tel que ses affreux ministres le peignent, c'est-à-dire d'un Dieu vengeur du crime, et rémunérateur de la vertu. La troisième sont les passions et les intérêts des hommes qui les poussent à faire des recherches.

La question est de savoir si un esprit préoccupé par la crainte, par les passions, est fort en état de faire des recherches avec succès, et de découvrir la vérité. *Nous conviendrons, dit-il, que souvent la corruption des mœurs, la débauche, la licence, et même la légèreté d'esprit, peuvent conduire à l'irréligion ou à l'incrédulité; mais on peut être libertin, irréligieux, et faire parade d'incrédulité, sans être athée pour cela... Bien des gens renoncent aux préjugés reçus, par vanité et sur parole ; ces prétendus esprits forts n'ont rien examiné par eux-mêmes, ils s'en rapportent à d'autres qu'ils supposent avoir*

(1) *Essai sur les préjugés*, c. 8, p. 181 et suiv.

pesé les choses plus mûrement...... Un voluptueux, un débauché enseveli dans la crapule, un ambitieux, un intrigant, un homme frivole et dissipé, une femme déréglée, un bel esprit à la mode, sont-ils donc des personnages bien capables de juger d'une religion qu'ils n'ont point approfondie, de sentir la force d'un argument, d'embrasser l'ensemble d'un système?........ Les hommes corrompus n'attaquent les dieux, que lorsqu'ils les croient ennemis de leurs passions. — Cependant, selon le même auteur, « il faut être désinté- « ressé, pour juger sainement des choses ; « il faut des lumières et de la suite dans l'es- « prit pour saisir un grand système. Il n'ap- « partient qu'à l'homme de bien examiner « les preuves de l'existence de Dieu et les « principes de toute religion...... L'homme « honnête et vertueux est seul juge compé- « tent dans une si grande affaire (1). »

Si, avant de lire un livre écrit contre la religion, l'on commençait par demander : L'auteur est-il un homme de bien, vertueux, honnête, sage, désintéressé? il est fort douteux qu'aucun de ces ouvrages fût dans le cas de faire fortune.

Un troisième dit avec franchise : *J'aime mieux être anéanti une bonne fois, que de brûler toujours; le sort des bêtes me paraît plus désirable que le sort des damnés. L'opinion qui me débarrasse de craintes accablantes dans ce monde me paraît plus riante que l'incertitude où me laisse l'opinion d'un Dieu sur mon sort éternel... On ne vit point heureux, quand on tremble toujours. Un Dieu qui damne éternellement est évidemment le plus odieux des êtres que l'esprit humain puisse inventer* (2).

Voilà donc la source dans laquelle nos philosophes ont puisé tant de lumières, *la crainte de brûler toujours;* mais cette crainte n'entre point dans une âme pure, honnête, vertueuse : l'enfer n'est destiné qu'aux méchants. Avouer que l'on est tourmenté par cette idée, c'est reconnaître que l'on n'a pas la conscience nette. Nos adversaires préfèrent, non l'opinion la plus vraie et la mieux prouvée, mais *la plus riante* et la plus commode ; c'est le goût et non le raisonnement qui les détermine.

L'un des derniers qui aient écrit, convient de même qu'entre la religion et l'athéisme, c'est le cœur, le tempérament, et non la raison qui décide du choix (3).

L'auteur du livre de l'Esprit n'avait pas trop bonne opinion de ses confrères. *Peut-être, dit-il, nos auteurs sont-ils quelquefois plus soigneux de la correction de leurs ouvrages que de celle de leurs mœurs, et prennent-ils exemple sur Averroès, ce philosophe qui se permettait, dit-on, des friponneries, qu'il regardait non-seulement comme peu nuisibles, mais même comme utiles à sa réputation* (4).

(1) *Syst. de la nat.*, t. II, c. 10, p. 260 et suiv.
(2) *Le Bon Sens.* § 108, 182, 188.
(3) *Aux mânes de Louis XV*, pag. 291.
(4) *De l'Esprit*, 2e D.sc., c. 6, p. 142.

Un autre avoue qu'au terme de la caducité, les principes de la religion reprennent l'ascendant, parce qu'alors nous n'avons plus besoin des raisons qui nous tranquillisaient au sein des plaisirs (1). Il est donc bien décidé que l'on n'est incrédule qu'autant que l'on a besoin de raisons pour se tranquilliser au sein des plaisirs.

§ XV. — Peut-être en est-il plusieurs qui ne méritent point ce reproche, et qui ont au moins des mœurs décentes. Mais ce n'est point à nous de faire des recherches sur leur conduite ; nous ne pouvons en juger mieux que sur leur propre témoignage. Or, il est difficile d'avoir bonne opinion de maîtres qui, de leur aveu, ont formé tant de disciples corrompus, et de nous fier à des principes toujours adoptés par les cœurs vicieux et par les esprits pervers.

Selon eux, nous attribuons mal à propos à l'incrédulité les vices qui viennent plutôt du luxe et des passions (2) : soit ; donc ils ont encore plus de tort de les attribuer à la religion. Mais dans quel cas les passions causeront-elles plus de ravage ? Sous le joug de la religion qui les condamne, ou sous le règne de l'incrédulité qui leur lâche la bride ? Jamais le luxe ne fut porté à l'excès chez une nation, sans traîner à sa suite le libertinage d'esprit et de cœur. Que la philosophie incrédule soit fille du luxe, comme tous les autres vices, c'est ce que nous n'ignorons pas ; un tel père ne fera jamais honneur à ses enfants.

L'athéisme, disent-ils, *n'est point fait pour le vulgaire, ni même pour le plus grand nombre des hommes..... Des êtres ignorants, malheureux et tremblants se feront toujours des dieux... Les principes de l'athéisme ne sont point faits pour le peuple, ni pour les esprits frivoles, ni pour les hommes ambitieux et remuants, ni pour un grand nombre de personnes instruites d'ailleurs, mais qui n'ont point assez de courage* (3). Cependant l'on répète sans cesse la maxime que la vérité est faite pour tout le monde ; d'où il s'ensuit clairement que l'athéisme n'est pas la vérité.

Leucippe, Démocrite, Epicure, Straton, et quelques autres Grecs, osèrent déchirer le voile épais du préjugé, et prêcher l'athéisme ; ils ne furent pas écoutés. Chez les modernes, Hobbes, Spinosa, Bayle, etc., ont marché sur les traces d'Epicure ; mais leur doctrine ne trouva que peu de sectateurs, dans un monde trop enivré de fables pour écouter la raison.... Ceux qui ont eu le courage d'annoncer la vérité, ont été communément punis de leur témérité (4). *Il est fort dangereux que nos doc-*

teurs de la vérité n'aient encore aujourd'hui le même sort.

Ils demandent *quel mal on peut faire aux hommes en leur proposant ses idées ? Le pis aller est de les laisser dans le doute et dans la dispute ; n'y sont-ils pas déjà* (1) ? Mais ils observent que, pour bien des gens, leur ôter les idées de Dieu, ce serait leur arracher une portion d'eux-mêmes (2) ; que le doute sur ce sujet n'est rien moins qu'un oreiller commode (3) ; que le doute, en fait de religion, est un état plus cruel que d'expirer sur la roue (4). Rendons grâce à ces maîtres charitables qui veulent nous arracher une portion de nous-mêmes, et nous mettre dans un état pire que d'expirer sur la roue. Si, après des déclarations aussi précises, ils viennent à bout de séduire quelqu'un, il a grande envie d'être séduit. Montaigne, parlant d'eux, les appelait hommes bien misérables et écervelés, qui tâchent d'être pires qu'ils ne peuvent (5).

§ XVI. — On croit peut-être que les incrédules modernes ont fait des découvertes dont les anciens n'avaient aucune connaissance, qu'ils ont créé de nouveaux systèmes ; erreur. Ils ont puisé leurs matériaux dans des sources abondantes, et qui ne sont point inconnues. Pour attaquer les vérités de la religion naturelle, ils ont ramené sur la scène les objections des épicuriens, des pyrrhoniens, des cyniques, des académiciens rigides et des cyrénaïques ; c'est une doctrine renouvelée des Grecs. Mais ils ont passé sous silence les raisons par lesquelles Platon, Socrate, Cicéron, Plutarque, et d'autres, ont réfuté toutes ces visions. Contre l'ancien Testament et la religion juive, ils ont rajeuni les difficultés et les calomnies des manichéens, des marcionites, de Celse, de Julien, de Porphyre, et des autres philosophes ; le plus célèbre de nos adversaires en est convenu (6). On en retrouve la plupart dans Origène, dans Tertullien, dans saint Cyrille, dans saint Augustin, et dans les autres Pères de ces temps-là ; mais les incrédules ont supprimé les réponses de ces auteurs.

Lorsqu'il a fallu combattre le christianisme, nos adversaires ont été encore mieux servis ; ils ont copié les livres des juifs et ceux des mahométans (7). Les écrits d'Isaac Orobio, le *Munimen fidei,* tous les autres ouvrages compilés par Wagenseil (8), sont hachés et cousus par lambeaux dans les livres des déistes : on doit en rendre la gloire aux rabbins. Contre le catholicisme, ils ont extrait les reproches de tous les hérétiques, surtout des controversistes protestants et

---

(1) *Dialog. sur l'âme,* p. 135 et suiv. Tenez votre âme en état de désirer toujours qu'il y ait un Dieu, et vous n'en douterez jamais. J.-J. Rousseau. *Esprit et Maximes,* etc., p. 4.

(2) *Histoire des Etabliss. des Europ. dans les Indes* tom. V, liv. xiii, p. 176.

(3) *Syst. de la nat.,* tom. II, c. 10, 12, 13, p. 317, 352, 581. *Le Bon Sens,* § 195.

(4) *Le Bon Sens,* § 294.

(1) *Syst. de la nat.,* tom. II, c. 11 et 13, p. 331, 384.

(2) *Ib.,* c. 13, p. 388.

(3) *Le Bon Sens,* § 123.

(4) *Dial. sur l'âme,* p. 139.

(5) *Essai sur le mérite et la vertu,* liv. 1, pag. G.

(6) *Questions sur l'Encyclopédie,* Contradiction, pag. 121.

(7) V. Maracci, *Prodrom. ad refutat. Alcorani.*

(8) *Tela ignea Satanæ.*

des sociniens. Enfin, pour suspecter les titres de notre croyance, ils ont fait sérieusement usage d'une méthode que le père Hardouin n'avait hasardée que comme un jeu d'esprit sur un sujet très-indifférent. On verra dans cet ouvrage la chaîne de traditions par laquelle ces sublimes découvertes sont venues jusqu'à nous, et nous aurons soin de restituer à chacun ce qui lui appartient.

Les premiers incrédules français auraient peut-être rougi de puiser leurs réflexions dans des sources aussi impures ; ils copiaient les Anglais, sans savoir d'où ceux-ci avaient emprunté tant de richesses littéraires. Le poison était du moins présenté alors sous un masque de décence. Ceux d'aujourd'hui ont eu moins de délicatesse ; ils ont fait couler de leur plume tout le fiel que les rabbins ont vomi contre Jésus-Christ et contre l'Evangile, sans en adoucir l'amertume, et toute la bile des controversistes protestants contre l'Eglise romaine ; ils se sont même efforcés d'enchérir sur les uns et les autres. Grâce à leur intrépidité, il n'est plus de blasphèmes, de sarcasmes, d'invectives, de grossièretés, auxquels nous n'ayons été forcé de nous endurcir.

§ XVII. — Cependant ils nous accusent d'ignorance, de crédulité, d'aveuglement, de prévention. Selon eux, nous ne tenons à la religion que par préjugé de naissance, par respect pour l'autorité de nos maîtres et de nos aïeux, par négligence de réfléchir et de consulter la raison ; nous commençons par croire avant d'examiner. Soit, pour un moment. Nous soutenons qu'il n'y a point d'écrivains plus crédules, ni d'espèce plus moutonnière que les prétendus philosophes. Déjà ils conviennent que la plupart renonçant à la religion *par vanité, et sur parole s'en rapportant à d'autres*, sont très-peu en état d'approfondir une question, et de sentir la force ou la faiblesse d'un argument. Ce n'est donc pas la raison, mais l'autorité qui les détermine. Qu'un incrédule quelconque ait avancé il y a cinquante ans un fait bien faux, bien absurde, cent fois réfuté, il n'en est pas moins répété par vingt auteurs qui se suivent à la file, sans qu'un seul ait daigné vérifier la chose. Copier aveuglément Celse et Julien, les juifs, les sociniens, les déistes anglais, les controversistes de toutes les sectes, sans choix, sans critique, sans précaution ; compiler, répéter, extraire, affirmer ou nier au hasard, parce que d'autres ont fait de même, ce n'est pas être crédule ? Lorsque le déisme était à la mode, tout philosophe était déiste ; le plus hardi a osé dire : *Tout est matière*, et a fait semblant de le prouver ; à l'instant la troupe docile a répété en grand chœur, *tout est matière*, et a fait un acte de foi sur la parole de l'oracle. Voilà où ils en sont. Les plus incrédules, en fait de preuves, sont toujours les plus crédules en fait d'objections.

Avant de voir ce que l'on peut objecter contre la religion, quelle étude la plupart des lecteurs ont-ils faite de ses preuves ? Aucune. Est-il étonnant que dans la force des passions, sans aucun préservatif contre l'erreur, un jeune homme soit aisément séduit par les fausses lueurs des raisonnements philosophiques, par les faits qu'on lui déguise, par le ridicule que l'on jette sur la religion ? Tout lui paraît clair, évident, démontré, dans les écrits des incrédules ; il ne soupçonne pas seulement qu'il y ait une réponse à leur faire. Les impressions qu'il reçoit se gravent profondément ; elles plaisent à son esprit et à son cœur ; à moins d'un miracle, il en tient pour la vie. Dès qu'il a parcouru quelques brochures, il se croit un docteur, ce n'est qu'un ignorant.

Après avoir lu pendant vingt ans tous les ouvrages écrits contre la religion ; après s'être rempli l'esprit d'objections, de sophismes, de préventions, de fausses anecdotes, un homme, qui se pique d'impartialité, se résout enfin à lire un ou deux de nos apologistes. S'il ne trouve pas d'abord de quoi satisfaire à toutes ses difficultés, et calmer tous ses doutes, il en conclut que la religion n'est pas prouvée, que les arguments de ses ennemis sont insolubles. Il semble voir un malade qui a travaillé pendant vingt ans à se ruiner le tempérament et qui veut que son médecin le guérisse ou le soulage en huit jours. L'habitude de raisonner de travers se contracte aussi aisément que le dérangement d'estomac ; quand il faut en revenir, c'est autre chose. Dès que l'on envisage la religion comme un procès, comme une question de controverse, et que l'on veut faire la fonction de juge, il est fort dangereux que la balance ne penche du côté qui paraît le plus commode. *Je me trouve*, dit-on alors, *dans un scepticisme nécessité*. Je le crois ; après avoir pris d'aussi bonnes mesures pour y réussir, il serait fort étonnant que vous n'en fussiez venu à bout.

Parmi nous, tout est mode et goût passager. Sous François Ier et ses successeurs, il était du bel air de se faire huguenot et antipapiste ; sous la minorité de Louis XIV, il fallait être frondeur et anti-mazarin ; pendant la régence, il était beau de déclamer contre Rome et contre la bulle ; aujourd'hui, c'est un mérite de se donner pour philosophe incrédule. Quel travers nouveau le siècle prochain verra-t-il éclore ?

§ XVIII. — Celui dont nous nous plaignons serait moins odieux, s'il n'inspirait pas tant de calomnies. Les prêtres, disent nos adversaires, ne sont chrétiens que par décence et par intérêt ; leur conduite dément évidemment leur croyance ; lorsqu'on a des liaisons familières avec eux, on s'aperçoit bientôt qu'ils ne sont pas fort chargés d'articles de foi (1).

Avant de répondre à ce reproche, voyons si les philosophes sont eux-mêmes exempts de toutes vues d'ambition et d'intérêt.

Plusieurs poussent très-loin les prétentions. Selon eux, tout écrivain de génie est *magistrat-né* de sa patrie ; il doit l'éclairer, s'il le

____
(1) *Gazette littéraire de Deux-Ponts*, 1774, n° 62, art. 1.

peut : son droit, c'est son talent (1). Voilà leur mission fondée sur un titre authentique, sur la bonne opinion qu'ils ont d'eux-mêmes. Les gens de lettres, disent-ils, sont les arbitres et les distributeurs de la gloire (2) : il est donc juste qu'ils s'en réservent la meilleure part. L'un nous fait observer qu'à la Chine le mérite littéraire élève aux premières places ; et, à son grand regret, il n'en est pas de même en France (3). L'autre dit que les philosophes voudraient approcher des souverains ; mais que, par l'ambition et les intrigues des prêtres, ils sont bannis des cours (4). Celui-ci souhaite que les savants trouvent dans les cours d'honorables asiles, qu'ils y obtiennent la seule récompense digne d'eux, celle de contribuer par leur crédit au bonheur des peuples auxquels ils auront enseigné la sagesse. Mais si l'on veut, dit-il, que rien ne soit au-dessus de leur génie, il faut que rien ne soit au dessus de leurs espérances (5). Rare modestie ! Celui-là vante les progrès qu'auraient fait les sciences, si l'on avait accordé au génie les récompenses prodiguées aux prêtres (6). Tantôt ces hommes désintéressés se plaignent de ce que les prêtres sont devenus les maîtres de l'éducation et des richesses, pendant que les travaux et les leçons des philosophes ne servent qu'à leur attirer l'indignation publique (7). Tantôt ils opinent qu'il faut dépouiller les prêtres pour enrichir les philosophes (8). Enfin, concluent-ils, si on ne peut pas guérir les hommes de leurs préjugés de religion, qu'ils en pensent ce qu'ils voudront ; mais que les princes et les sujets apprennent au moins à résister quelquefois aux passions des odieux ministres de la religion (9).

Consolons-nous : ce n'est plus à la religion qu'en veulent les philosophes ; c'est aux priviléges, au crédit, aux biens du clergé ; s'ils peuvent réussir à s'en emparer, ils croiront en Dieu, tous les arguments seront résolus.

§ XIX. — Comment prouve-t-on que les prêtres ne sont chrétiens que par intérêt ? Par les fautes vraies ou prétendues qu'ils ont commises depuis la naissance de l'Eglise. On en reproche aux papes, aux évêques, aux ministres inférieurs ; les protestants surtout ont fourni là-dessus de bons mémoires. — C'est s'arrêter en beau chemin ; il fallait pousser l'induction jusqu'où elle peut aller.

On connaît d'habiles jurisconsultes, dont la conduite n'est pas un modèle d'équité ; des médecins qui, après avoir disserté savamment sur la nécessité du régime, ne l'observent pas mieux que leurs malades ; des philosophes dont les actions et la morale ne sont pas toujours d'accord. *Toutes les fois*, dit un écrivain très-connu, *que je songe à mon ancienne simplicité, je ne puis m'empêcher d'en rire. Je ne lisais pas un livre de morale ou de philosophie que je ne crusse y voir l'âme ou les principes de l'auteur ; je regardais tous ces graves écrivains comme des hommes modestes, sages, vertueux, irréprochables.... Je me formais de leur commerce des idées angéliques, et je n'aurais approché de la maison de l'un d'eux, que comme d'un sanctuaire. Je ne comprenais pas que l'on pût s'égarer en démontrant toujours, ni mal faire en parlant toujours de sagesse. Enfin, je les ai vus : ce préjugé puéril s'est dissipé, et c'est la seule erreur dont ils m'aient guéri* (1). Donc les philosophes ne croient pas plus à la morale que les prêtres à la religion.

Voilà l'argument dans toute sa force. Que répondent les philosophes ? Que, *quand un homme, entraîné par ses passions paraît oublier ses principes, il ne s'ensuit pas qu'il n'en a point, qu'il n'y croit pas, ou que ces principes sont faux ; que le tempérament est plus fort que les systèmes, et que les passions l'emportent sur la croyance* (2). Ainsi les prêtres sont justifiés, ou du moins excusés par leurs propres dénonciateurs.

Supposons que ceux-ci soient venus à bout d'en séduire quelques-uns qui ont eu *des liaisons trop familières* avec eux ou avec leurs écrits, il s'ensuit que ces faibles théologiens n'en savaient pas assez pour sentir la fausseté des raisonnements des incrédules. Cette victoire n'est pas assez brillante pour en faire trophée contre la religion. Semblable aux païens qui insultaient aux chrétiens apostats, nos sages philosophes ne pardonnent ni à ceux qui leur résistent, ni à ceux qui ont succombé sous leurs sophismes. Belle récompense de la docilité que l'on a pour eux !

§ XX. — Personne ne disconvient aujourd'hui du ressort secret qui a fait agir les hérétiques, lorsqu'ils ont troublé le repos de l'Eglise et de la société ; ils étaient conduits par l'enthousiasme, par le fanatisme. Les philosophes ont éloquemment déploré les ravages de ce vice dangereux ; ils en ont donné le nom à toute espèce d'attachement à une religion vraie ou fausse ; les athées regardent comme des fanatiques tous ceux qui croient un Dieu (3). Si l'on doit appeler *fanatisme* le faux zèle allumé au foyer des passions, pouvons-nous en méconnaître les symptômes dans ceux-mêmes qui déclament contre lui ? Un homme qui se croit né pour instruire les nations, résolu de braver les lois et l'autorité des souverains pour établir sa doctrine, très-peu délicat sur le choix des moyens et des prosélytes, ennemi déclaré de tous ceux qui s'opposent à ses desseins, appliqué à les rendre odieux et méprisables, toujours prêt à se porter aux derniers excès contre eux, à bouleverser la société, s'il le faut, pour affermir le règne de ses opinions, si ce n'est

---

(1) *Hist. des Etabliss. des Europ. dans les Indes*, tom. VII, c. 2, p. 59.
(2) *Encyclop.*, Gloire.
(3) *IIIe Dial. sur l'âme*, p. 66.
(4) *Essai sur les préjugés*, c. 14, p. 378.
(5) *Œuv. de J.-J. Rousseau*, tom. I, pag. 43.
(6) *Syst. de la nat.*, tom. II, c. 8.
(7) *Ibid.*, tom. II, c. 11.
(8) *Christianisme dévoilé*, préf. p. 25.
(9) *Syst. de la nat.*, tom. II, c. 10, pag 319.

(1) Préface de *Narcisse*.
(2) *Syst. de la nat.*, tom. II, c. 12, p. 342.
(3) *Lettre de Trasib. à Leucippe*, pag. 25 ; *Syst. de la nat.*, tom. II, c. 7, pag. 224.

pas un *fanatique*, nous ne savons plus quelle idée l'on doit attacher à ce nom.

Ils disent que la liberté naturelle à l'esprit humain, l'indépendance, *moins amoureuse de la vérité que de la nouveauté*, fait souvent rejeter le christianisme dans sa vieillesse, comme elle le fit adopter à sa naissance (1). Serons-nous encore dupes de l'amour *de la vérité*, dont nos adversaires sont embrasés? — Quelques-uns ont poussé la démence jusqu'à se faire un mérite de leur haine contre les défenseurs de la religion. *J'ai été*, dit l'un d'entre eux, s'adressant à Dieu même, *j'ai été l'ennemi de ceux qui opprimaient la société.* Il prétend que, s'il y a un Dieu, il doit tenir compte à un athée des invectives qu'il a vomies contre les souverains et contre les prêtres (2). Y eut-il jamais de fanatisme mieux caractérisé ? — Le fanatisme, dit l'oracle des incrédules, est une folie religieuse sombre et cruelle ; c'est une maladie de l'esprit qui se gagne comme la petite vérole ; les livres la communiquent beaucoup moins que les assemblées et les discours (3). Mettons *folie antireligieuse*, la définition ne sera pas moins juste.

Y a-t-il moins de danger pour un génie ardent, de concevoir une haine aveugle contre la religion, que de se livrer à un zèle inconsidéré pour elle ? Le premier de ces deux excès trouve plus d'aliments que le second dans les penchants du cœur. Si l'un mérite le nom de fanatisme, quel titre donnerons-nous à l'autre ? — Un homme sensé qui pourra soutenir la lecture de la harangue adressée à Dieu dans le *Système de la nature* (4), y reconnaîtra le vrai langage d'un énergumène, ou d'un réprouvé condamné aux flammes éternelles.

§ XXI. — Quoi, dira-t-on, vous osez taxer de fanatisme des philosophes qui ne prêchent que la tolérance, qui ne cessent de déclamer contre la fureur avec laquelle les hommes se sont égorgés pour des opinions !

Ne soyons pas dupes d'un mot. *Tolérance*, dans le style de nos adversaires, signifie la même chose que *liberté* dans la bouche des séditieux. *Nom spécieux*, dit très-bien un ancien ; *quiconque a voulu se rendre le maître et asservir ses semblables, n'a jamais manqué de s'en décorer* (5). — On sait ce que les ambitieux entendent par là ; ils veulent la liberté pour eux et l'esclavage pour les autres ; c'est précisément ce que nous voyons. Lorsque les philosophes étaient déistes, ils jugeaient l'athéisme intolérable ; ils décidaient qu'on doit le bannir de la société : depuis qu'ils sont devenus athées, ils disent que l'on ne doit pas souffrir le déisme, parce qu'il est intolérant, aussi bien que les religions révélées. Ces docteurs pacifiques sont donc bien résolus de n'établir la tolérance que pour leurs propres opinions, et de déclarer la

guerre à toutes les autres. S'ils ont droit d'attaquer la religion, parce qu'elle est intolérante, nous ne sommes pas moins fondés à détester l'incrédulité, puisqu'elle est encore moins tolérante que la religion. — *Il est peu d'hommes*, dit le livre de l'*Esprit*, *s'ils en avaient le pouvoir, qui n'employassent les tourments pour faire généralement adopter leurs opinions... Si l'on ne se porte ordinairement à certains excès que dans les disputes de religion, c'est que les autres disputes ne fournissent pas les mêmes prétextes, ni les mêmes moyens d'être cruel. Ce n'est qu'à l'impuissance qu'on est en général redevable de sa modération.* L'auteur du *Système de la nature* avoue de même qu'il est difficile de ne pas se fâcher en faveur d'un objet que l'on croit très-important (1). Or, tout philosophe regarde son système comme très-important, et nous ne savons pas encore à quelles extrémités il est capable d'en venir, lorsqu'il est fâché. Mais quand nous lisons que *celui qui parviendrait à détruire la notion fatale d'un Dieu, ou du moins à diminuer ses terribles influences, serait à coup sûr l'ami du genre humain* (2), nous croyons avoir lieu de nous défier d'une pareille amitié.— N'espérez plus de paix, nous crie un de ces bénins philosophes, après avoir vomi six pages d'injures et de calomnies contre les prêtres ; *n'espérez plus de paix* (3). Si malheureusement il faut nous résoudre à la guerre, nous nous sentons assez de forces pour la soutenir encore longtemps.

Dans les commencements, les sectaires du XVIᵉ siècle étaient des agneaux ; ils demandaient humblement la tolérance : devenus assez forts, ils se conduisirent en lions furieux ; ils voulurent tout détruire. Les incrédules, héritiers de leurs principes et de leur haine, seraient-ils plus doux en pareil cas ? Ce que nos pères ont essuyé pendant près de deux siècles ne nous a que trop instruits des excès auxquels le fanatisme antireligieux est capable de se porter. L'incrédulité, plus ou moins étendue, plus ou moins ambitieuse dans ses prétentions, se ressemble partout ; son génie est toujours le même (4).

§ XXII. — Rassurons-nous : la discorde suffit pour faire avorter les desseins de nos adversaires. Tant qu'ils se sont bornés à prêcher le déisme, ils pouvaient paraître redoutables ; ils mettaient les théologiens sur la défensive ; ils proposaient des objections souvent embarrassantes ; ils semblaient ne donner aucune atteinte à la morale : on voyait toujours un Dieu, une religion, une base aux devoirs de la société. Par cet artifice, ils ont séduit d'abord un grand nombre de lecteurs trop peu instruits pour apercevoir les conséquences funestes de leurs principes ; ils ont eu la maladresse de les

---

(1) *Hist. des Etabliss. des Europ. dans les Indes*, tom. VII, c. 2.
(2) *Syst. de la nat.*, tom. II, c. 10, pag. 303.
(3) *Quest. sur l'Encycl.*, Fanatisme.
(4) *Syst. de la nat.*, ibid.
(5) Tacite, *Hist.*, liv. IV, n. 73.

(1) *De l'Esprit*, 2ᵉ disc., c. 3, note, pag. 103.
(2) *Syst. de la nat.*, tom. II, ch. 7, pag. 224.
(3) *Ibid.*, tom. II, c. 3, pag. 88 ; c. 10, pag. 317.
(4) *Lettre à l'auteur du Dict. des trois Siècles*, p. 86.
(5) *Annales pol.*, etc., tom. III, n. 18, p. 81.

dévoiler. En renversant le déisme pour lui substituer le matérialisme, ils ont écrasé la vipère sur sa morsure ; ils ont mis au grand jour la discordance des systèmes d'incrédulité, les excès où ils conduisent, la fragilité de l'édifice qu'ils avaient construit à si grands frais ; ils ont donné lieu aux théologiens de démontrer que cette nouvelle hypothèse détruit jusqu'à la racine les fondements de la morale, de la vertu, des devoirs de l'homme, et tous les liens de société ; qu'en suivant le fil des conséquences, il faut se retrancher dans le doute absolu, ressusciter la doctrine absurde des cyrénaïques, les infamies des cyniques, l'entêtement révoltant des pyrrhoniens. — Il n'y en a pas deux qui pensent de même. L'un tâche de soutenir les débris chancelants du déisme ; l'autre professe le matérialisme sans déguisement ; quelques-uns biaisent entre ces deux opinions, défendent, tantôt l'une tantôt l'autre, ne savent de quel principe partir ni où ils doivent s'arrêter. Ce que l'un établit, l'autre le détruit ; il n'est pas une seule question de fait ou de raisonnement sur laquelle ils soient d'accord (1). Est-il difficile de prévoir la chute

(1) L'auteur d'*Emile* les a peints d'après nature, tom. III, pag. 25, 37.

d'une république aussi mal réglée, où règnent une anarchie et une confusion générale ? Si les déistes se réunissent à nous pour combattre les athées, ceux-ci empruntent nos armes pour attaquer les déistes ; nous pourrions nous borner à être spectateurs du combat.

Ainsi Dieu veille sur la religion qu'il a lui-même établie, il livre ses ennemis à l'esprit de vertige. Le psalmiste a tracé leur destinée, en parlant d'un autre objet : *Une nation bruyante de philosophes s'est rassemblée; un peuple de raisonneurs a conjuré contre le Seigneur et contre son Christ. Brisons, disent-ils, les liens qui tiennent notre raison captive; secouons le joug de la religion qui nous importune. Celui qui réside dans le ciel, se joue de leurs vains projets, il les couvrira de confusion, et leur parlera en maître irrité; le souffle de sa colère troublera leurs sens et leurs idées (Psal. ii, 1).*

S'il a permis que les docteurs du mensonge jouissent pendant quelque temps d'une réputation brillante, le jugement qu'il a exercé sur eux doit faire trembler leurs imitateurs. Il menace de punir avec la même sévérité ceux qui se laissent volontairement séduire par leurs prestiges (*II Thess.* ii, 10 *et* 11).

DICTIONNAIRE

DE

THÉOLOGIE DOGMATIQUE.

A

AARON, frère de Moïse, premier pontife de la religion juive. On peut voir son histoire dans l'Exode et dans les livres suivants ; ce n'est point à nous d'en rassembler les traits ; mais nous sommes obligés de justifier les deux frères de quelques reproches que leur ont faits les censeurs anciens et modernes de l'histoire sainte.

Ils ont dit que Moïse avait donné à sa tribu et à sa famille le sacerdoce par un motif d'ambition. S'il avait agi par ce motif, il aurait sans doute assuré à ses propres enfants le pontificat plutôt qu'à ceux de son frère : il ne l'a pas fait ; les enfants de Moïse demeurèrent confondus dans la foule des lévites. Dans le testament de Jacob, Lévi et Siméon sont assez mal traités ; la dispersion des lévites parmi les autres tribus est prédite

comme une punition du crime de leur père. *Gen.* xlix, 5 et suiv. Qui a forcé Moïse de conserver le souvenir de cette tache imprimée à sa tribu ? Nous ne voyons pas en quoi le sacerdoce judaïque pouvait exciter l'ambition. Les lévites n'eurent point de part à la distribution des terres : ils étaient dispersés parmi les autres tribus, obligés de quitter leur famille, pour venir remplir leurs fonctions dans le temple de Jérusalem : leur subsistance était précaire ; ils étaient exposés à la perdre lorsque le peuple se livrait à l'idolâtrie. Une preuve que le sacerdoce n'était pas par lui-même une source de prospérité, c'est que la tribu de Lévi fut toujours la moins nombreuse ; on le voit par les dénombrements qui furent faits en différents temps

A la vérité l'auteur de l'Ecclésiastique, xLv, 7, fait un éloge magnifique de la dignité d'*Aaron* et des priviléges qui étaient attachés à son sacerdoce ; mais il les envisage sous un aspect religieux, beaucoup plus que du côté des avantages temporels ; le privilége de subsister par les offrandes des prémices et par une portion des victimes ne pouvait pas compenser les inconvénients auxquels les prêtres en général étaient exposés aussi bien que leur chef. Nous ne voyons pas dans l'histoire sainte que les pontifes des Hébreux aient jamais joui d'une très-grande autorité ni d'une fortune considérable, et nous ne comprenons pas quel motif aurait pu exciter l'ambition de gouverner un peuple aussi intraitable et aussi mutin que l'étaient les Hébreux.

Les mêmes censeurs ont ajouté qu'après l'adoration du veau d'or le peuple fut puni, et qu'*Aaron*, le plus coupable de tous, ne le fut point : que le gros de la nation porta la peine du crime de son pontife. C'est une calomnie. *Aaron* ne fut ni l'auteur de la prévarication du peuple, ni le plus coupable, il céda par faiblesse aux cris importuns d'une multitude séditieuse. Moïse, à la vérité, demanda au Seigneur grâce pour son frère, et l'obtint. S'il avait agi autrement, on l'aurait accusé d'inhumanité, ou d'avoir profité de l'occasion pour supplanter son frère. La faute d'*Aaron* ne demeura cependant pas impunie. Il fut exempt de la contagion qui fit périr les prévaricateurs ; mais il eut bientôt à pleurer la mort de ses deux fils aînés ; il fut exclu, aussi bien que Moïse, de l'entrée dans la terre promise, et subit une mort prématurée pour une faute assez légère.

Si l'on veut faire attention à la multitude et à la rigueur des lois auxquelles le grand prêtre était assujetti, à la peine de mort qu'il pouvait encourir s'il péchait dans ses fonctions, à l'espèce d'esclavage dans lequel il était retenu, on verra que cette dignité n'était pas fort propre à exciter l'ambition. *Voy.* Lévite, Pontife, Prêtre, Sacerdoce.

La révolte de Coré et de ses partisans, et leur punition éclatante, ont fourni aux incrédules de nouveaux traits de malignité. Coré, chef d'une famille de lévites, jaloux du choix que Dieu avait fait d'*Aaron* pour le pontificat, se joignit à Dathan, à Abiron et à deux cent cinquante autres chefs de famille, et ils reprochèrent à Moïse et à son frère l'autorité qu'ils exerçaient sur le peuple du Seigneur. Moïse leur répondit avec modération que c'était à Dieu seul de désigner ceux qu'il daignait revêtir du sacerdoce, et il le pria de confirmer, par la punition exemplaire des rebelles, le choix qu'il avait fait d'*Aaron* et de ses enfants. En effet, la terre s'ouvrit et engloutit Coré avec ses complices et toute leur famille, et un feu du ciel consuma les deux cent cinquante autres coupables. *Num.* xvi.

Reprocher ce châtiment à Moïse comme un trait de cruauté, c'est s'en prendre à Dieu même. Moïse ni son frère n'avaient pas sans doute le pouvoir de faire ouvrir la terre, ni de faire tomber le feu du ciel ; et ce prodige se fit à la vue de tout le peuple assemblé. Dieu aurait-il approuvé par un miracle l'ambition ou la cruauté des deux frères ?

Vainement certains critiques ont voulu trouver de la ressemblance entre l'histoire d'*Aaron* et la fable de Mercure ; tous les traits du parallèle qu'ils en ont fait sont forcés. Homère et Hésiode ont connu la fable de Mercure longtemps avant que les Grecs aient pu avoir aucune connaissance de l'histoire des Juifs ; Hérodote, qui a vécu quatre cents ans après ces deux poëtes, connaissait très-peu les Juifs. D'autres ont cru que le personnage de Mercure avait été copié sur celui d'Éliézer, économe d'Abraham ; ils n'ont pas mieux rencontré. Il est fort aisé d'abuser de ces sortes de parallèles entre l'histoire sainte et la fable, et nous ne voyons pas quelle utilité il en peut résulter. Ceux qui voudront consulter les allégories orientales de M. de Gebelin, pag. 100 et suiv., verront qu'il n'a pas été nécessaire de copier l'histoire sainte, pour forger la fable de Mercure.

AB, ABBA. *Voy.* Père.

ABADDON, est le nom de l'ange exterminateur dans l'Apocalypse ; il vient de l'hébreu *Abad*, perdre, détruire.

ABAILARD ou **ABÉLARD** (Pierre), docteur célèbre du xiie siècle, mort l'an 1142. Nous n'aurions rien à en dire, si l'on n'avait pas travaillé de nos jours à réhabiliter sa mémoire, à faire l'apologie de sa doctrine, et à donner au dérèglement de sa jeunesse toute la célébrité possible ; ce que l'on en a dit est tiré du Dictionnaire de Bayle, articles *Abélard*, *Bérenger*, *Héloïse*. Saint Bernard y est accusé d'avoir persécuté *Abailard* par jalousie de réputation. Mosheim, Brucker et d'autres protestants, n'ont pas manqué d'adopter cette calomnie.

Malgré les efforts de Bayle et de ses copistes, il résulte de leurs aveux, 1° que le dérèglement des mœurs d'*Abailard* n'est point venu de faiblesse, mais d'un fonds de perversité naturelle ; il avait formé le dessein de séduire Héloïse avant qu'elle fût son écolière. C'est dans cette intention qu'il se mit en pension chez le chanoine Fulbert et lui offrit de donner des leçons à sa nièce ; et il en convient lui-même dans la relation qu'il fait de ses malheurs. — 2° La vanité, la présomption, la jalousie, le caractère hargneux d'*Abailard*, sont prouvés par ses écrits et par sa conduite. Son ambition était de vaincre ses maîtres dans la dispute, d'établir sa réputation sur les ruines de la leur, de leur enlever leurs écoliers, d'être suivi d'une foule de disciples. On voit, par ses ouvrages, qu'il entraînait ses auditeurs beaucoup plus par ses talents extérieurs que par la solidité de sa doctrine ; il était séduisant, mais il instruisait très-mal : il se fit des ennemis de propos délibéré, pour le seul plaisir de les braver. Jaloux de la réputation de saint Norbert et de celle de saint Bernard, il osa les calomnier l'un et l'autre. — 3° Il se mit à professer la théologie sans l'avoir étudiée suffisamment ; il y porta les subtilités frivoles de sa dialecti-

que et un esprit faux : cela est évident par
le premier ouvrage qu'il publia. Rien n'était
plus absurde que de donner un traité de la
foi à la sainte Trinité, *pour servir d'intro-
duction à la théologie;* de vouloir expliquer
ce mystère par des comparaisons sensibles :
s'il pouvait être comparé à quelque chose, ce
ne serait plus un mystère ou un dogme in-
compréhensible. — 4° Ses apologistes sont
forcés de convenir qu'il y a des erreurs dans
cet ouvrage et dans les autres : ce n'est donc
pas injustement qu'il fut condamné dans un
concile de Soissons, l'an 1121, et que l'auteur
fut obligé de se rétracter. Cet événement
rendit avec raison les évêques et les autres
théologiens plus attentifs sur sa doctrine.
Vingt ans après, Guillaume, abbé de Saint-
Thierry, crut trouver de nouvelles erreurs
dans les écrits d'*Abailard;* il en envoya le
précis et la réfutation à Geoffroi, évêque de
Chartres, et à saint Bernard, abbé de Clairvaux. A-t-on quelque motif de prêter de la
jalousie, de la haine, de la prévention à
l'abbé de Saint-Thierry? Saint Bernard, loin
de témoigner ces mêmes passions contre
Abailard, lui écrivit pour l'engager à se rétracter et à corriger ses livres. Cet entêté
n'en voulut rien faire : il voulut attendre la
décision du concile de Sens, qui était près de
s'assembler, et demanda que saint Bernard y
fût présent. L'abbé de Clairvaux s'y trouva
en effet; il produisit les propositions extraites des ouvrages d'*Abailard*, et le somma de
les justifier ou de les rétracter. — Parmi ces
propositions, que l'on peut voir dans le *Dictionnaire des hérésies*, article *Abailard*, il y
en a quatre qui sont pélagiennes, trois sur
la Trinité, dont le sens littéral est hérétique;
dans une autre, l'auteur enseigne l'opti-
misme; dans la quatorzième, il soutient que
Jésus-Christ n'est pas descendu aux enfers.
Qui l'empêchait de rétracter les unes et d'expliquer les autres, comme il fut obligé de le
faire dans la suite? Sans vouloir le faire
dans le concile de Sens, il en appela à la décision du pape, et se retira. Par respect pour
son appel, le concile se contenta de condamner les propositions, et ne nota point sa personne. — On dit, pour l'excuser, qu'il vit bien
que saint Bernard et les évêques du concile
de Sens étaient prévenus contre lui, et que
sa justification n'eût servi à rien. Mauvais
prétexte, dont un opiniâtre peut toujours se
servir quand il le veut. S'en rapporter d'a-
bord au jugement du concile, en appeler ensuite avant même qu'il soit prononcé, est un
trait de révolte et de mauvaise foi : les évêques étaient ses juges légitimes; en refusant
de se justifier, il méritait condamnation. —
En effet, il fut condamné à Rome aussi bien qu'à
Sens. Est-ce encore par haine ou par jalousie
que le pape et les cardinaux prononcèrent
l'anathème contre lui? Ce n'est qu'après
cette condamnation qu'il fit enfin son apologie et sa profession de foi, dans laquelle il
rétracta formellement la plupart des propositions qu'on lui avait reprochées, et tâcha
d'expliquer les autres. — Le grand reproche
que l'on fait à saint Bernard est de s'être

exprimé trop durement au sujet d'*Abailard*,
dans les lettres qu'il écrivit à Rome et aux
évêques de France à ce sujet; mais ce ne fut
qu'après le refus que fit *Abailard* de s'expliquer et de se rétracter. Cette conduite dut
persuader au saint abbé que ce novateur
était un hérétique obstiné. Mosheim et Brucker disent que saint Bernard n'entendait rien
aux subtilités de la dialectique de son adversaire; mais celui-ci s'entendait-il lui-même?
On voit, par les ouvrages du premier, qu'il
était meilleur théolog'en que son antago-
niste, et qu'*Abailard* aurait pu le prendre
pour maître ou pour juge, sans se dégrader.
Toujours est-il vrai que les protestants qui
reprochent à l'abbé de Clairvaux la haine, la
jalousie, la violence, l'injustice contre l'innocence persécutée, se rendent eux-mêmes
coupables de tous ces vices. — 5° Ils affectent
d'insinuer qu'il fut condamné et persécuté,
non pour ses erreurs, mais pour avoir soutenu aux moines de Saint-Denis que leur
saint n'était pas le même que saint Denis
l'Aréopagite; c'est une imposture, Ce point
ne fut mis en question ni à Soissons, ni à
Sens, ni à Rome; *Abailard* fut condamné
pour des erreurs qu'il avait enseignées sur
la Trinité, sur l'incarnation, sur la grâce et
sur plusieurs autres chefs. — 6° Lorsque
Pierre le Vénérable, abbé de Cluny, eut
donné à *Abailard* une retraite et l'eut converti, saint Bernard se réconcilia de bonne
foi avec lui et ne chercha point à troubler
son repos : il n'avait donc point de haine
contre lui. Mais aux yeux des incrédules, les
hérétiques ont toujours raison; les Pères de
l'Eglise ont toujours eu tort. Ils blâment
dans les ouvrages de saint Bernard les défauts de son siècle, et ils les excusent dans
ceux d'*Abailard*, où ils sont beaucoup plus
sensibles. *Voyez* SAINT BERNARD. *Hist. de
l'Egl. Gallic.*, tom. VIII, ann. 1117 et suiv.;
tom. IX, ann. 1139-1142, etc.

ABAISSEMENT. Les livres du Nouveau
Testament nous parlent souvent des *abaisse-
ments* ou des humiliations du Verbe incarné.
Il s'est anéanti, dit saint Paul, *et a pris la
forme d'un esclave; il s'est humilié et s'est
rendu obéissant jusqu'à mourir, et mourir sur
une croix : c'est pour cela que Dieu l'a exalté
et lui a donné un nom supérieur à tout autre
nom, afin qu'au nom de Jésus tout genou flé-
chisse dans le ciel, sur la terre et dans les enfers, et que toute langue publie que Notre-
Seigneur Jésus-Christ jouit de la gloire de
son Père* (*Philipp.* II, 7, 8). Il ne s'ensuit donc
pas que le Fils de Dieu, en se faisant homme,
ait rien perdu de sa grandeur. Rien, disent
les Pères de l'Eglise, n'est plus digne de la
majesté divine que d'opérer le salut de ses
créatures. Il fallait cet excès d'*abaissement*
de la part du Verbe incarné, pour guérir
l'homme de l'orgueil excessif qu'une fausse
philosophie lui avait inspiré : il le fallait,
pour consoler la plus grande partie du genre
humain de l'humiliation à laquelle elle est
réduite.

ABANDON. Il y a dans l'Ecriture sainte
des passages qui semblent prouver que Dieu

abandonne les pécheurs, et même des nations entières; mais il en est d'autres qui nous assurent que Dieu est bon à l'égard de tous, qu'il a pitié de tous, qu'il n'a de l'aversion pour aucune de ses créatures, que ses miséricordes se répandent sur tous ses ouvrages, etc. Les premiers ne signifient donc pas que Dieu prive absolument de toutes grâces les pécheurs ou les nations infidèles, mais qu'il ne leur en accorde pas autant qu'à d'autres peuples, ou qu'il ne leur fait pas autant de bien qu'il leur en a fait autrefois. C'est un usage commun dans toutes les langues, d'exprimer en termes absolus ce qui n'est vrai que par comparaison. Ainsi, lorsqu'un père ne veille plus avec autant de soin qu'il le faisait autrefois sur la conduite de son fils, on dit qu'il l'abandonne; s'il témoigne au cadet plus d'affection qu'à l'aîné, on dit que celui-ci est délaissé, négligé, pris en aversion, etc. Ces façons de parler ne sont jamais absolument vraies; personne n'y est trompé; elles ne doivent pas nous surprendre davantage dans l'Ecriture sainte que dans le langage ordinaire.

En effet, malgré les promesses formelles que Dieu avait faites aux Juifs de ne jamais les abandonner, ils ne manquaient pas de dire dans toutes leurs calamités : *Le Seigneur nous a délaissés, nous a oubliés.* Voici ce que leur répond le prophète Isaïe, de la part de Dieu, c. XLIX, v. 14 : *Une mère peut-elle oublier son enfant et manquer de tendresse pour le fruit de ses entrailles? Quand elle pourrait le faire, je ne vous oublierais point.* L'*abandon* prétendu dont se plaignaient les Juifs consistait seulement en ce que Dieu ne les protégeait plus d'une manière aussi éclatante, et ne leur accordait plus autant de bienfaits qu'autrefois.

Nous devons raisonner de même, et entendre de même l'Ecriture sainte, à l'égard des grâces de salut et des secours surnaturels. Dans l'article GRACE, § 3, nous prouverons, par l'Ecriture sainte, par les Pères de l'Eglise, par l'efficacité de la rédemption, qu'il n'est sous le ciel aucune créature que Dieu laisse manquer de grâces absolument et entièrement; mais il n'en fait pas également et en même mesure à tous les hommes : aux uns, il en accorde de plus abondantes et de plus efficaces qu'aux autres, et c'est dans ce sens seulement que ceux-ci sont *abandonnés*, en comparaison des premiers.

Quelques accusateurs de la Providence ont affecté d'alléguer un passage du livre des Proverbes, c. I, v. 24, où la Sagesse dit aux pécheurs : *Je vous ai appelés, et vous m'avez rebutée; je vous ai tendu les bras, et aucun de vous ne m'a regardée..... De mon côté, je rirai et j'insulterai à votre ruine, lorsque les maux que vous craignez vous seront arrivés..... Alors on m'invoquera, et je n'écouterai point; on me cherchera, et on ne me trouvera pas..... Mais celui qui m'écoutera reposera sans crainte; il sera dans l'abondance et n'aura plus de maux à redouter.* Nous ne voyons pas comment l'on peut conclure de là qu'il y a un moment fatal auquel Dieu n'écoute plus

les pécheurs, les abandonne entièrement, leur refuse toute grâce et les laisse périr. 1° Il est évident que le Sage parle de maux temporels, et non de la réprobation des pécheurs. 2°. Ce serait en vain qu'il ajoute : *Celui qui m'écoutera,* etc. Les pécheurs peuvent-ils encore écouter Dieu, lorsqu'il ne leur parle plus par la grâce? 3° Cette opinion est formellement contraire à la promesse que Dieu a faite par Ezéchiel, c. XXXIII, v. 14 : *Lorsque j'aurai dit à l'impie, tu mourras, s'il fait pénitence et pratique la justice,.... il vivra et ne mourra point.* Or, l'impie ne peut faire pénitence, à moins que Dieu ne lui donne la grâce.

Les Pères de l'Eglise ont tous insisté sur ce passage et sur ce qui précède, v. 11 : *Par ma vie, dit le Seigneur, je ne veux point la mort de l'impie, mais qu'il se convertisse et qu'il vive.* Ils en ont conclu que la miséricorde de Dieu n'abandonne jamais entièrement les pécheurs. Dieu dit dans l'Apocalypse, c. III, v. 19 : *Faites pénitence, je suis à la porte et je frappe; si quelqu'un m'ouvre, j'entrerai chez lui.* Il ne met point d'exceptions. Jésus-Christ nous est représenté, non comme un juge empressé de faire justice, mais comme un Sauveur miséricordieux, qui craint de perdre une âme et le prix du sang qu'il a répandu pour elle.

Cependant quelques théologiens soutiennent que ce n'est point là le sentiment de saint Augustin. Ce Père, disent-ils, a répété vingt fois que Dieu n'abandonne point le juste, à moins qu'il n'en soit abandonné; il applique ce principe même à notre premier père, *Serm. 1 in Ps.* LVIII, n. 2; il dit que Dieu a délaissé Adam, parce qu'Adam lui-même a délaissé Dieu : donc il suppose que quand un juste abandonne Dieu, il en est abandonné à son tour. *L.* III, *de Pecc. meritis et remiss.,* c. 13, n. 22, le saint docteur prétend que, dans quelques occasions, Dieu n'aide point les justes à faire le bien, parce qu'ils peuvent s'enorgueillir; il pense que Dieu leur refuse la grâce et les laisse tomber, afin de les humilier par leur chute. Or, s'il refuse quelquefois la grâce aux justes, à plus forte raison aux grands pécheurs. Lorsque ceux-ci veulent s'excuser en disant : *En quoi sommes-nous coupables de vivre mal, dès que nous n'avons pas reçu la grâce de bien vivre?* Saint Augustin répond, *epist.* 194 *ad Sixtum,* c. 6, n. 22 : *S'ils sont au nombre des vases de colère destinés à la perdition, qu'ils s'en prennent à eux-mêmes, parce qu'ils ont été faits de cette masse que Dieu a justement condamnée pour le péché d'un seul, dans lequel tous ont péché.* Ainsi, ce Père suppose que la grâce leur est refusée à cause du péché originel. Enfin, *Tract.* 58 *in Joan.,* n. 6, il dit que Dieu aveugle et endurcit les pécheurs, non en les forçant au mal, mais en ne les secourant point, par conséquent en les abandonnant.

Il est étonnant que ceux qui prêtent à saint Augustin cette doctrine absurde n'aient pas vu qu'ils le font tomber dans des contradictions grossières. 1° Puisque le juste a besoin de la grâce prévenante, non-seulement pour faire le bien, mais encore pour y persévérer, s'il lui arrive d'abandonner Dieu ou de pécher parce qu'il a manqué de la grâce, ce n'est pas lui qui a délaissé Dieu, mais c'est Dieu qui l'a délaissé le premier : dans ce cas, que devient le principe tant répété par saint Augustin, que Dieu n'abandonne jamais le juste, à moins qu'il n'en soit abandonné? Lorsqu'Adam a péché pour la première fois, avait-il déjà délaissé Dieu? ou la grâce lui a-t-elle été refusée parce qu'il était né de la masse de perdition? 2° Lorsque les pécheurs veulent rejeter sur Dieu la cause de leurs crimes, saint Augustin leur oppose ce passage de l'Ecclésiastique, c. xv, v. 11 : « Ne dites point, *Dieu me manque; c'est lui qui m'a égaré;* Dieu n'a pas besoin des impies, etc. » *L. de Grat. et Lib. arb.*, c. 2, n. 3. Que l'on dise : *Dieu me manque,* ou *Dieu me laisse manquer de grâce,* c'est la même chose : or, selon l'auteur sacré et selon saint Augustin, c'est un blasphème. 3° Ce saint docteur a répété vingt fois qu'il ne faut désespérer d'aucun homme vivant, *Enarr.* 2 in *Ps.* xxxvi, n. 11, etc., pas même des impies, *in Ps.* l, n. 18; que le démon est la seule créature de la conversion de laquelle il faut désespérer, *in Ps.* liv, n. 4. Il dit, *Confess. lib.* viii, c. 11, n. 27 : *Jette-toi entre les bras de ton Dieu: ne crains rien ; il ne se retirera pas afin que tu tombes,* etc. Que signifie tout cela si Dieu peut abandonner absolument, non-seulement les grands pécheurs, mais encore les justes, afin de les humilier?

Cherchons donc un moyen de décharger saint Augustin de toutes les absurdités qu'on lui impute : cela n'est pas fort difficile.

Serm. 1 in *Ps.* lviii, n. 2, il dit qu'Adam, après son péché, fut privé de la joie et de la consolation qu'il goûtait auparavant à voir Dieu et à converser avec lui, puisqu'il se cacha ; c'est ainsi que Dieu se retira de lui et le délaissa. L'Ecriture nous l'apprend, et il ne s'ensuit rien.

L. iii *de Pecc. meritis et remiss.*, c. 13, n. 22, saint Augustin ne dit point que Dieu refuse quelquefois aux justes la grâce *pour faire le bien,* mais pour le faire parfaitement, *ad perficiendum justitiam;* et cela est vrai. Dieu ne donne pas toujours aux âmes les plus saintes la force de pratiquer le bien avec autant de perfection qu'elles le voudraient : c'est ce qui les afflige, les humilie, les tourmente même par des scrupules. S'ensuit-il de là que Dieu leur refuse les grâces nécessaires pour éviter le péché et pour persévérer dans le bien?

Epist. 194 ad *Sixtum,* chap. 6, n. 21 et 22, saint Augustin parle non de la grâce actuelle, mais de la grâce finale, du don de la persévérance, de la prédestination à la gloire éternelle. Nous convenons, d'après saint Augustin, que ce don n'est dû à personne, que Dieu peut le refuser à qui il lui plaît, et que ceux auxquels il ne l'accorde point n'ont pas droit de se plaindre; que cela ne peut pas excuser les pécheurs, comme le prétendait Pélage. Nous traiterons cette question

aux mots Persévérance et Prédestination. *Voyez* Grace, § 3.

ABBAYE, ABBÉ, ABBESSE. Un corps, une communauté quelconque ne peut subsister sans subordination : il faut un supérieur qui commande et des inférieurs qui obéissent. Parmi des membres tous égaux, et qui font profession de tendre à la perfection, l'autorité doit être douce et charitable; on ne pouvait donner aux supérieurs monastiques un nom plus convenable que celui de *père:* c'est ce que signifie *abba.* Par la même raison, l'on a nommé *abbesses* les supérieures des religieuses, et *abbayes* les monastères. La juridiction, les droits, les priviléges des *abbés* et des *abbesses* ont été fixés par les lois ecclésiastiques : c'est un des articles de la jurisprudence canonique. [*Voy.* le Dict. de Droit canon.] Il nous suffit d'observer que la multitude des *abbayes* de l'un et de l'autre sexe n'a rien d'étonnant pour ceux qui savent quel était le malheureux état de la société en Europe pendant le xᵉ siècle et les suivants. Les monastères étaient non-seulement les seuls asiles où la piété pût se réfugier, mais encore la seule ressource des peuples opprimés, dépouillés, réduits à l'esclavage par les seigneurs toujours armés et acharnés à se faire une guerre continuelle. Ce fait est attesté par la multitude des bourgs et des villes bâtis autour de l'enceinte des *abbayes.* Les peuples y ont trouvé les secours spirituels et temporels, le repos et la sécurité dont ils ne pouvaient jouir ailleurs.

On n'a jamais autant déclamé que de nos jours contre les richesses, la somptuosité, la magnificence des *abbayes :* dans nos dictionnaires géographiques, on ne manque jamais, en parlant des villes ou des bourgs dans lesquels il se trouve une *abbaye,* de faire contraster l'opulence qui y règne avec la pauvreté et la misère des peuples du canton, et d'insinuer que c'est ce voisinage fatal qui ruine les colons.

L'on ferait une observation à peu près aussi sensée, si l'on mettait en opposition la magnificence du château de Versailles et le luxe de la cour, avec la multitude des pauvres rassemblés dans cette ville ; ou la misère répandue sur le pavé de Paris, avec la somptuosité des hôtels des grands seigneurs et des financiers. Les pauvres se rassemblent dans ces deux villes, parce qu'ils espèrent de trouver du secours dans la charité des princes et des grands : ainsi, les abeilles se répandent sur les prairies dans lesquelles il y a des fleurs à sucer, et non dans les campagnes labourées, où il n'y en a point. Nous pensons qu'il en est de même des *abbayes* et des riches monastères, et que si les misérables n'y trouvaient rien à gagner, ils iraient chercher leur subsistance ailleurs. Les réflexions de nos censeurs politiques prouvent précisément le contraire de ce qu'ils prétendent.

Il vient de paraître un ouvrage intitulé : *Observations d'un solitaire citoyen,* dans lequel l'auteur a prouvé, par des raisons très-solides, qu'à n'envisager les *abbayes* et les monastères que sous un aspect politique, ces établissements sont très-avantageux, et qu'en les détruisant ou en changeant leur destination, l'on produirait beaucoup plus de mal que de bien ; il a répondu d'une manière très-satisfaisante à toutes les objections que les censeurs de l'état monastique ont compilées dans leurs dissertations.

Sans entrer ici dans un grand détail, il est évident, 1° que, dans toutes les *abbayes* et les monastères en règle, le revenu est consumé sur le lieu même et dans le voisinage ; au lieu que s'il était donné à des séculiers, il serait dépensé à la cour, dans la capitale, ou dans quelqu'autre demeure éloignée du sol et du séjour des colons. 2° Que, par le moyen des commendes, il n'est aucune espèce de revenu qui soit plus immédiatement sous la main du gouvernement ; puisque le roi en dispose à chaque mutation, et que l'on peut les employer à l'utilité publique par des réunions, par les économats, par des pensions, etc. 3° Que, dans toutes les calamités qui affligent les campagnes, il n'est point de ressource plus prompte et plus certaine que celle que l'on peut trouver dans les *abbayes*. Si l'on faisait une liste des bonnes œuvres qui se font journellement dans ce genre, les ennemis des moines seraient forcés de rougir de leurs déclamations. 4° Que ces vastes bâtiments qui insultent, dit-on, à la misère publique, ont été élevés par les bras des ouvriers du canton, qui y ont ainsi gagné leur vie ; qu'en cela l'on s'est conformé au sentiment de nos philosophes politiques, qui soutiennent que la meilleure espèce d'aumône est de faire travailler le peuple. Il y aurait bien d'autres observations à faire. *Voyez* MOINE, MONASTÈRE.

ABDAS. [C'était un évêque d'un zèle inconsidéré, qui mit le feu à un temple d'idoles.] *Voy.* ZÈLE.

ABDENAGO. *Voy.* ENFANTS *dans la fournaise.*

ABDIAS, le quatrième des douze petits prophètes, vivait sous le règne d'Ezéchias, vers l'an 726 avant Jésus-Christ : il prédit la ruine des Iduméens et le retour de la captivité de Juda, la venue du Messie et la vocation des gentils ; mais ces dernières prédictions ne paraissent pas aussi claires que les premières. Il ne faut pas le confondre avec plusieurs autres *Abdias*, dont il est parlé dans l'Ecriture, savoir : 1° un certain *Abdias*, intendant de la maison d'Achab, qui cacha, dans la caverne d'une montagne à laquelle il donna son nom, cent prophètes, pour les soustraire à la fureur de Jézabel ; 2° Un intendant des finances de David ; 3° un des généraux d'armée du même roi ; 4° un lévite qui rétablit le temple sous le règne de Josias.

ABDIAS de Babylone, auteur supposé d'une histoire du combat des apôtres. Il nous dit dans sa préface qu'il avait vu Jésus-Christ ; qu'il était du nombre des soixante et douze disciples ; qu'il suivit en Perse saint Simon et saint Jude, qui l'ordonnèrent premier évêque de Babylone. Mais en même temps il cite Hégésippe, qui n'a vécu que cent trente ans après l'ascension de Jésus-Christ, et veut nous faire accroire qu'ayant écrit lui-même en hébreu, son ouvrage a été traduit en grec par un nommé Eutrope, son disciple, et du grec en latin, par Jules Africain, qui vivait en 221. Ces contradictions démontrent que le prétendu *Abdias* est un imposteur. Wolfang Lazius, qui déterra le manuscrit de cet ouvrage dans le monastère d'Ossak en Carinthie, le fit imprimer à Bâle en 1551, comme un monument précieux. Il y en a eu plusieurs autres éditions, sans que cette histoire en ait acquis plus d'autorité.

ABDISSI, ABDJESU ou EBEDJESU. *Voyez* CHALDÉENS.

ABECEDAIRES, branche d'anabaptistes, qui prétendaient que pour être sauvé il fallait ne savoir ni lire, ni écrire. *Voyez* ANABAP-TISTES.

ABEL, second fils d'Adam. Selon l'histoire sainte, Caïn son fils aîné, cultivait la terre ; *Abel* élevait des troupeaux ; le premier offrait à Dieu les fruits de l'agriculture ; le second lui présentait la graisse ou le lait des animaux : il était naturel que, par reconnaissance, les hommes fissent à Dieu l'offrande des aliments qu'ils tenaient de sa bonté. Dieu agréa les dons d'*Abel*, et n'eut point égard à ceux de Caïn. Celui-ci, jaloux de la prospérité de son frère, conçut contre lui une haine violente et le tua.

Les rêveries que les rabbins ont écrites sur la conduite d'*Abel* ne méritent aucune attention ; le récit simple et naïf de l'Ecriture donne lieu à plusieurs réflexions. 1° Le sort des deux frères dut faire sentir à nos premiers parents les suites terribles de leur péché, l'excès des misères auxquelles était condamnée leur postérité. 2° La destinée d'*Abel* démontre que les récompenses de la vertu ne sont pas de ce monde. Dieu avait dit à Caïn, pendant qu'il méditait son crime : *Si tu fais bien, n'en recevras-tu pas la récompense ? Si tu fais mal, ton péché s'élèvera contre toi.* Cependant *Abel* reçoit pour toute récompense de sa piété une mort violente et prématurée. Dieu a donc accompli sa promesse dans une autre vie. Selon saint Paul, *Abel, par sa foi,* a offert à Dieu de meilleurs sacrifices que Caïn ; par là il a mérité le nom de juste ; Dieu lui-même a rendu témoignage à ses offrandes, et par cette foi il parle encore après sa mort. *Hebr.* XI, 4.

Quelle a pu être la foi d'*Abel*, sinon une ferme croyance à la vie future ? Le témoignage que Dieu lui a rendu serait illusoire, si la piété d'*Abel* était frustrée de toute récompense. L'indulgence avec laquelle Dieu traite Caïn après son crime serait un nouveau sujet de scandale. *Voy.* CAÏN.

Comme saint Cyprien, *l. de Bono patientiæ*, a loué *Abel* de ne s'être pas défendu contre son frère, et d'avoir ainsi donné un prélude de la constance des martyrs et de la patience des justes, Barbeyrac accuse ce Père d'avoir détruit par là le droit naturel d'une juste défense de soi-même. *Traité de la morale des Pères*, c. 8, § 41.

Mais le *droit* de se défendre et l'*obligation* de le faire, est-ce la même chose? Barbeyrac convient que non; qu'il y a des cas dans lesquels un juste peut être louable de se laisser mettre à mort, plutôt que de tuer l'injuste agresseur; il donne pour exemple Jésus-Christ et les martyrs. La question est donc de savoir si *Abel* n'a pu avoir aucun motif louable de se laisser ôter la vie : or, nous soutenons que le dessein de laisser à son frère le temps de faire pénitence, de donner à ses propres enfants un exemple de patience, de remettre à Dieu seul le soin de la vengeance, est un motif très-louable, et que saint Cyprien n'a pas eu tort de le louer. *Voy.* DÉFENSE DE SOI-MÊME.

ABÉLIENS, ABELOITES, secte d'hérétiques assez obscurs et en petit nombre, qui ont subsisté pendant quelques années auprès d'Hippone en Afrique. Quoique mariés, ils s'abstenaient de tout commerce conjugal avec leurs femmes. Le motif de cette conduite bizarre était probablement d'imiter la chasteté d'Abel, que l'on suppose n'avoir jamais eu d'enfants. Mais, outre l'incer'itude de ce fait, il aurait été plus simple de s'abstenir du mariage. Cette continence mal entendue ne pouvait manquer de produire bientôt du désordre dans un climat tel que l'Afrique. Quels qu'aient pu être leurs motifs, ils ne valaient pas la peine que plusieurs écrivains se sont donnée pour les deviner. *S. Aug.,* de H*œr.*, n. 87.

Mosheim, *Hist. ecclésiast.*, IIe siècle, part. II, c. 5, n. 18, a pris les *Abéliens* pour une secte de gnostiques. Il nous paraît qu'il s'est trompé. Saint Augustin parle de ceux d'Afrique comme d'une secte qui venait de s'é'eindre, et qui n'avait pas duré longtemps.

ABGARE, roi d'Edesse, ville de la Mésopotamie, est connu dans l'histoire ecclésiastique par ce que Eusèbe en rapporte, liv. 1, c. 13; il dit que ce roi écrivit à Jésus-Christ pour le prier de venir le guérir d'une maladie : que le Sauveur lui fit réponse et promit de lui envoyer un de ses disciples; qu'après l'ascension, saint Thomas envoya en effet saint Thadée, qui guérit Abgare et convertit la ville d'Edesse. Eusèbe rapporte la lettre et la réponse, et prétend les avoir tirées des archives de la ville d'Edesse.

De savants critiques ont regardé ces deux pièces comme supposées ; Tillemont, Cave et d'autres, les reçoivent comme authentiques et répondent aux difficultés qu'on leur oppose. Mosheim n'oserait garantir l'authenticité de ces deux lettres ; mais il ne voit aucune raison de rejeter l'histoire qui y a donné lieu. D'autres protestants plus hardis s'inscrivent également en faux contre l'histoire et contre les lettres; mais ils n'allèguent que des preuves négatives.

Il n'est pas fort nécessaire à un théologien de prendre parti dans cette dispute, qui est dans le fond très-indifférente à la religion chrétienne. On ne fonde sur ce monument aucun fait, aucun dogme, aucun point de morale, et c'est pour cela même

qu'il ne paraît pas probable que l'on ait fait une supercherie sans motif. La lettre d'Abgare pourrait fournir une preuve de plus de la réalité de l'éclat des miracles de Jésus-Christ; mais nous en avons assez d'autres pour pouvoir aisément nous passer de celle-là. *Voyez* les notes *Variorum* sur l'*Hist. Ecclés.* d'Eusèbe, et Tillemont, tom. I, pag. 360 et suiv.

ABIATHAR, fils d'Achimelech, fut le dixième grand-prêtre des Juifs, depuis Aaron. Il est dit, *I Reg.*, c. 22, v. 18 et suiv., que Saül ayant appris qu'Achimelech avait fourni à David des vivres et une épée, fit massacrer ce sacrificateur et tous ceux de la ville de Nobé, au nombre de quatre-vingt-cinq hommes, et fit passer tous les habitants de cette ville au fil de l'épée; qu'un fils d'Achimelech, nommé *Abiathar*, se sauva auprès de David, qui le prit sous sa protection. De là on a conclu qu'il y eut alors deux grands-prêtres; savoir : *Sadoc* dans le parti de Saül, et *Abiathar* dans celui de David. Sous le règne de Salomon, *Abiathar* s'étant attaché au parti d'Adonias, fut privé du sacerdoce et relégué à Anathoth.

Mais il est dit dans saint Marc, c. II, v. 26, que le fait de D'vid arriva *sous le grand-prêtre Abiathar.* Comment cela s'accorde-t-il avec le premier livre des Rois qui nous apprend que ce fut sous Achimelech? — On répond ordinairement, 1° que, sous le règne de Saül, *Abiathar* exerçait déjà le souverain sacerdoce conjointement avec son père, et que cela s'est vu plus d'une fois ; qu'ainsi l'évangéliste a pu nommer l'un ou l'autre indifféremment. 2° Que comme *Abiathar* a été revêtu de cette dignité pendant tout le règne de David, et même pendant la première année de Salomon, il était plus convenable de le nommer que son père.

Mais un auteur anglais, nommé *Wiston*, a résolu autrement cette difficulté; il soutient qu'Achimelech, et son fils *Abiathar*, dont il est parlé dans le livre des Rois, ne sont point deux grands-prêtres, mais de simples sacrificateurs, aussi bien que les autres prêtres de la ville de Nobé, que Saül fit mourir. En effet, ni l'un ni l'autre ne sont appelés *grands-prêtres*, mais seulement *sacrificateurs*, et il n'est pas probable que Saül eût osé faire massacrer deux grands-prêtres. Wiston prétend encore qu'il y a eu deux grands-prêtres nommés *Abiathar*, l'un sous Saül, et qui était frère d'Achimelech; l'autre sous David et sous Salomon, et qui était fils d'Achimelech; mais qu'ils ne sont point les mêmes personnages que les sacrificateurs de Nobé dont il est question dans le XXIe chap. du Ier livre des Rois. *Voyez* la Bible de Chais sur cet endroit.

ABISME, ou plutôt ABYSME, formé d'α privatif et de βύσσος, fond; il signifie *sans fond.* Ce mot se prend dans l'Écriture, 1° pour l'immensité des eaux qui environnaient le globe de la terre au moment de la création, et avant que Dieu les eût renfermées dans un même lit. *Genes.*, c. I, v. 2 et 9. 2° Pour la mer; en parlant du déluge, il est dit que les sources du grand *abîme* furent rompues, c'est-à-dire, que la mer sortit de son lit. *Genes.*, c. vii , v. 11. Au sujet des Égyptiens submergés dans la mer Rouge, Moïse dit qu'ils ont été couverts par les *abîmes. Exod.* xv, 5, etc. 3° Pour les lieux les plus profonds de la mer. *Eccli.* i, 2. 4° Pour l'enfer. Il est représenté comme un gouffre placé sous les eaux et vers le centre de la terre, dans lequel sont renfermés les impies, les géants qui ont fait trembler les peuples, les rois de Tyr, de Babylone, d'Égypte, toujours vivants, et portant la peine de leur orgueil et de leur cruauté. Isaïe, parlant de la mort du roi de Babylone, lui adresse ainsi la parole : *Ton arrivée a troublé les enfers, a éveillé les géants ; les rois des nations se sont levés de leurs siéges : ils te diront : Te voilà donc blessé aussi bien que nous, et devenu semblable à nous; ton orgueil a été précipité aux enfers, ton cadavre est tombé; il sera la proie de la pourriture et des vers,* etc. (*Isaïe,* xiv, 9 et suiv.) Ezéchiel dit la même chose du roi de Tyr, chap. xxviii, v. 8; du roi d'Egypte et de ses sujets, c. xxxii, v. 18 et suiv. L'*abîme* est aussi pris pour l'enfer dans l'Apocalypse, c. ix, xi, xx, etc.

Les conjectures des savants, sur la manière dont les Hébreux concevaient le centre de la terre ou le fond de l'*abîme*, la source des fontaines et des rivières, etc., nous importent fort peu ; il nous suffit de présenter le sens littéral et naturel des livres saints : il en résulte que ceux qui ont assuré que les anciens Hébreux n'avaient aucune idée de l'enfer se sont trompés. *Voy.* Enfer.

ABISSINS. *Voy.* Éthiopiens.

ABJURATION, est le serment par lequel un hérétique converti renonce à ses erreurs et fait profession de la foi catholique ; cette cérémonie est nécessaire pour qu'il puisse être absous des censures qu'il a encourues, et être réconcilié à l'Eglise.

Les protestants ont souvent tourné en ridicule les conversions et les *abjurations* de ceux d'entre eux qui rentrent dans le sein de l'Eglise catholique; pour prévenir cette espèce de désertion, ils ont posé pour maxime qu'un honnête homme ne change jamais de religion. Ils ne voient pas qu'ils couvrent d'ignominie, non-seulement leurs pères, mais les apôtres de la prétendue réforme, qui ont certainement changé de religion, et qui ont engagé les autres à en changer ; ils rendent suspectes les conversions des juifs, des mahométans, des païens, qui se font protestants ; et leur censure retombe même sur tous ceux qui se sont convertis à la prédication des apôtres. Leur maxime ne peut être fondée que sur une indifférence absolue pour toutes les religions, par conséquent sur une incrédulité décidée. *Voyez* Conversion (1).

(1) La seule religion, dit M. Laval, qui ait droit de dire : Ne changez pas, est celle qui n'a jamais changé. Mais que fut le protestantisme à son origine, sinon un grand changement dans la religion? Qu'est-il dans toute son histoire, qu'une suite de changement où l'on voit les dogmes, les confessions

ABLUTION. C'est l'action de se laver le corps. Tous les peuples, dans tous les temps, ont compris que la propreté du corps était le symbole de la propreté de l'âme; que le péché pouvait être envisagé comme une tache de la conscience ; qu'en se lavant le corps, un homme témoigne le désir qu'il a de se purifier l'âme. Ainsi les *ablutions*, très-nécessaires à la santé dans les climats chauds, où l'on ne connaissait pas l'usage du linge , sont devenues un acte religieux universellement pratiqué. A-t-on cru pour cela que cette cérémonie avait la vertu d'effacer le péché aux yeux de la Divinité? Si les ignorants l'ont pensé, les sages du moins ont senti qu'un rite extérieur ne peut être efficace qu'autant qu'il est accompagné d'un sentiment intérieur de pénitence.

Il paraît que les *ablutions* ont été en usage chez les patriarches, puisqu'il en est parlé dans le livre de Job, ch. ix, v. 30. Moïse en prescrivit aux Juifs un grand nombre; Jésus-Christ les a consacrées en donnant au baptême, conféré en son nom, la force d'effacer le péché. *Voyez* Baptême. L'Eglise, animée par le même esprit, a conservé l'usage de l'eau bénite. On sait que les païens pratiquaient aussi différentes espèces d'*ablutions;* que les mahométans se lavent plusieurs fois le jour, surtout avant la prière ; que les peuples les plus grossiers pensent sur ce sujet comme les nations les plus éclairées.

Est-ce une superstition générale qui a saisi tous les esprits ? Quiconque se persuade que, pour effacer le crime, il suffit de se laver le corps, sans avoir aucun sentiment de componction et de regret, sans aucun désir de se corriger, est superstitieux sans doute; il abuse d'un signe destiné à lui rappeler ce qu'il doit faire intérieurement : mais l'abus dans aucun genre ne prouve rien contre un usage utile en lui-même. Il n'est aucune institution de laquelle on ne puisse abuser; l'ignorance, la stupidité, l'hypocrisie, ne prescriront jamais contre les signes naturels de la piété et de la religion. *Voyez* Expiations.

En terme de liturgie, l'on nomme ablution l'eau et le vin que le prêtre met dans le ca-

de foi, les sectes, perpétuellement varier? Pourquoi le protestantisme, qui change sans cesse, voudrait-il nous défendre de retourner à l'Eglise qui n'a jamais changé. Pourquoi demeurerions-nous obstinément attachés à toutes ces circonstances? et rentrer dans l'Eglise, qu'est-ce autre chose que mettre fin pour soi à tous ces changements pour se reposer enfin dans l'antique foi? C'est lui qui a voulu en changer; nous ne faisons qu'y revenir. Sans doute si on quittait une secte pour entrer dans une autre, ce serait une chose bien vaine : car toutes les sectes protestantes étant également dépourvues d'autorité, on retrouverait dans toutes les autres incertitude : mais sortir du protestantisme pour rentrer dans l'Eglise catholique, c'est passer des variations à la croyance invariable, des divisions à l'unité, de l'erreur qui est d'hier, à la vérité qui est de tous les temps; c'est passer du doute à la foi, c'est sortir de la mort pour recouvrer la vie. (*Lettre de M. Laval, ci-devant ministre à Condé-sur-Noireau*).

lice après la communion, afin qu'il n'y reste rien du vin consacré. Il convient de tenir dans la plus grande propreté les vases destinés à contenir l'Eucharistie.

ABNÉGATION. Renoncement à soi-même. Jésus-Christ dit dans l'Evangile : *Si quelqu'un veut venir après moi, qu'il renonce à lui-même, qu'il porte sa croix et me suive.* Par là le Sauveur nous ordonne-t-il d'étouffer l'amour de nous-mêmes et de notre bonheur, de renoncer à notre intérêt bien entendu ? Non, sans doute, puisqu'il nous invite à la vertu par l'attrait de la récompense et du bonheur qu'il nous promet, conséquemment par un motif d'intérêt très-solide. Il veut donc que nous renoncions à l'amour de nous-mêmes, aveugle, et mal réglé, à nos passions, à nos inclinations vicieuses, que nous confondons mal à propos avec notre intérêt. Un juste s'aime plus véritablement, et entend mieux ses intérêts qu'un pécheur ; le premier cherche le vrai bonheur et le trouve ; le second le cherche où il n'est pas, et ne le trouve ni en ce monde ni en l'autre. *Voyez* RENONCEMENT.

ABOMINABLE, ABOMINATION. Il est dit dans l'histoire sainte que les pasteurs de brebis étaient en *abomination* aux Egyptiens. Moïse répond à Pharaon, leur roi, que les Hébreux doivent immoler au Seigneur les *abominations* des Egyptiens, c'est-à-dire, leurs animaux sacrés, les bœufs, les boucs, les agneaux, les béliers, dont le sacrifice devait paraître *abominable* aux Egyptiens. L'Ecriture donne ordinairement le nom d'*abomination* à l'idolâtrie et aux idoles, tant à cause que le culte des idoles est en lui-même une chose *abominable*, que parce qu'il était presque toujours accompagné de dissolutions et d'actions infâmes. Moïse donne aussi le nom d'*abominables* aux animaux dont il interdit l'usage aux Hébreux.

L'*abomination* de la désolation, ou plutôt l'*abomination* désolante prédite par Daniel, ch. ix, v. 27, marque, selon plusieurs interprètes, l'idole de Jupiter Olympien qu'Antiochus-Epiphane fit placer dans le temple de Jérusalem. La même *abomination* dont il est parlé dans saint Matthieu, ch. xxiv, v. 15, dans saint Marc, ch. vi, v. 7, et que l'on vit à Jérusalem pendant le dernier siège de cette ville par les Romains, sont les enseignes de l'armée romaine, chargées des figures de leurs dieux et de leurs empereurs, qui furent placées dans la ville et dans le temple, lorsque Tite s'en fut rendu maître.

ABRA, dans l'Ecriture, signifie une fille d'honneur, une suivante, la servante d'une femme de condition. Ce nom est donné aux filles de la suite de Rébecca, à celles de la fille de Pharaon, à celles de la reine Esther, à la servante de Judith. Ce n'est ni une simple esclave, ni une fille de peine, mais plutôt une femme de chambre ou une fille d'atour.

ABRAHAM. Les divers événements de la vie de ce patriarche, les discussions chronologiques sur son âge appartiennent à l'histoire ; nous ne devons parler que des circonstances qui peuvent donner lieu à

des objections théologiques ; les autres ont été éclaircies de nos jours par plusieurs savants (1).

Pourquoi Dieu a-t-il choisi un Chaldéen pour se faire connaître à lui et à sa postérité, pour se faire la tige de son peuple chéri, plutôt qu'un Grec, un Romain, un Chinois ? Parce que Dieu était le maître de son choix ; quel que fût le personnage qu'il eût préféré, la même objection reviendrait. Ceux qui disent que c'est un trait de partialité, une injuste prédilection de la part de Dieu, n'entendent pas les termes. Dieu ne doit à personne telle ou telle mesure de bienfaits naturels ou surnaturels, de faveurs spirituelles ou temporelles ; ce qu'il accorde à l'un ne diminue pas la portion qu'il veut donner à un autre, et ne lui porte aucun préjudice ; la distribution inégale de bienfaits purement gratuits n'est donc ni une injustice, ni une partialité. *Voyez* ACCEPTION DE PERSONNES, JUSTICE DE DIEU, PARTIALITÉ.

Quelques auteurs ont avancé qu'*Abraham*, avant sa vocation, était idolâtre ; ils ont cité en preuve ce passage de Josué, ch. xxiv, v. 2 : *Vos pères ont habité au delà du fleuve, Tharé, père d'Abraham, et Nachor ; et ils ont servi des dieux étrangers.* Mais cette accusation ne peut tomber que sur Tharé et sur Nachor. *Abraham* est disculpé dans le livre de Judith, ch. v, v. 6 ; il y est dit : *Les Hébreux sont un peuple originaire de la Chaldée : ils ont demeuré d'abord dans la Mésopotamie, parce qu'ils n'ont pas voulu suivre les dieux de leurs pères, qui étaient dans le pays des Chaldéens. Ainsi, en renonçant à la religion de leurs pères, qui admettaient plusieurs dieux, ils ont adoré le Dieu du ciel, qui leur a commandé de sortir de là et d'aller demeurer à Charan.* Cela ne peut s'entendre que d'*Abraham*, puisque c'est à lui que Dieu ordonna de quitter son pays et sa famille ; et il est probable que dès ce moment son père Tharé, qui le suivit, cessa d'être idolâtre. La fidélité d'*Abraham* à n'adorer que le seul Dieu du ciel peut être une des raisons pour lesquelles Dieu l'a choisi pour être la tige de son peuple.

Dans plusieurs endroits de l'Ecriture, Dieu est nommé *le Dieu d'Abraham* ; les auteurs sacrés ont-ils voulu insinuer par là que Dieu abandonnait les autres hommes pour ne protéger que le seul *Abraham* ; que c'est un Dieu local dont la providence ne s'étendait que sur une seule famille ? Non sans doute. Cela signifie seulement que le vrai Dieu était seul adoré par ce patriarche, pendant que la plupart des peuplades déjà formées offraient leur encens à des dieux ima-

(1) En fouillant dans les religions anciennes de l'Asie, on a trouvé, à une époque antérieure à l'ère chrétienne, des ressemblances plus ou moins grandes, des analogies plus ou moins parfaites avec nos croyances et nos pratiques, avec les personnages les plus fameux de l'ancien Testament. Les ennemis de notre loi ont cru y trouver une preuve que la religion juive et la religion chrétienne, sont des doctrines d'origine indienne, plus parfaites, plus épurées,

ginaires. Lorsqu'un chrétien dit au Seigneur: *vous êtes mon Dieu*, il sait bien que Dieu est aussi le créateur, le père et le bienfaiteur des autres hommes.

Il semble d'abord qu'*Abraham* se rendit coupable de mensonge, en disant au roi d'Egypte et au roi de Gérare, que Sara était sa sœur, pendant qu'elle était son épouse. Ce soupçon n'a plus lieu lorsqu'on fait attention qu'en hébreu le même terme désigne une sœur et une proche parente, une nièce ou une cousine; les Hébreux n'avaient pas, comme nous, des termes propres pour désigner les divers degrés de parenté. *Voy.* FRÈRE, SŒUR.

Plusieurs interprètes ont pensé que Sara, epouse d'*Abraham*, était véritablement sa sœur, issue d'un même père, mais non d'une même mère; ce sentiment n'est pas probable. Dans le temps où vivait *Abraham*, de pareils mariages étaient déjà censés incestueux; ils ne pouvaient plus être excusés par la nécessité, parce que le genre humain

plus complètes que les religions orientales; mais purement humaines, variables avec le temps, et perfectibles de siècle en siècle. Les amis de notre foi y ont vu pour l'Eglise la source d'un nouveau triomphe. MM. Riambourg, Sionnet, Paravey, Bonnetty, n'ont point nié les analogies. Ils se sont efforcés de prouver que la Bible n'a pas été puiser dans les livres persans et indiens; mais que ceux-ci ont puisé, soit dans la tradition, soit dans les livres de l'Ancien Testament.

Nous avons à examiner un point de cette grande question. Abraham est-il le même personnage que le Brama des Indiens et l'Ibrahim des Persans? — Ce qui pourrait nous porter à les confondre, c'est d'abord la ressemblance des noms. C'est ensuite la vie de ces personnages. Ils fondent tous les trois un nouveau peuple, une nouvelle religion, une nouvelle législature (car les traditions rabbiniques, une inscription chinoise qui remonte à près de 300 ans avant Jésus-Christ, représentent Abraham comme un législateur dont Moïse écrivit la loi.) Ces lois, dans beaucoup de points, ont une analogie frappante. Nous avouerons ingénument que nous n'avons pas assez de science pour discuter ces faits, et conséquemment pour porter un jugement. Nous dirons seulement :

1° Les dispersions du peuple juif remontent à une très-haute antiquité; elles précèdent probablement l'époque où furent écrits les livres sacrés des Perses, des Indiens et des Chinois. Car il est constant que les Juifs étaient en Chine 700 ans avant Jésus-Christ. — 2° Les prophètes et les sages Juifs avaient une connaissance extrêmement développée des mystères et de la doctrine que Jésus-Christ devait nous révéler complétement. Ils ne se contentaient pas de réserver pour eux-mêmes ces grandes vérités : ils les communiquaient aussi aux sages du paganisme, comme une foule de monuments en fournissent la preuve. (Voy. les *Annales de philosophie chrétienne.*) — 3° L'assertion des auteurs qui prétendent confondre Abraham avec le Brama des Indiens, n'étant appuyé sur aucun fondement solide et positif, ne peut détruire la croyance ancienne et universelle d'un fait environné de toutes les preuves que peut exiger la plus sévère critique, de l'existence d'Abraham comme père du peuple de Dieu.

Ces trois observations nous paraissent rendre suffisamment raison, 1° des rapports de ressemblance qui existent entre Abraham, le Brama des Indiens et l'Ibrahim des Perses ; 2° de l'existence certaine et positive du père des croyants.

DICT. DE THÉOL. DOGMATIQUE. I.

était déjà suffisamment multiplié. D'ailleurs, la conduite d'*Abraham*, qui, pour cacher son mariage avec Sara, l'appelle sa sœur, semble prouver que les peuples au milieu desquels il vivait ne croyaient pas qu'un frère pût épouser sa sœur. Ainsi nous pensons que Sara n'était que la nièce d'*Abraham*; il a pu dire néanmoins qu'elle était *fille de son père*, puisqu'elle en était la *petite-fille*. Il y a sur cette question une dissertation dans les Mémoires de Trévoux, an 1710, juin, pag. 1033.

Barbeyrac soutient que le discours d'*Abraham* était du moins une équivoque équivalente à un mensonge, puisque ce patriarche en faisait usage afin de tromper les Egyptiens et de leur cacher que Sara était son épouse. A cela nous répondons que taire la vérité à des gens qui n'ont aucun droit de la demander, n'est point un mensonge, lorsqu'on ne leur dit rien de faux ; autrement il ne serait jamais permis de se débarrasser des questions d'une indiscrète curiosité. Il est fort étonnant que Barbeyrac, qui d'ailleurs est d'une morale si relâchée touchant le mensonge officieux, soit si sévère censeur de la conduite d'*Abraham* et de celle des Pères qui ont voulu disculper ce patriarche.

Mais n'était-ce pas exposer la pudicité de Sara que de dire, en pays étranger, qu'elle était sa nièce ou sa parente, au lieu d'avouer que s'était son épouse? *Abraham* du moins ne le pensait pas ainsi; il craignait que, s'il déclarait son mariage, les Egyptiens ne fussent tentés de se défaire de lui pour enlever Sara ; au lieu qu'en disant qu'elle était sa parente, il espérait de trouver un moyen d'écarter leur recherche. S'il se trompait, son erreur n'était pas un crime. Dieu eut égard à l'intention des deux époux; il ne permit point que le roi d'Egypte ni celui de Gérare attentassent à la pudicité de Sara. Les critiques téméraires qui ont osé affirmer qu'*Abraham* avait prostitué son épouse, afin d'être mieux traité, l'ont calomnié par pure malignité.

Saint Jean Chrysostome semble louer Sara d'avoir exposé volontairement sa chasteté, afin de conserver la vie à son mari, et trouver bon que celui-ci y ait consenti. Il suppose que tous deux ont agi avec l'intention la plus pure, et dans la confiance que le Seigneur, dont ils avaient éprouvé si souvent la protection, les secourrait dans une circonstance aussi périlleuse ; il n'y a donc pas lieu à la censure amère que Barbeyrac a lancée contre ce Père.

Sara, stérile et avancée en âge, engage son époux à prendre Agar, sa servante, afin d'en avoir des enfants : alors ce ne fut pas un crime. Dans l'état des familles encore isolées et nomades, la polygamie n'était pas défendue par le droit naturel. Les Pères de l'Eglise ne se sont point trompés lorsqu'ils ont soutenu qu'*Abraham* n'avait point péché en cela contre la loi naturelle; à plus forte raison contre la loi positive, qui n'existait pas encore. Nous ne voyons pas sur quoi se sont fondés plusieurs critiques modernes pour décider qu'Agar n'était point femme légitime d'*Abraham*; nous prouverons le contraire au mot POLYGAMIE.

Vainement Barbeyrac fait remarquer qu'*Abraham*, par cette conduite, semblait se défier des promesses que Dieu lui avait faites d'une postérité nombreuse. Ce reproche est injuste. Dieu, en faisant ces promesses, *Gen.* XII et XV, n'avait pas dit que cette postérité naîtrait de Sara, et non d'une autre femme; Dieu ne s'expliqua sur ce point que treize ans après la naissance d'Ismaël. *Genes.* XVII, 16 et 25.

Cet enfant était né d'Agar lorsque Sara devint féconde et mit au monde Isaac; bientôt la désobéissance d'Agar et le caractère féroce d'Ismaël firent craindre à Sara pour les jours de son fils Isaac. Elle exigea que la mère et l'enfant fussent éloignés de la tente paternelle, et *Abraham* y consentit. Ce procédé a paru dur et injuste à ceux qui n'ont pas examiné les circonstances et pésé la valeur des termes. Il est dit qu'*Abraham* donna *du pain et de l'eau* à ces deux bannis. *Gen.* XXI, 14. Or, dans le style de l'Écriture, le pain signifie la nourriture, la subsistance, les choses nécessaires à la vie. Dans notre langue même, lorsqu'un homme sans fortune dit à son protecteur : *Donnez-moi du pain*, il entend, procurez-moi une subsistance honnête. D'ailleurs, dans cette circonstance, *Abraham* obéissait à l'ordre de Dieu, beaucoup plus qu'au désir de Sara, et Dieu lui avait promis de protéger Agar et son fils. *Gen.* XXI, 12 et 13. Aussi ne voyons-nous aucune inimitié entre Ismaël et Isaac, soit pendant la vie, soit après la mort d'*Abraham*, ni aucune division entre leurs descendants.

Pour juger sensément de la conduite des patriarches, il faut se placer dans les mêmes circonstances, se mettre au ton des mœurs et des usages qui régnaient dans les premiers âges du monde.

Isaac était âgé de près de vingt-cinq ans, lorsque Dieu, pour éprouver *Abraham*, lui ordonna de l'immoler en sacrifice. Il semble d'abord que cet ordre soit indigne de Dieu : mais le souverain maître de la vie et de la mort peut abréger ou prolonger nos jours comme il lui plaît : si, par un accident ou par une maladie, il avait tranché ceux d'Isaac, *Abraham* aurait-il été en droit de murmurer ? A la vérité, un sacrifice du sang humain aurait été un très-mauvais exemple; aussi Dieu ne permit point qu'il fût accompli; il se contenta de la disposition dans laquelle était *Abraham* d'obéir, et redoubla ses bienfaits envers ce patriarche.

On dira que Dieu, qui connaît le fond des cœurs, qui prévoit nos sentiments futurs avec autant de certitude qu'il voit nos dispositions présentes, n'avait pas besoin de mettre *Abraham* à l'épreuve. Cela est vrai; mais *Abraham* avait besoin d'être éprouvé, et le genre humain avait besoin de cet exemple pour concevoir que Dieu est en droit d'exiger de nous, quand il lui plaît, des sa-

crifices héroïques, parce qu'il est assez puissant pour les récompenser (1).

C'est donc avec raison que les écrivains sacrés ont fait l'éloge de la foi et du courage d'*Abraham*, et le proposent pour modèle; il crut, dit saint Paul, que Dieu, qui a le pouvoir de ressusciter les morts, ferait plutôt un miracle que de manquer à ses promesses. *Heb.* XI, 19.

Lorsque Dieu dit à *Abraham* : Toutes les nations de la terre seront bénies dans *votre race*, *Gen.* XXII, XXVI, XXVIII, nous soutenons, après saint Paul, *Galat.*, III, 16, avec les Pères de l'Église, que *race* désigne un seul descendant d'*Abraham*, qui est Jésus-Christ, comme dans la prédiction faite au serpent, *Gen.* III, 15 : *La race* de la femme t'écrasera la tête.

Mais en quoi consiste cette bénédiction ? S'il n'était question que de bienfaits temporels et d'une protection particulière de Dieu à l'égard des descendants d'*Abraham*, en quel sens cette bénédiction pourrait-elle s'étendre à toutes les nations de la terre ? La prospérité des Juifs ne pouvait influer en rien sur celle des autres peuples. Il est donc évident que Dieu promet, dans cet endroit et ailleurs, par les mêmes paroles, les grâces de salut ou les bénédictions spirituelles qu'il voulait répandre par le Messie sur tous les hommes qui croiraient en lui, et qui deviendraient ainsi les enfants d'*Abraham*, en imitant sa foi. Saint Paul, qui les explique ainsi, *Galat.* III et IV, n'en a pas seulement donné le sens mystique et allégorique, comme certains critiques le prétendent, mais le sens littéral et naturel. Ainsi les Juifs, qui prennent ces promesses dans un sens grossier et qui les restreignent à leur nation seule, sont dans l'erreur.

ABRAHAMIENS *Voyez* SAMOSATIENS.

ABRAHAMITES, moines catholiques, qui souffrirent le martyre pour le culte des ima-

(1) Les incrédules tournent en dérision la promesse que Dieu fit à Abraham. Voici comment Bullet leur répond : « Dieu dit à Abraham, *Gen.* XIII, 15 : *Je donnerai à vous et à votre postérité tout ce pays que vous voyez.* — La promesse que Dieu fait ici à Abraham de lui donner personnellement la terre de Chanaan a été sans effet, disent les incrédules, puisque ce patriarche n'y posséda jamais en propre qu'un champ et une caverne qu'il avait achetés quatre cents sicles. — Les interprètes répondent que la particule *et* signifie en cet endroit *c'est-à-dire*; de sorte que le sens de ce verset est que Dieu promet la terre de Chanaan à Abraham; *c'est-à dire* à sa postérité. L'explication est bonne, mais on est fâché de voir que les commentateurs ne l'appuient d'aucune preuve; nous allons suppléer à cette omission.

« Parmi plusieurs significations que renferme la particule VAU, qui est rendue, dans le passage que nous examinons, par *et*, celle de *c'est-à-dire* en français, *id est* en latin, en est une : c'est ce que nous allons démontrer par divers exemples. *Gen.* II, 3. Dieu bénit le septième jour, VAU, *c'est-à-dire*, le sanctifia. — *Exod.* IV, 12. Je serai dans votre bouche, VAU, *c'est-à-dire*, je vous apprendrai ce que vous aurez à dire. *Ibid.* VII, 11. Pharaon fit venir les sages, VAU, *c'est-à-dire*, les magiciens. *Nomb.* XXXI, 6. Moïse les envoya à la guerre, leur confiant les

ges sous Théophile, au neuvième siècle. *Voy.* ICONOCLASTES.

* ABRAHAMITES. La secte des Hussites conserva pendant longtemps des sectateurs dans la Bohême. Elle finit enfin par se fondre en une secte nouvelle qui réunit des juifs, des protestants, et sans doute plusieurs catholiques qui se laissèrent entraîner dans l'erreur. Elle établit son siége à Par-du Bitz, en Bohême. Joseph II, par son édit de toléran e, la contraignit à s'incorporer dans le sein de l'une des religions reconnues par l'État. La plupart des sectateurs de la nouvelle religion refusèrent de souscrire à l'ordre de l'empereur et furent exilés. Un bon nombre demandèrent grâce et rentrèrent dans le sein de la religion de l'empire. Ils y conservèrent sans doute leur foi et leur morale qu'ils prétendaient être celles d'Adam et d'Abraham. C'est pour cela qu'ils étaient nommés *Abrahamites* et *Adamites.*

Leur croyance se réduisait à un petit nombre de dogmes. L'existence de Dieu, l'immortalité de l'âme, les peines et les récompenses de la vie future constituaient à peu près tout leur symbole. Ils n'admettaient de toute l'Écriture que l'Oraison Dominicale et le Décalogue, parce qu'ils les regardaient comme fondés sur la raison. Jésus-Christ n'était à leurs yeux qu'un philosophe un peu plus sage que les autres. Abraham fut un grand docteur; il eut cependant une faiblesse, ce fut celle de se laisser circoncire. Ils le prirent pour maître, mais dans la partie de la vie qui précéda cette humiliante cérémonie.

La morale des Abrahamites était abominable. Ils regardaient comme une horrible tyrannie les lois de décence, de retenue et de chasteté reconnues par tous les peuples. Aussi vivaient-ils dans une espèce de promiscuité où les femmes étaient communes. La famille étant détruite, les enfants étaient élevés comme des êtres qui appartenaient à la communauté, mais qui ne devaient reconnaître ni père ni mère.

ABSOLU, adject. ABSOLUMENT, adv. *Absolu* se dit, 1° par opposition à ce qui est relatif. Nous soutenons qu'il n'y a dans le monde aucun mal *absolu*, mais seulement des maux relatifs; la condition des créatures n'est bonne ou mauvaise, un bien ou un mal, que par comparaison. Le bien *absolu*, c'est l'infini; le mal *absolu*, est le néant: entre ces deux extrêmes, il y a une infinité de degrés ou de manières d'être qui sont censés un mal en comparaison d'un plus grand bien, et un bien si on les compare à un état plus mauvais. L'oubli de ces notions a rendu plus obscure la question de l'origine du mal. V. BIEN ET MAL.

Dans le même sens, certaines propositions, énoncées en termes *absolus*, ne sont vraies que par comparaison ou dans un sens relatif. Quand on dit que Dieu abandonne les pécheurs, cela n'est pas *absolument* vrai, puisqu'il n'en est aucun à qui Dieu ne donne des grâces; mais il ne leur en accorde pas autant qu'aux justes. *Voyez* GRACE, § 3. Saint Paul répète ce que Dieu a dit par un prophète: *J'ai aimé Jacob, et j'ai haï Esaü.* Cependant Dieu n'a pas cessé *absolument* de répandre des bienfaits sur Esaü et sa postérité; mais il ne les a pas traités aussi favorablement que Jacob et ses descendants. L'auteur du livre de la Sagesse dit à Dieu: *Vous ne haissez, Seigneur, rien de ce que vous avez fait.* Cette proposition est *absolument* vraie; la précédente n'est vraie que par comparaison.

Il faut distinguer encore les arguments *absolus* d'avec les arguments relatifs personnels, que l'on nomme arguments *ad hominem:* ceux-ci ne sont solides que relativement aux opinions et aux principes de l'adversaire contre lequel on dispute; ils ne prouvent rien contre ceux qui ont des principes ou des opinions contraires.

2° *Absolu* se dit par opposition à ce qui est conditionnel; ainsi l'on distingue en Dieu la volonté *absolue*, par laquelle il opère immédiatement par lui-même tout ce qu'il lui plaît, et la volonté conditionnelle, par laquelle il nous laisse la liberté de résister. Dieu veut notre salut, non *absolument*, mais sous condition que nous le voudrons nous-mêmes, et que nous obéirons à ses grâces.

3° L'on distingue l'impossibilité *absolue* ou métaphysique, d'avec *l'impossibilité morale*, qui signifie seulement une très-grande difficulté.

4° *Absolu*, se prend dans un sens opposé à déclaratif. Dans ce sens les catholiques soutiennent que le prêtre a le pouvoir de remettre les péchés *absolument;* les protestants, au contraire, prétendent qu'il peut seulement déclarer que Dieu a remis les péchés.

5° On nomme le jeudi de la semaine sainte le *jeudi absolu*, parce que dans plusieurs églises on fait l'absoute avant la cérémonie de la cène; c'est un reste de l'ancienne discipline ou de l'usage de réconcilier ce jour-là les pénitents publics, avant de les admettre à la communion.

* ABSOLU (terme de philosophie religieuse moderne). Le talent de la philosophie moderne a été de cacher la nullité de ses idées sous l'un de ces grands mots inintelligibles à la pensée de la multitude, mais qui pour cela n'en sont que plus dangereux. On prononce le mot sans savoir ce que c'est, et ensuite on se croit en droit de rejeter les idées communément reçues. Du nombre de ces mots malheureux, enfantés par une philosophie incrédule, est le terme *absolu.*

Les panthéistes et les autres rationalistes modernes désignent par le nom vague d'*absolu* un être: 1° existant indépendamment de toute hypothèse; 2° ayant seul l'existence par lui-même et sans cause; 3° possédant une indépendance absolue de tout ce qui existe; 4° enfin renfermant en lui toutes les réalités et les perfections. On voit que la philosophie allemande a voulu voiler le nom de Dieu sous le terme vague d'*absolu.* On choquait beaucoup moins les oreilles en introduisant sous ce nom des doctrines subversives de toute religion. Schelling déduit ainsi les conséquences de ce système de philosophie: « Depuis Descartes, la raison pure, avec ses principes *a priori*, a été l'unique agent de la science philosophique. Or, la raison pure ne nous révèle que l'être en général, l'être indéterminé, et partant impersonnel..... Donc avec la raison pure toute seule, et abstraction faite de nos autres moyens de connaître, on ne trouvera, si l'on est conséquent, qu'un Dieu impersonnel, un monde éternel et nécessaire

instruments sacrés, VAU, *c'est-à-dire*, les trompettes d'un son éclatant. — *Juges*, VIII, 27. Cet éphod devint un piége qui causa la ruine de Gédéon, VAU, *c'est à dire*, de sa maison. — *II Rois*, XI, 11. Je jure par votre vie, VAU, *c'est-à-dire*, par votre conservation. » Bullet, *Rép. crit.*, tom. I, pag. 151, édit. de Besançon, 1826.

le panthéisme, en un mot; mais la personnalité et la liberté ne se trouveront jamais. L'histoire de la philosophie moderne le prouve. L'emploi de la méthode exclusive *a priori*, l'a conduite, de système en système, au panthéisme de Hégel, qui fait de la raison la substance et la cause de l'univers, Dieu lui-même. Dans cette théorie, le concret, le déterminé, l'individu n'est qu'un phénomène éphémère; s'il se montre, c'est pour s'évanouir aussitôt sans retour. » Voilà les conséquences infaillibles de la doctrine de l'*absolu*, la négation de Dieu. La réfutation de cette doctrine est intimement liée à la preuve de l'existence de Dieu... Nous y renvoyons pour la présenter. Il est bon cependant d'entendre comment nos philosophes sont arrivés à leur prétendu *absolu*.

Kant, et à sa suite une multitude de philosophes allemands et français, ont dit qu'ils trouvaient l'idée de l'*absolu* dans le temps et l'espace. Méditez, disent-ils, sur le temps et l'espace, vous arrivez nécessairement à un temps et à un espace *absolus*. Nous nions cette assertion : nous ne percevons jamais, soit un temps, soit un espace auxquels la pensée ne puisse rien ajouter. Nous sommes même convaincus qu'on ne peut arriver à l'idée d'un espace ou d'un temps simplement indéfini, avant qu'on se la soit formée par une suite d'abstractions, fondées sur des conceptions dont la sphère s'agrandit de plus en plus. (*Voy.* INFINI.) Si l'on prétend, avec Fichte, que la conscience de sa propre individualité est identifiée avec celle de l'*absolu*, ou avec Schelling, que nous percevons notre individualité comme consubstantielle à l'*absolu*, et qu'ainsi nous ne pouvons avoir la conscience de nous-mêmes sans concevoir l'*absolu*, nous répondrons qu'il y a contradiction dans les termes : car ce raisonnement suppose l'existence individuelle de chaque homme. C'est le principe sur lequel il repose, et c'est pour arriver à la conséquence qu'il n'y a pas d'individu; puisque notre *individualité* est, selon Fichte, identifiée avec celle de l'*absolu*, et qu'elle est consubstantielle à l'*absolu*, selon Schelling. Ce système tant vanté conduit donc au panthéisme le plus complet, doctrine contraire à la raison et à la saine morale. *Voy.* PANTHÉISME.

ABSOLUTION, rémission des péchés faite par le prêtre au nom de Jésus-Christ dans le sacrement de pénitence. *Voy.* PÉNITENCE.

[*Criterium de la foi catholique.* — « Quoique l'absolution du prêtre, dit le concile de Trente, soit une dispensation du bienfait d'autrui, toutefois ce n'est pas seulement un simple ministère, ou une simple commission d'annoncer l'Evangile ou de déclarer que les péchés seront remis, mais un acte judiciaire, par lequel le prêtre, comme juge, prononce la sentence. Anathème donc à celui qui dit que l'absolution sacramentelle du prêtre n'est pas un acte judiciaire, mais un simple ministère, consistant à prononcer et à déclarer que les péchés seront remis à celui qui se confesse. (*Concil. Trid.*, sess. 14, cap. 6, et can. 9.)]

ABSOLUTION se prend encore pour la levée des censures et l'action de réconcilier un excommunié à l'Eglise : dans ce sens elle tient au droit canonique plus qu'à la théologie.

Enfin l'on nomme *absolution* une prière qui se dit à la fin de chaque nocturne de l'office divin, à la fin des heures canoniales, et une prière qui se fait pour les morts.

ABSOUTE. Cérémonie qui se pratique dans l'Eglise romaine le jeudi de la semaine sainte, pour représenter l'absolution qu'on donnait vers le même temps aux pénitents de la primitive Eglise.

L'usage de l'Eglise de Rome et de la plupart des Eglises d'Occident, était de donner l'absolution aux pénitents le jour du jeudi saint, nommé pour cette raison le *jeudi absolu*.

Dans l'Eglise d'Espagne et dans celle de Milan, cette absolution publique se donnait le jour du vendredi saint; et dans l'Orient c'était le même jour ou le samedi suivant, veille de Pâques. Dans les premiers temps, l'évêque faisait l'*absoute*, et alors elle était une partie essentielle du sacrement de pénitence; parce qu'elle suivait la confession des fautes, la réparation des désordres passés et l'examen de la vie présente. « Le jeudi saint, dit M. l'abbé Fleury, les pénitents se présentaient à la porte de l'église; l'évêque, après avoir fait pour eux plusieurs prières, les faisait entrer, à la sollicitation de l'archidiacre qui lui représentait que c'était un temps propre à la clémence.... Il leur faisait une exhortation sur la miséricorde de Dieu, et le changement qu'ils devaient faire paraître dans leur vie, les obligeant à lever la main pour signe de cette promesse; enfin se laissant fléchir aux prières de l'Eglise, et persuadé de leur conversion il leur donnait l'absolution solennelle. » *Mœurs des chrétiens*, tit. XXV.

A présent ce n'est plus qu'une cérémonie qui s'exerce par un simple prêtre et qui consiste à réciter les sept psaumes de la pénitence, quelques oraisons relatives au repentir que les fidèles doivent avoir de leurs péchés. Après quoi le prêtre prononce les formules *Misereatur* et *Indulgentiam*; mais tous les théologiens conviennent qu'elles n'opèrent pas la rémission des péchés; et c'est la différence de ce qu'on appelle *absoute*, d'avec l'absolution proprement dite.

ABSTÈME, du latin *abstemius*. On nomme ainsi les personnes qui ont une répugnance naturelle pour le vin et ne peuvent en boire. Pendant que les calvinistes soutenaient de toutes leurs forces que la communion sous les deux espèces est de précepte divin, ils décidèrent au synode de Charenton que les *abstèmes* pouvaient être admis à la cène pourvu qu'ils touchassent seulement la coupe du bout des lèvres, sans avaler une seule goutte de vin. Les luthériens leur reprochèrent cette tolérance comme une *prévarication sacrilége*.

De cette contestation même on a conclu contre eux qu'il n'est pas vrai que la communion sous les deux espèces soit de précepte divin, puisqu'il y a des cas où l'on peut s'en dispenser. *Voy.* COMMUNION *sous les deux espèces*, COUPE.

ABSTINENCE. Le motif général de l'*abstinence* est de mortifier les sens et de dompter les passions : l'on connaît assez les suites naturelles de la gourmandise. Selon M. de Buffon, la mortification la plus efficace contre la luxure est l'*abstinence* et le jeûne. *Hist. Nat.*, tom. III, in-12, c. 4, pag. 105. Dieu, après avoir créé nos premiers parents, leur accorda pour nourriture les plantes et les fruits de la terre; il ne leur parla point de la chair des animaux. *Gen.* I, 29. Mais vu les excès auxquels se livrèrent les hommes antérieurs au déluge, il n'est guère probable qu'ils se soient abstenus d'aucun des aliments qui pouvaient flatter leur goût.

Après le déluge, Dieu permit à Noé et à ses enfants de manger la chair des animaux ; mais il leur défendit d'en manger le sang. *Gen.* ix, 3 *et suiv.* Par les termes dans lesquels cette défense est conçue, il paraît que le motif était d'inspirer aux hommes l'horreur du meurtre. L'habitude d'égorger les animaux et d'en boire le sang porte infailliblement l'homme à la cruauté.

Moïse par ses lois défendit aux Juifs la chair de plusieurs animaux qu'il nomme *impurs;* il exclut nommément tous ceux dont la chair pouvait être malsaine, relativement au climat, et causer des maladies. Quelques philosophes ont rapporté au même motif l'usage des Egyptiens, de s'abstenir de la chair de plusieurs animaux.

L'usage du vin était interdit aux prêtres pendant tout le temps qu'ils étaient occupés au service du temple, et aux nazaréens pour tout le temps de leur purification.

A la naissance du christianisme, les Juifs voulaient que l'on assujettît les païens convertis à toutes les observances de la loi judaïque, à toutes les *abstinences* qu'ils pratiquaient. Les apôtres assemblés à Jérusalem décidèrent qu'il suffisait aux fidèles convertis du paganisme de s'abstenir du sang, des viandes suffoquées, de la fornication et de l'idolâtrie. *Act.* xv. Saint Paul dans ses lettres a donné sur ce point des règles très-sages. Bientôt même cette *abstinence* se trouva sujette à des inconvénients; Tertullien nous apprend que les païens, pour mettre les chrétiens à l'épreuve, leur présentaient à manger du sang et du boudin. *Apol.*, c. 9. Mais les *abstinences* prescrites à Noé, aux Juifs, aux premiers fidèles, démontrent l'abus que les protestants ont fait de la maxime de l'Évangile, que ce n'est point ce qui entre dans la bouche qui souille l'homme. *Matth.* iv, 11.

Les manichéens faisaient déjà cette objection pour prouver que les *abstinences* prescrites par Moïse étaient absurdes, et saint Augustin a réfuté plus d'une fois ce sophisme. *L. contra Adim.*, c. 15, n. 1; l. xvi, *contra Faust.*, c. 6 et 31. Est-il donc permis de manger de la chair humaine, sous prétexte qu'aucune nourriture ne souille l'homme ? La pomme mangée par Adam le souilla sans doute, puisqu'il en fut puni, lui et toute sa postérité. Dès que les apôtres ont eu le droit de défendre aux chrétiens l'usage du sang et des viandes suffoquées, pourquoi les successeurs n'ont-ils pas eu celui d'interdire l'usage de toute viande dans certains jours et dans un certain temps.

Ce qu'il y a de singulier, c'est que les manichéens, qui tournaient en ridicule les *abstinences* prescrites par Moïse, ordonnaient eux-mêmes à leurs élus de s'abstenir du vin et de la chair des animaux. Pour justifier cette discipline, ils disent que ceux d'entre les catholiques qui faisaient la même chose, passaient pour être les plus parfaits. Saint

Augustin leur répond que ceux-ci pratiquent l'*abstinence* pour mortifier les passions, au lieu que les manichéens croyaient que la chair en soi était impure, parce que c'était l'ouvrage du mauvais principe. Beausobre, qui veut à toute force disculper les manichéens, passe sous silence leur contradiction touchant les *abstinences* judaïques, et soutient qu'ils raisonnent plus conséquemment que les catholiques. Il abuse d'une équivoque en appelant *nourriture saine,* celle qui n'est ni infecte ni corrompue, et celle qui ne nuit point d'ailleurs à la santé. Est-ce donc la même chose? Avec de pareils sophismes on peut prouver tout ce que l'on veut. *Hist. des manich.*, l. ix, c. 11.

Lorsque l'Eglise nous a commandé l'*abstinence* et le jeûne, elle n'a envisagé que le motif général de la mortification ; elle ne s'est fondée ni sur les défenses faites aux Juifs, ni sur les rêveries de quelques hérétiques; elle se relâche même de la sévérité de ses lois, toutes les fois qu'il se présente des raisons d'user d'indulgence. Quelques philosophes sont convenus qu'en bonne politique il est très-utile de suspendre le carnage des animaux pendant quelques jours et quelques semaines de l'année.

Quant aux *abstinences* pratiquées par quelques sectes de philosophes, par les pythagoriciens, par les orphiques, etc, elles ne nous regardent point; les motifs pour lesquels l'*abstinence* est observée par les chrétiens n'ont rien de commun avec ceux qui dirigeaient la conduite de ces philosophes.

Quelques protestants ont soutenu que, dans les premiers siècles de l'Eglise, l'*abstinence* de la viande ne faisait pas partie essentielle du jeûne du carême, qu'il était défendu seulement d'user d'une nourriture délicate et recherchée, soit qu'elle fût grasse ou maigre; qu'il n'y avait rien de prescrit sur le genre des aliments, pourvu que l'on y observât la sobriété et la mortification. Le père Thomassin a fait voir le contraire par des preuves solides. *Traité des Jeûnes,* 1re partie, c. 10 et 11 ; iie partie, c. 3, etc. Comme il n'y avait point de loi positive et formelle touchant le jeûne, il n'y en avait point non plus concernant l'*abstinence;* c'est donc à l'usage établi qu'il a fallu s'en tenir dans tous les temps. Or, dès le troisième siècle, Origène nous apprend que plusieurs chrétiens fervents s'abstenaient pour toujours de la viande et du vin, non par les mêmes raisons que les pythagoriciens, mais pour réduire leur corps en servitude et réprimer les passions. Liv. v, *contra Cels.*, n. 49, et *homil.* 19 *in Jerem.*, n. 7. Nous voyons la même chose par le 51e canon des apôtres. A plus forte raison, le commun des chrétiens devait-il le faire les jours de jeûne.

Quand même cet usage n'aurait pas été établi dès l'origine parmi les Orientaux, il aurait encore été nécessaire de l'introduire à mesure que le christianisme a pénétré dans nos climats septentrionaux. Dans ces contrées les viandes ont toujours été les aliments les plus délicats et les plus succulents, pour lesquels tout le monde se sent le plus d'attrait et dont l'apprêt peut être le plus varié; ce sont donc ceux dont la privation a dû paraître la plus dure les jours de jeûne. Si les peuples du Nord avaient été moins carnassiers, ils auraient été moins empressés d'adopter la morale des prétendus réformateurs touchant *l'abstinence* et le jeûne.

Barbeyrac, protestant très-peu modéré, reproche à saint Jérôme d'avoir condamné absolument l'usage de la viande, d'avoir jugé qu'il est aussi mauvais en lui-même que l'usage du divorce. « Jésus-Christ, dit ce Père, a remis la fin des temps sur le même pied que le commencement; de sorte qu'aujourd'hui il ne nous est permis ni de répudier une femme, ni de nous faire circoncire, ni de manger de la chair, selon ce que dit l'Apôtre : *Il est bon de ne point boire de vin et de ne point manger de la chair;* car l'usage du vin a commencé avec celui de la chair, après le déluge. » *Adv. Jovin.*, l. Ier, page 30. Saint Jérôme, selon Barbeyrac, abuse ici du passage de saint Paul; et dans tout ce qu'il dit de *l'abstinence* et du jeûne, il copie Tertullien devenu montaniste. *Traité de la morale des Pères*, c. 15, § 12 *et suiv.* Tout cela est-il vrai?.

En premier lieu, le texte de saint Jérôme n'est pas fidèlement rendu; il porte : *Depuis que Jésus-Christ a remis la fin des temps sur le même pied que le commencement, il ne nous est pas permis de répudier une femme; nous ne recevons plus la circoncision et nous ne mangeons point de chair.* Saint Jérôme ne dit point que ce dernier usage *ne nous est pas permis* : remarque essentielle. Son intention est évidemment de dire : Nous ne mangeons pas *tous* de la chair, *et dans tous les temps.*

En second lieu, ce Père écrivait contre Jovinien qui soutenait, comme les protestants, qu'il n'y a aucun mérite à s'abstenir de la viande, parce que c'est un usage indifférent; puisque Dieu, qui l'avait défendu avant le déluge, le permit ensuite. Or, ce raisonnement est évidemment faux. L'Ecriture approuve les nazaréens, qui faisaient vœu de s'abstenir du vin et de ne point se raser la tête pendant un certain temps. *Num.* vi, 3. Les réchabites sont loués d'avoir observé la défense que leur père leur avait faite de boire du vin et d'habiter dans des maisons. *Jerem.* xxxv. 16. Jésus-Christ a loué saint Jean-Baptiste qui vivait de sauterelles et de miel sauvage. Les apôtres défendirent aux premiers fidèles l'usage du sang et des chairs suffoquées, quoique cet usage fût en lui-même indifférent. Il y a donc du mérite à s'abstenir de choses indifférentes, lorsque le motif de cette *abstinence* est louable.

En troisième lieu, saint Jérôme ne compare point l'usage de la viande à celui du divorce, quant à leur nature et à leurs effets, mais relativement à la défense et à la permission de Dieu, sur lesquelles Jovinien argumentait. Celui-ci disait : Dieu a permis après le déluge la chair qu'il avait défendue auparavant; donc cet usage est indifférent

en lui-même, donc il n'y a aucun mérite à s'en abstenir. Saint Jérôme attaque ces deux conséquences l'une après l'autre, et voici le sens de sa réponse. Votre raisonnement pèche par trois endroits. 1° Dieu a permis par Moïse le divorce qu'il avait défendu auparavant; il ne s'ensuit pas néanmoins que le divorce soit indifférent en lui-même. 2° Quand l'usage de la chair serait indifférent en soi-même, il suffirait que Jésus-Christ, qui a voulu rétablir la perfection primitive, nous eût déconseillé cet usage, comme il a défendu le divorce, pour nous faire abstenir de l'un et de l'autre. 3° Qu'il y ait ou qu'il n'y ait pas une défense positive, saint Paul dit, *Rom.* xiv, 21 : *Il vaut mieux* ne point manger de viande, ne point boire de vin et s'abstenir de tout ce qui peut faire tomber le prochain, le scandaliser ou affaiblir sa foi. Donc il peut y avoir de bonnes raisons de s'abstenir de ce qui est indifférent en soi-même, et alors c'est un mérite; donc votre argument ne vaut rien. Barbeyrac, qui sentait le poids de ces trois réflexions, les a confondues et a tout brouillé pour déraisonner à son aise.

Que l'on dise, si l'on veut, que la réponse de saint Jérôme n'est pas assez développée, soit; il ne s'ensuit pas qu'elle est mauvaise et que sa morale est fausse.

Il n'est pas vrai non plus qu'il ait mal entendu le passage de saint Paul : il a rendu mot à mot les premières paroles; et en lui donnant le même sens que Barbeyrac, le raisonnement de saint Jérôme conserve toute sa force.

En quatrième lieu, qu'importe que ce Père ait copié Tertullien devenu montaniste, pourvu qu'il ne soit pas tombé dans le même excès ? Les raisonnements que ce dernier a faits depuis sa chute ne sont pas tous des hérésies, et un raisonnement mal appliqué n'est pas toujours une erreur. Il y a sur *l'abstinence* deux excès à éviter, et un milieu à suivre. Le premier excès est celui des hérétiques encratites, montanistes, manichéens, etc., qui soutenaient que l'usage de la viande est impur, défendu, mauvais en lui-même; saint Paul les a combattus, *I Tim.* iv, 3. Le second est celui de Jovinien et des protestants qui prétendent que *l'abstinence* de la viande est sans aucun mérite, superstitieuse, judaïque, absurde, etc. Le milieu est suivi par l'Eglise catholique qui décide que cette *abstinence* peut être louable, méritoire, commandée même pour de bons motifs et en certains cas. Tel est l'esprit du 43e ou 51e canon des apôtres : *Si un clerc s'abstient du mariage, de la viande et du vin, non par mortification, mais par horreur et en blasphémant contre la création, qu'il se corrige ou qu'il soit déposé.*

Il est donc absurde d'alléguer aujourd'hui, contre *l'abstinence* pratiquée *par mortification*, ce que les apôtres et les anciens Pères ont dit contre celle des hérétiques.

Si on nous demande pourquoi il est louable de se mortifier par *l'abstinence*, nous répondrons avec saint Paul, *Galat.* v, 24 :

Ceux qui sont à Jésus-Christ ont crucifié leur chair avec ses vices et ses convoitises. I Corinth. ix, 27 : *Je châtie mon corps, et je le réduis en servitude, de peur d'être réprouvé après avoir prêché aux autres.*

Comme on a eu de nos jours l'ambition de réformer toutes les lois, on a proposé fort sérieusement de retrancher un bon nombre des jours d'*abstinence* et de jeûne, parce que la loi qui les ordonne n'est plus respectée et devient une occasion continuelle de transgression ; l'on a cité à ce sujet le passage de saint Paul, *Rom.* vii, 10 : *Le commandement qui devait me donner la vie a servi à me donner la mort.*

Si cette raison était solide, il ne faudrait pas seulement conclure à retrancher quelques jours d'*abstinence*, mais à supprimer toute loi d'*abstinence* quelconque. On n'a pas vu que saint Paul parlait du précepte de la loi naturelle : *Tu ne convoiteras point*, etc. Faut-il aussi abolir la loi naturelle, parce qu'elle est souvent violée? Lorsque les mœurs publiques sont licencieuses, on ne respecte plus aucune loi ; ce n'est point alors le cas d'abolir les lois, mais de les renforcer si on le peut. *Voy.* Carême, Jeune. [*Voy.* aussi ces mots dans le Dict. de Théol. mor.]

ABSTINENTS, secte d'hérétiques qui parurent dans les Gaules et en Espagne sur la fin du troisième siècle. On croit qu'ils avaient emprunté une partie de leurs opinions des gnostiques et des manichéens, parce qu'ils décriaient le mariage, condamnaient l'usage des viandes et mettaient le Saint-Esprit au rang des créatures. Baronius semble les confondre avec les hiéracites ; mais ce qu'il en dit, d'après saint Philastre, convient mieux aux encratites dont le nom se rend exactement par ceux d'*abstinents* et de *continents. Voy.* Encratites et Hiéracites.

ABUS en *fait de Religion.* Vu la manière dont l'homme est constitué, il abuse souvent de la religion, comme il abuse des lois, des coutumes, du langage, de l'amitié, des signes d'affection, des talents, des arts, etc. Il n'abuserait de rien, s'il était sans passions et si la droite raison était toujours la règle de sa conduite; mais cette perfection est au-dessus de ses forces.

Les pratiques du culte primitif étaient simples et pures; l'homme, devenu polythéiste, s'en servit pour honorer les divinités imaginaires qu'il s'était forgées : ce fut un *abus* et une profanation. Ces pratiques étaient destinées à exciter en lui des sentiments intérieurs de respect, de soumission, de reconnaissance, de pénitence, de confiance à l'égard de Dieu ; il se persuada que les signes seuls suffisaient, pouvaient tenir lieu de piété, plaire à Dieu et mériter ses grâces, sans être accompagnés des sentiments du cœur. Dieu n'avait pas défendu d'employer à son culte les signes de la joie, le chant, la danse, les repas de fraternité ; l'homme voluptueux en abusa, pour satisfaire sa sensualité. Les signes du repentir sont utiles pour nous humilier et nous corriger ; des esprits ardents peuvent les pousser à l'excès et les rendre nuisibles. La religion est destinée à réprimer l'orgueil, l'intérêt, l'ambition, la jalousie, la haine ; souvent des hommes, dominés par ces passions impérieuses, se sont persuadés qu'ils agissaient par motif de religion, etc. Voilà d'énormes *abus.*

Si nous remontons à la source première de tous les *abus*, nous la trouverons toujours dans les passions humaines ; sans elle l'ignorance stupide n'aurait pas pu agir : mais les passions inquiètes suggérèrent de faux raisonnements et une fausse science, bien plus redoutables que l'ignorance. Ainsi l'avidité pour les biens de ce monde et la crainte de les perdre, firent inventer la multitude des dieux ou génies chargés de les distribuer, et le culte insensé qu'on leur rendit ; la vanité des imposteurs leur suggéra des fables et des pratiques prétendues merveilleuses pour tromper les hommes : l'amour impudique, la haine, la jalousie, la vengeance, invoquèrent les puissances infernales ; la curiosité effrénée voulut pénétrer dans l'avenir et forger l'art de la divination; la mollesse trouva son compte dans le culte purement extérieur, etc. Quel remède y apporta la philosophie ? Aucun. Loin d'attaquer de front tous ces *abus*, elle les confirma par son suffrage ; elle les étaya par des sophismes et les rendit ainsi plus incurables.

La lumière du christianisme en fit disparaître le plus grand nombre ; mais elle n'étouffa pas toutes les passions prêtes à les reproduire. Plusieurs sectes d'hérétiques s'obstinèrent à en conserver une partie, et les éclectiques du quatrième siècle firent tous leurs efforts pour remettre en crédit toutes les superstitions du paganisme. Au cinquième, les barbares du Nord nous apportèrent celles qui étaient nées dans leurs forêts, et ils en consacrèrent plusieurs par leurs lois. L'Eglise ne cessa de faire des décrets et de prononcer des anathèmes pour les extirper ; mais que peuvent les leçons, les lois, les menaces, les censures contre des Barbares ? Aujourd'hui de faux raisonneurs accusent l'Eglise même d'avoir fomenté les superstitions, en y attachant trop d'importance : C'est par la physique, disent-ils, et par l'histoire naturelle qu'il faut instruire les peuples ; et cette grande révolution était réservée à notre siècle qui est celui de la philosophie.

Nous voudrions savoir d'abord quels progrès la physique a fait dans les vallées des Pyrénées, des Cévennes, des Alpes, des Vosges et du Mont-Jura ; dans les campagnes du Berri, de la Bretagne, de la Champagne et de la Picardie. Ce ne sont pas des livres d'histoire naturelle que nos philosophes s'attachent à répandre parmi le peuple, mais des livres d'athéisme et d'incrédulité. Or, nous savons par une longue expérience que l'incrédulité ne guérit ni les passions, ni la superstition qui en est l'effet, et que l'on peut très-bien croire à la magie sans croire en Dieu. Si le peuple, affranchi du joug de la religion, pouvait donner un libre cours à ses vices, serait-ce la philosophie qui le retiendrait ?

Nous avouons sans difficulté qu'aujourd'hui comme autrefois toute passion quelconque peut abuser de la religion : ainsi, l'on en abuse par orgueil, lorsqu'on se glorifie des grâces de Dieu, que l'on montre de la haine ou du mépris pour ceux à qui Dieu n'a pas fait les mêmes faveurs ; c'était le défaut des Juifs : on en abuse par ambition, lorsque sous prétexte de zèle, on se croit fait pour remplir toutes les places, pour obtenir toutes les dignités de l'Eglise ; par avarice, lorsque, l'on trafique des choses saintes, que l'on emploie des impostures et des fraudes pieuses pour extorquer les aumônes des fidèles ; par envie ou par jalousie, lorsque l'on ne rend pas justice aux talents, aux vertus, aux travaux, aux succès d'un ouvrier évangélique ; par violence de caractère, quand on voudrait faire tomber le feu du ciel sur les Samaritains, ou exterminer tous les mécréants ; par paresse, lorsque, par une fausse humilité, l'on refuse de travailler au salut des âmes, etc.

Mais ne sont-ce pas ces mêmes passions qui font naître l'incrédulité ? On l'embrasse par orgueil, parce qu'elle donne un relief d'esprit fort aux yeux des ignorants, et que l'on se pique de mieux penser que les autres hommes ; par ambition et par cupidité, lorsqu'on l'envisage comme un moyen de plaire aux grands, de se donner du crédit, de parvenir aux honneurs littéraires et aux récompenses des talents : par lubricité, parce que c'est un moyen de séduire les femmes et de les débarrasser du joug de la religion ; par jalousie contre le clergé, parce que l'on est fâché du crédit et de la considération dont il jouit ; par emportement d'humeur, lorsque l'on déclame et que l'on invective contre lui, sans garder aucune bienséance ; par mollesse, parce que les pratiques de religion sont incommodes, etc. De quoi servent donc aux incrédules leurs dissertations continuelles touchant les *abus en fait de Religion* ? Il y aura des vices tant qu'il y aura des hommes, *vitia erunt donec homines* ; ce n'est pas l'incrédulité qui guérira les imperfections de l'humanité.

Que faire pour prévenir tous les *abus* ? Les lois, les défenses, les menaces, les peines, sont souvent inutiles ; l'homme passionné les esquive ou les brave. L'Eglise, qui ne peut infliger que des peines spirituelles, qui craint d'aigrir le mal par des remèdes violents, gémit, exhorte, instruit, se borne à des réprimandes et à des menaces ; elle tolère des *abus* qu'elle ne peut ni empêcher ni réformer. L'expérience des maux causés par les réformes imprudentes, la résistance qu'elle a souvent éprouvée de la part de ceux qui étaient intéressés à perpétuer les *abus*, la jalousie et les alarmes que produit presque toujours l'usage de son autorité, la retiennent et l'empêchent de sévir. Ceux qui la blâment seraient peut-être les premiers à maintenir les *abus* qu'elle vou-

drait corriger, et ils abusent eux-mêmes de la simplicité des hommes, souvent dupes de ce zèle hypocrite.

ABYSSINS. *Voy.* ETHIOPIENS.

ACACIENS. *Acace*, surnommé *le Borgne*, fut disciple et successeur d'Eusèbe dans le siége de Césarée, et eut comme lui une grande part aux troubles de l'arianisme. Il avait de l'érudition et de l'éloquence, mais beaucoup d'ambition ; et ce vice lui fit faire un très-mauvais usage de ses talents. C'était un de ces hommes inquiets, intrigants et ardents, qui se mêlent de toutes les affaires, veulent avoir du crédit à quelque prix que ce soit, et qui n'ont de religion qu'autant qu'elle peut servir à leur intérêt. *Acace* fut arien déterminé sous l'empereur Constance ; il redevint catholique sous Jovien, et rentra dans le parti des ariens sous Valens. On ne peut pas savoir quelle était la croyance de ceux qui se laissaient conduire par lui et qui furent nommés *Acaciens*. Il fit déposer saint Cyrille de Jérusalem, qu'il avait ordonné lui-même ; il eut part au bannissement du pape Libère et à l'intrusion de l'antipape Félix ; il fut déposé à son tour par le concile de Séleucie en 359, et par celui de Lampsaque en 365 ; et il mourut probablement sans savoir ce qu'il croyait ou ne croyait pas. *Voy.* Tillemont, *Mém.*, t. VI, p. 304 et suiv.

Il y a eu plusieurs autres évêques du même nom, qu'il ne faut pas confondre avec lui. *Acace* de Bérée, en Palestine, fut ami de saint Epiphane et se fit longtemps respecter par ses vertus ; mais il déshonora sa vieillesse en se mettant à la tête des persécuteurs de saint Jean Chrysostome. *Acace*, évêque d'Amide, se rendit célèbre par sa charité envers les pauvres. *Acace* de Constantinople fut un des partisans d'Eutychès, etc.

ACCEPTION DE PERSONNES. L'Ecriture nomme ainsi la faute d'un juge qui favorise un parti au préjudice de l'autre, qui a plus d'égard pour un homme puissant que pour un pauvre : Dieu le défend, *Deuteron.* i, 17, et ailleurs : c'est un crime contraire à la loi naturelle : Job en témoigne de l'horreur, c. 24 et 31. Il est dit dans l'ancien et le nouveau Testament que Dieu ne fait point *acception de personnes* ; que quand il est question de justice, de bonnes œuvres, de récompenses, il traite de même les Juifs et les païens. Il ne s'ensuit pas de là que Dieu ne puisse, sans blesser sa justice, accorder plus de bienfaits naturels ou surnaturels à une personne, à une famille, à une nation qu'à une autre. Quand il s'agit de grâces ou de dons purement gratuits, ce n'est plus une affaire de justice ; ce que Dieu donne à un homme ne porte aucun préjudice à un autre. Il peut donc accorder à l'un la grâce de la foi, le baptême, tel ou tel moyen de salut, et ne pas l'accorder à l'autre. Il peut punir un pécheur en ce monde, différer le châtiment d'un autre jusqu'après la mort : dès qu'il ne rend au coupable que ce qu'il a mérité, la justice est observée ; personne n'a droit de se plaindre ; Dieu ne demande compte à personne que de ce qu'il lui a donné. *Voy.* Justice de Dieu, Partialité.

ACCIDENTS EUCHARISTIQUES. Selon la croyance catholique, après les paroles de la consécration, la substance du pain et du vin est détruite ; elle est changée au corps et au sang de Jésus-Christ ; mais les qualités sensibles du pain et du vin, la grandeur, la couleur, le goût, etc., demeurent : ces qualités sensibles sont nommées par les théologiens, *accidents, espèces, apparences.* Comme la substance des corps abstraite ou séparée par notre esprit d'avec les qualités sensibles n'est point une idée claire, les *accidents* séparés de la substance ne nous présentent pas non plus une idée fort nette ; il est donc inutile d'argumenter contre ce dogme de foi sur des notions philosophiques. Si le mystère de l'Eucharistie pouvait être clairement conçu, ce ne serait plus un mystère (1).

ACCOMPLISSEMENT DES PROPHÉTIES. *Voy.* Prophéties.

ACCORD DE LA RAISON ET DE LA FOI. *Voy.* Foi, Raison.

ACÉPHALES, *sans chef.* L'histoire ecclésiastique fait mention de plusieurs sectes nommées *acéphales*. De ce nombre sont 1° ceux qui ne voulurent adhérer ni à Jean, patriarche d'Antioche, ni à saint Cyrille d'Alexandrie, au sujet de la condamnation de Nestorius au concile d'Éphèse. 2° Certains hérétiques du cinquième siècle, qui suivirent d'abord les erreurs de Pierre Mongus, évêque d'Alexandrie, et l'abandonnèrent ensuite, parce qu'il avait feint de souscrire à la décision du concile de Chalcédoine ; c'étaient des sectateurs d'Eutychès. *Voy.* Eutychiens 3° Les partisans de Sévère, évêque d'Antioche, et tous ceux qui refusaient d'admettre le concile de Chalcédoine, c'étaient encore des eutychiens.

On a aussi nommé *acéphales* les prêtres qui se soustraient à la juridiction de leur évêque, les évêques qui refusent de se soumettre à celle de leur métropolitain, les chapitres et les monastères qui se prétendent indépendants de la juridiction des ordinaires. Ce point de discipline regarde les canonistes (2).

* ACHAMOTH (Sophie). Les Valentiniens ophites avaient, dans leurs rêveries sur les *Éons,* imaginé une *Sophia Achamoth,* qui avait pris tant d'empire sur le Christ, qu'elle conduisit toute la grande affaire de la Rédemption. Mais ce ne fut que dans le ciel que se consomma l'union complète du Christ avec *Sophia.* Il fit un céleste mariage, et s'unit à elle pour toute l'éternité. Ce sont là des rêveries dont la seule exposition est une réfutation suffisante. *Voy* le Dictionnaire des Hérésies, art. Valentin (édit. Migne).

ACHIAS. *Voy.* Anias.
ACHIMELECH. *Voy.* Abiathar.
ACOEMÈTES, *qui ne dorment point.* Nom de certains religieux fort célèbres dans les premiers siècles de l'Église, et surtout dans l'Orient, appelés ainsi, non qu'ils eussent les yeux toujours ouverts sans dormir un seul

---

(1) « La difficulté, disent les Conférences d'Angers, est de savoir ce que c'est que les apparences du pain et du vin, que le concile de Trente, dans le même canon, reconnaît demeurer après la transsubstantiation, *manentibus duntaxat speciebus panis et vini.* » Les théologiens de l'école de saint Thomas et de celle de Scot disent que « ce sont les accidents du pain et du vin qui subsistent miraculeusement séparés de leur substance. » Ce sentiment était généralement reçu dans toutes les universités catholiques, avant qu'on eût ouï parler de la philosophie de Descartes ; mais les cartésiens se sont imaginé « qu'il n'est pas possible que des accidents réels puissent subsister sans leur substance ; qu'ainsi, si les accidents du pain et du vin demeurent après la consécration, il faut dire que la substance du pain et du vin demeure aussi dans l'eucharistie. » (M. Cousin a renouvelé de nos jours cette doctrine) qui est directement contre le dogme de la transsubstantiation établi par le concile de Trente. Les cartésiens catholiques disent que « les espèces eucharistiques sont seulement des apparences du pain et du vin ; » et quand on les presse d'expliquer qu'est-ce que sont ces apparences, les uns disent que « ce sont des impressions faites sur nos sens par le pain et le vin, lesquelles demeurent après la consécration : » d'autres disent que ce sont les actions de nos sens, savoir, *visionem, tactionem, gustationem,* que Dieu conserve en nous ou produit de nouveau en l'absence de la substance du pain et du vin : » d'autres disent

que ce sont de pures apparences des choses absentes, *c'est-à-dire* des spectres, des fantômes. »

« L'on ne peut s'abstenir de dire qu'il est très-difficile d'accorder, avec la croyance de l'Église romaine, le sentiment des cartésiens : de quelque manière qu'ils l'expliquent, il nous paraît contraire à la doctrine du concile de Trente, qui, dans la session 13, chapitre 5, dit que « l'eucharistie est un signe d'une chose sacrée et une forme visible de la grâce invisible, que Jésus-Christ est tout entier sous chaque partie d'une espèce : » dans le canon 4, « que le corps de Jésus-Christ est d'une manière permanente dans des hosties consacrées qu'on réserve après la communion : » dans le chapitre 6, que « la coutume de conserver l'eucharistie dans le tabernacle était établie dès le siècle du premier concile de Nicée, que depuis très-longtemps on a porté l'eucharistie aux malades. » Je demande aux cartésiens si tout cela se peut dire raisonnablement des impressions faites sur nos sens, des actions de nos sens, ou de pures apparences. Ils voient bien que non. Et il faut de nécessité qu'ils conviennent que ce que le concile dit ne peut s'appliquer qu'à quelque chose de réel, qui était dans le pain et le vin qui est resté après la consécration : or il ne demeure rien de la substance du pain et du vin ; elle est toute changée au corps et au sang de Jésus-Christ : c'est pourquoi nous disons que les espèces du pain et du vin qui restent après la consécration, sous lesquelles le corps et le sang de Jésus-Christ sont renfermés, et qui font partie du sacrement de l'eucharistie, sont de véritables et réels accidents du pain et du vin, qui conservent cette même existence après la transsubstantiation du pain et du vin au corps et au sang de Jésus-Christ, comme saint Thomas l'enseigne (*Part.* iii, q. 77), qui retiennent leur qualité d'accidents, et qui sont les mêmes qu'ils étaient auparavant, mais qui ne sont plus inhérents à la substance du pain et du vin qui étaient leur sujet ; lesquels Dieu conserve hors de leur sujet, de sorte qu'ils subsistent miraculeusement par eux-mêmes. On appelle ces accidents *les espèces du pain et du vin,* parce qu'ils nous mettent devant les yeux la ressemblance du pain et du vin, ce qui est le même que de dire « qu'ils nous représentent le pain et le vin après la consécration, quoique le pain et le vin ne soient moment, comme quelques auteurs l'ont écrit, mais parce qu'ils observaient dans leurs églises une psalmodie perpétuelle, sans l'in-

plus sous ces espèces, mais le corps et le sang de Jésus-Christ. »

« Si les cartésiens ne veulent pas que les accidents du pain et du vin subsistent miraculeusement hors de leur sujet substantiel, ne faut-il pas qu'ils aient eux-mêmes recours au miracle, pour que les impressions faites sur nos sens par le pain et le vin, ou les actions de nos sens soient permanentes?

« Si on nous opposait que les anciens Pères, quand ils ont parlé de l'eucharistie, n'ont point fait mention d'accidents qui soient sans sujet, et qui subsistent par eux-mêmes, nous demeurerions d'accord que les premiers Pères se sont contentés de dire « que le sacrement de l'eucharistie était composé de deux choses, » dont l'une est *céleste* et l'autre *terrestre*, l'une *visible* et l'autre *invisible*. Mais, quand la foi de ce mystère a été attaquée par les hérétiques, et qu'il a fallu en expliquer la vérité, pour mettre les fidèles en état de ne pas se laisser surprendre par les subtilités artificieuses des hérétiques, on a dit que « la substance du pain et du vin était changée par la consécration, mais que les accidents étaient conservés et restaient après la consécration, de crainte que nous n'eussions horreur de manger la chair de Jésus-Christ et de boire son sang. » Guitmond, archevêque d'Averse, qui écrivait contre Bérenger, dans le onzième siècle, parlait ainsi dans son iii° livre : *Cur non sufficit Ecclesiæ ratio.... generaliter respondentis, rerum quidem substantias mutari, sed propter horrorem, priorem saporem, coloremque et cætera quædam accidentia ad sensum dumtaxat pertinentia, retineri?* On peut même dire que c'est là le langage de l'Eglise, puisque, dans l'office du jour de la Fête-Dieu, on lit à matines une leçon tirée de l'opuscule 5¹ de saint Thomas, où il dit : *Accidentia enim sine subjecto in eodem (sacramento) existunt ut fides locum habeat, dum invisibile visibiliter sumitur sub aliena specie.* Le concile de Cologne de l'an 1536 a aussi canonisé cette manière de parler, en disant, dans le chapitre 15 du titre de l'administration des sacrements, que « les espèces du pain et du vin ne sont autre chose, après la consécration, que des apparences sacramentelles et des accidents sans sujet (a). » Celui donc qui nierait qu'il y eût dans l'eucharistie des accidents qui subsistassent sans sujet, ne serait pas exempt de blâme.

« En effet, un bénédictin de la congrégation de Saint-Maur, ayant avancé en des thèses soutenues dans l'abbaye de Saint-Étienne de Caen, au diocèse de Bayeux, une proposition qui laissait incertain s'il y a des accidents sans sujet dans l'eucharistie, M. l'évêque de Bayeux la condamna par un mandement du 5 mai 1707, comme téméraire et comme ayant été condamnée par plusieurs universités (b), et favorisant la seconde proposition de Wiclef, condamnée par le concile de Constance, dans la huitième session, tenu le 4 mai 1415. *Accidentia panis non manent sine subjecto in eodem sacramento.* Les accidents du pain ne demeurent point sans sujet dans le sacrement de l'eucharistie. Bien plus, le concile de Bourges, de l'an 1584, titre 22 de l'eucharistie, canon 3, veut « qu'on excommunie et qu'on regarde comme hérétiques ceux qui nient que les accidents du pain et du vin demeurent dans le sacrement de l'eucharistie, sans la substance du pain et du vin (c) » *Voy.* EUCHARISTIE.

(a) *Quid enim panis et vini species aliud sunt post consecrationem, quam species sacramentales et accidentia sine subjecto.*

(b) L'université d'Angers est de ce nombre.

(c) *Negantes accidentia panis et vini in sacramento eucharistiæ.*

terrompre ni jour ni nuit. Ce mot est grec, composé d'α privatif et de κοιμάω, dormir. Les *acœmètes* étaient partagés en trois bandes, dont chacune psalmodiait à son tour et relevait les autres; de sorte que cet exercice durait sans interruption pendant toutes les heures du jour et de la nuit. Suivant ce partage chaque *acœmète* consacrait religieusement tous les jours huit heures entières au chant des psaumes, à quoi ils joignaient la vie la plus exemplaire et la plus édifiante : aussi ont-ils illustré l'Eglise orientale par un grand nombre de saints, d'évêques et de patriarches.

Nicéphore donne pour fondateur aux *acœmètes* un nommé Marcellus, que quelques écrivains modernes appellent Marcellus d'Apamée; mais Bollandus nous apprend que ce fut Alexandre, moine de Syrie, antérieur de plusieurs années à Marcellus. Suivant Bollandus, celui-là mourut vers l'an 330. Il fut remplacé dans le gouvernement des *acœmètes* par Jean Calybe, et celui-ci par Marcellus.

On lit dans saint Grégoire de Tours et plusieurs autres écrivains, que Sigismond, roi de Bourgogne, inconsolable d'avoir, à l'instigation d'une méchante princesse qu'il avait épousée en secondes noces, et qui était fille de Théodoric, roi d'Italie, fait périr Géséric son fils, prince qu'il avait eu de sa première femme, se retira dans le monastère de Saint-Maurice, connu autrefois sous le nom d'Agaune, et y établit les *acœmètes*, pour laisser dans l'Eglise un monument durable de sa douleur et de sa pénitence.

Il n'en fallut pas davantage pour que le nom d'*acœmète* et la psalmodie perpétuelle fussent mis en usage dans l'Occident, et surtout en France. Plusieurs monastères, entre autres celui de Saint-Denis, suivirent l'exemple de Saint-Maurice. Quelques monastères de filles se conformèrent à la même règle. Il paraît par l'abrégé des actes de sainte Saleberge, recueillis dans un manuscrit de Compiègne cité par le Père Ménard, que cette sainte, après avoir fait bâtir un vaste monastère et y avoir rassemblé trois cents religieuses, les partagea en plusieurs chœurs différents, de manière qu'elles pussent faire retentir nuit et jour leur église du chant des psaumes

On pourrait encore donner aujourd'hui le nom d'*acœmètes* à quelques maisons religieuses, où l'adoration perpétuelle du saint sacrement fait partie de la règle; en sorte qu'il y a jour et nuit quelques personnes de la communauté occupées de ce pieux exercice. *Voy.* PSALMODIE.

On a quelquefois appelé les stylites, *acœmètes*, et les *acœmètes*, studites. *Voy.* STYLITE et STUDITE.

ACOLYTE, c'est-à-dire, *suivant, celui qui accompagne*. Dans les auteurs ecclésiastiques, ce nom est spécialement donné aux jeunes clercs qui aspiraient au saint ministère, et tenaient dans le clergé le premier rang après les sous-diacres. L'Eglise grecque n'avait point d'*acolytes*, au moins les plus anciens monuments n'en font aucune mention ; mais l'Eglise latine en a eu dès le troisième siècle ; saint Cyprien et le pape Corneille en parlent dans leurs épîtres, et le quatrième concile de Carthage prescrit la manière de les ordonner.

Les *acolytes* étaient de jeunes hommes entre 20 et 30 ans, destinés à suivre toujours l'évêque et à être sous sa main. Leurs principales fonctions, dans les premiers siècles de l'Eglise, étaient de porter aux évêques les lettres que les Eglises étaient en usage de s'écrire mutuellement, lorsqu'elles avaient quelque affaire importante à consulter ; ce qui dans les temps de persécution, où les Gentils épiaient toutes les occasions de profaner nos mystères, exigeait un secret inviolable et une fidélité à toute épreuve. Ces qualités leur firent donner le nom *d'acolytes*, aussi bien que leur assiduité auprès de l'évêque, qu'ils étaient obligés d'accompagner et de servir. Ils faisaient ses messages, portaient les eulogies, c'est-à-dire les pains bénits que l'on envoyait en signe de communion : ils portaient même l'eucharistie dans les premiers temps ; ils servaient à l'au et sous les diacres ; et avant qu'il y eût des sous-diacres, ils en tenaient la place. Le martyrologe marque qu'ils tenaient autrefois à la messe la patène enveloppée, ce qu' font à présent les sous-diacres ; et il est dit dans d'autres endroits qu'ils tenaient aussi le chalumeau qui servait à la communion du calice. Enfin, ils servaient encore les évêques et les officiants en leur présentant les ornements sacerdotaux. Leurs fonctions ont changé ; le pontifical ne leur en assigne point d'autre que de porter les chandeliers, allumer les cierges, et préparer le vin et l'eau pour le sacrifice : ils servent aussi l'encens, et c'est l'ordre que les jeunes clercs exercent le plus souvent. Tomass. *Discipl. de l'Eglise.* Fleury, *Instit. au Droit ecclés.*, tom. I, part. I, chap. 6 ; Grandcolas, *Ancien Sacram.*, 1re part., p. 124.

Dans l'Eglise romaine, il y avait trois sortes d'*acolytes* : ceux qui servaient le pape dans son palais et qu'on nommait palatins ; les stationnaires qui servaient dans les églises, et les régionnaires, qui aidaient les diacres dans les fonctions qu'ils exerçaient dans les divers quartiers de la ville. *Voy.* ORDRES (1).

ACTE, ACTION. Les théologiens emploient ces deux termes à l'égard de Dieu et à l'égard de l'homme, mais dans un sens différent. Ils disent que Dieu est un *acte pur*, c'est-à-dire que l'on ne peut pas supposer en Dieu une puissance d'agir qui ait réellement existé avant l'*action* ; il est éternel et parfait ; il ne peut lui survenir, comme à l'homme, une nouvelle modification, un nouvel attribut, ou une nouvelle *action*, qui change son état, qui le rende autre qu'il n'était.

Cependant, comme nous ne pouvons concevoir ni exprimer les attributs et les *actions*

de Dieu que par analogie aux nôtres, nous sommes forcés de distinguer en Dieu comme en nous, 1° deux facultés ou deux puissances actives, savoir l'entendement et la volonté, et les *actes* qui sont propres à l'un et à l'autre.

2° Des *actes* intérieurs ou *ad intra*, et des *actes* extérieurs ou *ad extra*, comme s'expriment les scolastiques. Dieu se connaît et s'aime : ce sont là des *actes* purement intérieurs qui ne produisent rien au dehors. Dieu a voulu créer le monde : cet *acte* de volonté n'était qu'intérieur, avant que le monde existât ; depuis que les créatures existent cet *acte* est censé extérieur ; il a produit un effet réellement distingué de Dieu ; l'*acte* ou le décret est éternel, mais son effet n'a commencé qu'avec le temps. De même, dans l'homme, une pensée, un désir, sont des *actes* intérieurs ; une parole, un mouvement, une prière, une aumône, sont des actes extérieurs et sensibles : les premiers sont nommés par les scolastiques, *actus immanens* ou *elicitus* ; les seconds, *actus transiens* ou *imperatus*.

3° L'on distingue les *actes* nécessaires d'avec les *actes* libres : Dieu se connaît et s'aime nécessairement, mais il a voulu librement créer le monde, il aurait pu ne pas vouloir et ne pas créer. Le sentiment intérieur nous convainc que nous sommes capables nous-mêmes de ces deux espèces d'*actes*, et qu'il y a une différence essentielle entre les uns et les autres. *Voy.* LIBERTÉ.

4° La nécessité d'exposer le mystère de la sainte Trinité a obligé les théologiens d'appeler en Dieu *actes essentiels* les opérations communes aux trois Personnes divines, telles que la création, et *actes notionaux* ou *notions*, les *actions* qui servent à caractériser ces Personnes et à les distinguer ; ainsi, la *génération active* est l'*acte notional* du Père, la *spiration active* est propre au Père et au Fils, la *procession*, au seul Saint Esprit, etc. *Voy.* ces mots.

On demandera sans doute à quoi servent toutes ces distinctions subtiles : à donner au langage théologique la précision nécessaire pour éviter les erreurs et pour prévenir les équivoques frauduleuses des hérétiques.

3° Nous distinguons en nous les *actes spontanés*, c'est-à-dire, indélibérés et non réfléchis (1), comme l'*action* d'étendre le bras pour nous empêcher de tomber ; les *actes volontaires* et non libres, comme le désir de manger, lorsque nous sommes pressés par la faim, l'amour du bien en général, etc. ; les

---

(1) Voici la matière et la forme de l'acolytat. L'évêque dit, en faisant toucher le cierge et le chandelier : *Accipe ceroferarium cum cereo, et scias te ad*

accendenda ecclesiæ luminaria mancipari in nomine Domini. Il lui fait ensuite toucher les burettes vides, en disant : *Accipe urceolum ad suggerendum vinum et aquam in eucharistiam sanguinis Christi, in nomine Domini.* Cette matière et cette forme étaient déjà employées dès le quatrième siècle, comme nous l'apprend le concile de Carthage de l'an 398. Cette antiquité les rend infiniment respectables.

(1) Le sens du mot *spontanés* n'est pas celui que lui donne Bergier : il signifie actes libres et volontaires. L'auteur le confond avec ce que les scolastiques nomment *actes de l'homme.*

actes libres que nous faisons avec réflexion et de propos délibéré : ces derniers sont les seuls imputables, les seuls moralement bons ou mauvais, dignes de récompense ou de châtiment. Ils sont nommés par les moralistes *actes humains*, parce qu'ils sont propres à l'homme seul ; les *actes spontanés* sont appelés *actes de l'homme*, parce que c'est lui qui les produit, quoique les animaux en paraissent capables. Quant aux *actes* pu ement *volontaires*, nous les appelons *mouvements*, *sentiments*, plutôt qu'*actions*.

6° Les *actes humains* ou libres sont principalement considérés par les théologiens relativement à la loi de Dieu, qui les commande ou le défend, qui les approuve ou les condamne ; et c'est sous cet aspect qu'ils sont censés bons ou mauvais, péchés ou bonnes œuvres.

Mais on demande s'il peut y avoir des *actions indifférentes*, qui ne soient moralement ni bonnes ni mauvaises. Il nous paraît difficile d'en admettre de telles à l'égard d'un chrétien, parce qu'il n'est jamais indifférent au salut de perdre le mérite d'une *action* quelconque : or, il n'en est aucune qui ne puisse être méritoire par le motif et par le secours de la grâce. En second lieu, la loi de Dieu ne nous laisse la liberté de perdre le fruit d'aucune *action*, puisqu'elle nous commande de tout faire pour la gloire de Dieu, *I Cor.* x, 31. En troisième lieu, la grâce est, pour ainsi dire, prodiguée au chrétien, et donnée avec tant d'abondance, qu'il n'est jamais innocent lorsqu'il n'agit pas par son secours. Il ne peut donc y avoir pour lui d'*actions indifférentes*, sinon par le défaut d'attention et de réflexion.

7° Parmi les *actions* bonnes et louables, les unes sont naturelles, les autres surnaturelles. Un païen qui fait l'aumône à un pauvre, par compassion, fait une bonne œuvre naturellement ; il n'est pas besoin de la révélation, ni d'une lumière surnaturelle de la grâce, pour sentir qu'il est bon et louable de secourir nos semblables quand ils souffrent ; la nature seule nous inspire de la pitié pour eux. Un chrétien, qui fait l'aumône parce que le pauvre tient à son égard la place de Jésus-Christ, parce que Dieu a promis à cette bonne œuvre la rémission des péchés et une récompense éternelle, agit surnaturellement ; la raison seule n'a pas pu lui suggérer ces motifs, et il ne peut agir ainsi que par le secours d'une grâce intérieure et prévenante. Ces sortes de bonnes œuvres sont les seules méritoires et les seules utiles au salut éternel. Quant à celles que font naturellement les païens, nous prouverons, au mot INFIDÈLE, que ce ne sont pas des péchés et que Dieu les a souvent récompensées. [*Voy.* ŒUVRES (*Bonnes*).]

Mais un chrétien pèche-t-il lorsqu'il fait une bonne œuvre par un motif purement naturel ? Nous ne le pensons pas et nous ne voyons pas par quelle raison l'on pourrait le prouver ; il nous paraît même à peu près impossible qu'un chrétien fasse une bonne œuvre, sans que les motifs qui lui sont sug-

gérés par la foi y entrent pour quelque chose.

8° Entre les *actions* surnaturelles on distingue les *actes* des différentes vertus. Un *acte de foi* est une protestation que nous faisons à Dieu de croire à sa parole ; par un *acte d'espérance*, nous lui témoignons la confiance que nous avons à ses promesses ; un *acte de charité* est un témoignage de notre amour pour lui.

Nous sommes obligés sans doute de produire de temps en temps ces sortes d'*actes* ; mais, pour prévenir les scrupules et les inquiétudes des âmes simples, il est bon de les avertir que la récitation du symbole est un *acte de foi* ; que quand elles disent, *Je crois la vie éternelle*, c'est un témoignage d'espérance ; qu'en disant à Dieu, dans l'oraison dominicale, *Que votre nom soit sanctifié, que votre volonté soit faite*, etc., elles font un *acte* d'amour de Dieu. La prière, en général, est un *acte* de religion, de confiance en Dieu, de soumission à sa providence, etc.

ACTES DES APÔTRES. Livre sacré du Nouveau Testament, qui contient l'histoire de l'Eglise naissante pendant l'espace de vingt-neuf ou trente ans, depuis l'ascension de Notre-Seigneur Jésus-Christ jusqu'à l'année 63 de l'ère chrétienne. Saint Luc est l'auteur de cet ouvrage, au commencement duquel il se désigne, et il l'adresse à Théophile, auquel il avait déjà adressé son Evangile. Il y rapporte les *actions des apôtres*, et presque toujours comme témoin oculaire : de là vient que, dans le texte grec, ce livre est intitulé *Actes*. On y voit l'accomplissement de plusieurs promesses de Jésus-Christ, son ascension, la descente du Saint-Esprit, les premières prédications des *apôtres* et les prodiges par lesquels elles furent confirmées ; un tableau admirable des mœurs des premiers chrétiens ; enfin tout ce qui se passa dans l'Eglise jusqu'à la dispersion des *apôtres*, qui se partagèrent pour porter l'Evangile dans tout le monde. Depuis le point de cette séparation, saint Luc abandonna l'histoire des autres *apôtres* dont il était trop éloigné, pour s'attacher particulièrement à celle de saint Paul, qui l'avait choisi pour son disciple et pour compagnon de ses travaux. Il suit cet apôtre dans toutes ses missions, et jusqu'à Rome même, où il paraît que les *Actes* ont été publiés la seconde année du séjour qu'y fit saint Paul, c'est-à-dire, la soixante-troisième année de l'ère chrétienne, et les neuvième et dixième de l'empire de Néron. Au reste le style de cet ouvrage, qui a été composé en grec, est plus pur que celui des autres écrivains canoniques ; et l'on remarque que saint Luc, qui possédait beaucoup mieux la langue grecque que l'hébraïque, s'y sert toujours de la version des Septante dans les citations de l'Ecriture. Ce livre est cité dans l'épître de saint Polycarpe aux Philippiens, n. 1. Eusèbe le met au rang des écrits du nouveau Testament de l'authenticité desquels on n'a jamais douté ; il est placé comme tel dans le canon dressé par le concile de Laodicée, et il n'y a jamais eu là-dessus de contestation. Saint Epiphane, *Hær.* 30, c. 3 et 6, dit que ces *Actes* ont été traduits en hébreu ou dans la langue syro-hébraïque des Eglises de la Palestine; ils ont donc été très-connus dès le moment de leur publication.

On ne peut pas non plus révoquer en doute la vérité de l'histoire qu'ils renferment. 1° L'ascension de Jésus-Christ, la descente du Saint-Esprit, la prédication de saint Pierre, ses miracles, la formation d'une Eglise à Jérusalem, la persécution des premiers fidèles, la conversion de saint Paul, ses voyages, ses travaux, etc., sont des faits qui se tiennent; l'un ne peut pas être faux sans que tout le reste ne soit renversé. Ces faits sont trop publics et en trop grand nombre, la scène est en trop de lieux différents, pour que toute cette narration soit fabuleuse. Les fidèles de la Judée, ceux d'Antioche et d'Alexandrie, n'ont pas pu ignorer ce qui s'était passé à Jérusalem depuis la mort de Jésus-Christ; leur conversion même prouve la vérité de ce qui est rapporté par saint Luc; s'il l'avait altérée en quelque chose, les fidèles de Jérusalem se seraient inscrits en faux contre son histoire; ceux d'Antioche, d'Ephèse, de Corinthe, etc., auraient fait de même, si ce qui s'était passé chez eux n'avait pas été fidèlement rapporté. 2° Les lettres de saint Paul confirment la plupart de ces faits, et les supposent. 3° Le schisme arrivé à Jérusalem entre les disciples des *apôtres* et les ébionites ou judaïsants, démontre qu'il n'a pas été possible d'en imposer à personne sur des faits qui intéressaient les deux partis. Dans la suite, les ébionites cherchèrent à décrier la doctrine et la conduite de saint Paul; ils forgèrent de faux *actes* pour le rendre odieux; mais ils n'ont pas osé s'inscrire en faux contre les *actes* écrits par saint Luc : d'ailleurs leur témoignage est venu trop tard pour affaiblir celui d'un témoin oculaire. 4° Le Juif que Celse fait parler avoue ou suppose la naissance d'une Eglise à Jérusalem, telle que saint Luc la raconte. L'apôtre saint Jean a vécu jusqu'au commencement du second siècle : tant qu'il a subsisté, a-t-il été possible de forger une fausse histoire des travaux des *apôtres* et de l'établissement de l'Eglise? 5° Ce que l'on a nommé *faux Actes des apôtres* composés par les hérétiques, ne sont pas des histoires qui contredisent celle de saint Luc, mais de prétendues relations de ce qu'ont fait les *apôtres*, desquels saint Luc n'a pas parlé : tels sont les *Actes* de saint Thomas, de saint Philippe, de saint André, etc.; pièces apocryphes, inconnues aux anciens Pères, qui n'ont paru que fort tard, dont on ne peut fixer la date ni nommer les auteurs.

Le premier livre de cette nature qu'on fit paraître, et qui fut intitulé *Actes de Paul et de Thècle*, avait pour auteur un prêtre, disciple de saint Paul. Son imposture fut découverte par saint Jean, et quoique ce prêtre ne se fût porté à composer cet ouvrage que par un faux zèle pour son maître, il n'en laissa pas

d'être dégradé du sacerdoce. Ces *Actes* ont été rejetés comme apocryphes par le pape Gélase. Depuis, les manichéens supposèrent des *Actes de saint Pierre et saint Paul*, où ils semèrent leurs erreurs. On vit ensuite les *Actes de saint André, de saint Jean et des apôtres en général*, supposés par les mêmes hérétiques, selon saint Epiphane, saint Augustin et Philastre; les *Actes des apôtres* faits par les ébionites; le *Voyage de saint Pierre*, faussement attribué à saint Clément; l'*Enlèvement et le ravissement de saint Paul*, dont les gnostiques se servaient; les *Actes de saint Philippe* et de *saint Thomas*, forgés par les encratites et les apostoliques; la *Mémoire des apôtres*, composée par les priscillianistes; l'*Itinéraire des apôtres*, qui fut rejeté dans le concile de Nicée; et divers autres dont nous ferons mention sous le nom des sectes qui les ont fabriqués. *Voyez* Hieronym., *De Viris illust.*, c. 7; Chrys., *In Act.*; Dupin, *Dissert. prélim. sur le Nouveau Testam.*; Tertull., *De Baptism.*; Epiphan., *Hæres.* 8, n° 47 et 61; S. Aug., *De Fide contra Manich.*, et Tract. *in Joan.*; Philast., *Hæres.* 48; Dupin, *Biblioth. des Auteurs ecclésiastiques des trois premiers siècles.*

ACTES DES CONCILES. *Voy.* Conciles.

ACTES DES MARTYRS. *Voy.* Martyre et Martyrologe.

ACTES DE PILATE. *Voy.* Pilate.

ACTUEL. Les théologiens distinguent la *grâce actuelle* et la *grâce habituelle*, le *péché actuel* et le *péché originel*.

La grâce *actuelle* est celle qui nous est accordée par manière d'*acte* ou de motion passagère. On pourrait la définir plus clairement, celle que Dieu nous donne pour nous mettre en état de pouvoir agir ou de faire quelque action. C'est de cette grâce que parle saint Paul quand il dit aux Philippiens, ch. 1 : *Il vous a été donné non-seulement de croire en Jésus-Christ, mais encore de souffrir pour lui.* Saint Augustin a démontré, contre les pélagiens, que la grâce *actuelle* est absolument nécessaire pour toute action méritoire dans l'ordre du salut.

La grâce *habituelle* est celle qui nous est donnée par manière d'habitude, de qualité fixe et permanente, inhérente à l'âme, qui nous rend agréables à Dieu et dignes des récompenses éternelles. Telle est la grâce du baptême dans les enfants. *Voy.* Grace.

Le péché *actuel* est celui que commet, par sa propre volonté et avec pleine connaissance, une personne qui est parvenue à l'âge de discrétion. Le péché *originel* est celui que nous contractons en venant au monde, parce que nous sommes enfants d'Adam. *Voy.* Péché. Le péché *actuel* se subdivise en péché mortel et péché véniel. *Voy.* Mortel et Véniel.

ADAM, nom du premier homme que Dieu a créé pour être la tige du genre humain. *Adam* est aussi en hébreu le nom appellatif de l'homme en général; il paraît formé d'a augmentatif et de la racine *dam, dom*, élevé, supérieur; il désigne le principal et le plus fort individu de l'espèce.

On peut voir dans les premiers chapitres de la Genèse toute l'histoire d'*Adam*, la loi que Dieu lui imposa, sa désobéissance, la peine à laquelle il fut condamné avec sa postérité (1). Cette narration, qui est fort courte, a fourni une ample matière aux conjectures des commentateurs, aux disputes des théologiens, aux erreurs des hérétiques, et aux objections des incrédules.

Il est d'abord évident que le premier homme n'a pu exister que par création. Les anciens athées, qui disaient que les hommes étaient fortuitement sortis du sein de la terre, comme les champignons ; les matérialistes modernes, qui pensent que la naissance de l'homme a été un effet nécessaire du débrouillement du chaos ; les savants physiciens, qui ont calculé et fixé les époques de la nature, sans nous apprendre comment les hommes, les animaux et les plantes, ont pu éclore d'un globe de verre enflammé dans son origine,

(1) « Jusqu'ici Dieu, dit Bossuet, avait tout fait en commandant ; mais quand il s'agit de produire l'homme, Moïse lui fait tenir un nouveau langage : *Faisons l'homme*, dit il, *à notre image et ressemblance.* Ce n'est plus cette parole impérieuse et dominante ; c'est une parole plus douce, quoique non moins efficace. Dieu tient conseil en lui-même ; Dieu s'excite lui-même, comme pour nous faire voir que l'ouvrage qu'il va entreprendre surpasse tous les ouvrages qu'il avait faits jusqu'alors. *Faisons l'homme...* La parole de conseil, dont Dieu se sert, marque que la créature qui va être faite est la seule qui peut agir par conseil et par intelligence. Tout le reste n'est pas moins extraordinaire. Jusque là nous n'avions point vu, dans l'histoire de la Genèse, le doigt de Dieu appliqué sur une matière corruptible. Pour former le corps de l'homme, lui-même prend de la terre ; et cette terre, arrangée sous une telle main, reçoit la plus belle figure qui ait encore paru dans le monde.

« Cette attention particulière, qui paraît en Dieu quand il fait l'homme, nous montre qu'il a pour lui un égard particulier, quoique, d'ailleurs, tout soit conduit immédiatement par sa sagesse.

« Mais la manière dont il produit l'âme est beaucoup plus merveilleuse, il ne la tire point de matière, il l'inspire d'en haut ; c'est un souffle de vie qui vient de lui-même. Quand il créa les bêtes, il dit : *Que l'eau produise des poissons, et il créa de cette sorte les monstres marins, et toute âme vivante et mouvante qui devait remplir les eaux.* Il dit encore : *Que la terre produise toute âme vivante, les bêtes à quatre pieds et les reptiles.* C'est ainsi que devaient naître ces âmes faites d'une vie brute et bestiale, à qui Dieu ne donne pour toute action que des mouvements dépendants du corps. Dieu les tire du sein des eaux et de la terre. Mais cette âme, dont la vie devait être une imitation de la sienne ; qui devait vivre, comme lui, de raison et d'intelligence ; qui lui devait être unie en le contemplant et en l'aimant, et qui, pour cette raison, était faite à son image, ne pouvait être tirée de la matière. Dieu, en façonnant la matière, peut bien former un beau corps ; mais, en quelque sorte qu'il la tourne et la façonne, jamais il n'y trouvera son image et sa ressemblance. L'âme, faite à son image, et qui peut être heureuse en le possédant, doit être produite par une nouvelle création : elle doit venir d'en haut ; et c'est ce que signifie ce souffle de vie que Dieu tire de sa bouche.

« Souvenons-nous que Moïse propose aux hommes charnels, par des images sensibles, des vérités pures et intellectuelles. Ne croyons pas que Dieu

sont aussi peu sages les uns que les autres (1). Leurs rêves sublimes disparaissent devant le récit simple et naturel de l'auteur sacré : *Au commencement Dieu créa le ciel et la terre ... Il dit :* QUE LA LUMIÈRE SOIT, *et la lumière fut..... Il dit :* FAISONS L'HOMME A NOTRE IMAGE ET A NOTRE RESSEMBLANCE, *et l'homme fut fait à l'image de Dieu.* Gen. i. Par ce peu de paroles l'homme apprend ce qu'il est, ce qu'il doit à Dieu et à soi-même, ce qu'il a lieu d'attendre de la bonté de son Créateur. [*Voy.* RÉVÉLATION *primitive*]

Dieu est-il donc corporel aussi bien que l'homme ? On a répondu aux marcionites, aux manichéens, aux philosophes du quatrième siècle, aux incrédules du dix-huitième, qui ont fait cette question, que la partie principale de l'homme n'est pas le corps, mais l'âme. Or, cette âme est douée d'intelligence, de réflexion, de volonté, de liberté, d'action ; elle a le pouvoir de réprimer les appétits déréglés du corps, de penser au présent, au passé et à l'avenir, de communiquer aux autres par la parole ce qu'elle pense, de commander aux animaux, de faire servir à son usage la plupart des ouvrages du Créateur, de le connaître, de l'adorer et de l'aimer ; c'est par là que l'homme ressemble à Dieu. Préférerons-nous, comme certains philosophes, de ressembler aux animaux plutôt qu'à Dieu qui nous a faits ?

souffle à la manière des animaux ; ne croyons pas que notre âme soit un air subtil, ni une vapeur déliée : le souffle que Dieu inspire, et qui porte en lui-même l'image de Dieu, n'est ni air ni vapeur. Ne croyons pas que notre âme soit une portion de la nature divine, comme l'ont rêvé quelques philosophes. Dieu n'est pas un tout qui se partage. Quand Dieu aurait des parties, elles ne seraient pas faites : car le Créateur, l'Être incréé ne serait pas composé de créatures. L'âme est faite et tellement faite qu'elle n'est rien de la nature divine, mais seulement une chose faite à l'image et ressemblance de la nature divine, une chose qui doit toujours demeurer unie à celui qui l'a formée ; c'est ce que veut dire ce souffle divin, c'est ce que nous représente cet esprit de vie.

« Voilà donc l'homme formé. Dieu forme encore de lui la compagne qu'il lui veut donner. Tous les hommes naissent d'un seul mariage, afin d'être à jamais, quelque dispersés et multipliés qu'ils soient, une seule et même famille. »

(1) « La nature, dit Holland, douée de sentiment et d'intelligence, a donc produit cet être merveilleux dont la constitution étonne également l'anatomiste et le philosophe ! la terre a donc fait l'homme comme le bourgeois gentilhomme fait de la prose, c'est-à-dire, sans le savoir ! ces millions de parties qui forment le corps humain ont donc été dispersées jadis sur le globe, se sont rencontrées, on ne sait quand ni comment, se sont entre-heurtées, attirées, repoussées ; puis, après bien des essais, se sont rangées tout juste dans le bel ordre où nous les voyons ; ordre qui surpasse tout ce que l'art a pu produire et tout ce que l'esprit peut concevoir ! Mais ce n'est pas là le plus étonnant. Ces mêmes atomes, de bruts et de morts qu'ils étaient, ont produit, par leurs combinaisons fortuites, la vie, le sentiment et la faculté de raisonner. Pour s'épargner la peine de former à si grands frais chaque individu, ils se sont arrangés en mâle et femelle, de manière à pouvoir désormais étendre leur espèce par la voie de la génération. C'est enfin à leurs impulsions réciproques, à

La manière dont la formation de la femme est racontée dans l'histoire sainte a donné lieu à quelques railleries froides et à des imaginations bizarres qui ne valent pas la peine d'être réfutées ; mais c'est une grande leçon donnée au genre humain. Dieu a voulu par là faire connaître à la femme la supériorité de l'homme de qui elle a été formée ; à l'homme, combien sa compagne doit lui être chère, puisqu'elle est une partie de sa propre substance ; à tous les deux, qu'ils doivent conserver entre eux l'union la plus étroite, de laquelle dépend leur bonheur et celui de leurs enfants.

Mais en quel état se trouvaient ces deux créatures au moment de leur naissance, quelle était leur félicité dans l'état d'innocence, quelle aurait été leur destinée et celle de leurs enfants, si les uns ni les autres n'a-

leur gravitation mutuelle, que l'on doit l'invention de la parole, des sciences et des arts. Si ce système paraît monstrueux à la raison, il faut avouer qu'il plaît moins à l'imagination que les brillantes illusions de la mythologie....

« Si la nature ou la matière a produit tous ces corps organisés, plantes, animaux et hommes, d'où vient que, depuis qu'on l'observe, elle ne produit plus rien de pareil ? la nature a-t-elle donc changé ? pourquoi cette même rencontre d'atomes, qui fit jadis tant de merveilles, n'a-t-elle plus lieu, et pourquoi s'obstine-t-elle à laisser aux êtres organisés le soin de se reproduire eux-mêmes ?

« Les anciens, qui étaient aussi ignorants en histoire naturelle qu'en physique, pouvaient croire qu'un animal se formait comme le sel, par la juxtaposition de différentes molécules réunies en vertu de certaines forces de rapport. Il leur était permis de conjecturer qu'une masse de boue, imprégnée et échauffée par les rayons du soleil, peut s'animaliser, tout comme ils se persuadaient que les insectes, les grenouilles, les crapauds et les lézards qu'ils trouvaient dans la fange du Nil, étaient de la boue animée par la chaleur. Mais il est inconcevable que, dans le dix-huitième siècle, après toutes les découvertes des modernes, on n'ait pas honte de parler encore comme les anciens, et d'étayer un système de philosophie sur des erreurs dont le peuple même commence à se moquer. Un animal ne naît que de son semblable, c'est la loi uniforme et invariable de la nature. Rien de ce qui est organisé ne se forme par opposition, pas même le champignon ni la mousse. La raison s'unit à l'expérience pour rejeter les générations équivoques. Elle nous dit qu'un corps organisé est un tout qui n'a pu se former successivement, puisque chaque partie suppose l'existence des autres. C'est un système d'un nombre infini de machines qui correspondent directement, qui ont entre elles des rapports intimes, qui sont faites les unes pour les autres, et dont les forces concourent à un but général. Ce tout se développe et augmente de volume ; mais, en tant que machine, il est toujours en petit ce qu'il sera en grand, de sorte que toutes les matières alimentaires ne sauraient y ajouter une fibre.

« Imaginons pour un moment que l'aveugle concours des molécules de la matière inanimée ait réussi à produire un homme, à l'aide des lois de l'impulsion et de l'attraction. Supposons, contre toute vraisemblance, que dis-je ? contre toute certitude, que la nature ne sait plus faire aujourd'hui ce qu'elle a su faire en des temps plus reculés. Dévorons enfin toutes les absurdités qui entourent et accablent le système de l'athée ; soumettons le bon sens au préjugé et l'évidence à l'erreur ; qui est-ce

vaient pas péché ? Questions intéressantes, mais sur lesquelles l'Ecriture sainte ne s'est expliquée qu'avec beaucoup de réserve.

Elle nous apprend que *Dieu a créé l'homme droit*, Eccli. vii, 30, et *dans la justice*, Ephes. iv, 24, par conséquent non-seulement exempt de vice, mais encore doué de la grâce sanctifiante qui le rendait agréable à Dieu. Elle nous dit qu'il a été *créé immortel*, dans ce sens qu'il pouvait s'exempter de la mort en ne péchant pas ; la mort n'étant entrée dans le monde que par la jalousie du démon, *Sap.* ii, 23, et par le péché, *Rom.* v, 12. Nous voyons aussi, *Eccli.* xvii, 6, que Dieu s'était plu à donner à nos premiers parents toutes sortes de connaissances, *en créant dans eux la science de l'esprit, en remplissant leur cœur de sentiment, et leur faisant voir les biens et les maux.* D'où il suit que l'état du premier homme avant son péché était un état très-heureux, quoique son bonheur ne fût pas complet, puisqu'il pouvait perdre par sa désobéissance la justice dans laquelle il avait été créé, et tous les dons qui y étaient attachés. Un bonheur plus parfait devait être le fruit de sa persévérance libre dans le bien. Nous ne savons pas combien il aurait fallu qu'elle durât pour qu'*Adam* fût confirmé dans la justice et ne pût désormais la perdre.

S'il eût persévéré, ses enfants auraient eu en naissant la justice originelle dans laquelle il avait été créé ; mais chacun de ses descendants aurait été peut-être assujetti à des lois, exposé au danger de les violer, et de perdre, comme *Adam*, tous les priviléges de l'innocence : c'est le sentiment d'Estius d'après saint Augustin, l. ii *Sentent., dist.* 20, § 5. On pourrait encore agiter bien d'autres questions ; mais, puisque l'Ecriture se tait, n'imitons pas la curiosité téméraire de notre premier père : n'approchons pas de l'arbre de la science pour y chercher un fruit qui nous est défendu.

Pourquoi, demandent les incrédules après les manichéens, pourquoi imposer à l'homme une loi, et lui faire une défense, lorsque

qui animera cet androïde, cette matière organiquement disposée par les mains du hasard ? qui est-ce qui lui donnera la faculté de sentir, de penser, de juger et de faire des abstractions ? comment est-ce que la nature donnera l'intelligence et le sentiment, n'ayant ni sentiment ni intelligence ? Hélas ! elle n'est qu'impulsion et gravitation ; et il lui est aussi impossible de produire par là une seule pensée, qu'il l'est au néant de créer un seul atome.

« Les matérialistes croient, en toute simplicité de cœur, que le sol de la Laponie a produit le renne, parce que cet animal est indigène à ce pays, et qu'il ne peut vivre dans un climat plus doux. Que dites-vous de l'argument ? Voyez-vous ces vers qui fourmillent dans les cavités d'un vieux fromage ? Ils y trouvent une nourriture et une chaleur qui leur convient ; donc c'est ce fromage qui les a produits. Une telle conclusion est fort bonne pour l'enfant qui a mangé le fromage sans se soucier du ver ; mais elle étonne dans un philosophe qui se donne pour capable de creuser les idées, et d'interpréter la nature. » (H. Hand, *Réflex. philos. sur le syst. de la nat.*, c 6). — Une simple réflexion a suffi pour faire justice de ces misérables sophismes.

Dieu savait bien qu'elle serait violée ? Parce que l'homme créé libre était capable d'obéissance, et qu'il la devait à son Créateur. C'est par son libre arbitre, autant que par son intelligence, que l'homme est distingué des animaux ; il était juste que Dieu exigeât de lui un témoignage de soumission, en reconnaissance de la vie et des autres bienfaits qu'il lui avait accordés. Dans tous les états possibles, il est de l'ordre que le bonheur parfait ne soit pas un don de Dieu purement gratuit, mais une récompense réservée à l'obéissance de l'homme et à la vertu : aucun argument des incrédules ne peut prouver le contraire ; la prévoyance que Dieu avait de la désobéissance future d'*Adam* ne devait déroger en rien à cet ordre éternel, infiniment juste et sage.

En effet, dit saint Augustin, pourquoi Dieu ne devait-il pas permettre qu'*Adam* fût tenté et succombât ? Il savait que la chute de l'homme et sa punition seraient pour ses descendants un exemple qui servirait à les rendre plus obéissants ; que de cette race même pécheresse naîtrait un peuple de saints qui, avec la grâce divine, remporteraient à leur tour sur le démon une victoire plus glorieuse. Si donc cet esprit malicieux a semblé prévaloir pour un temps par la chute de l'homme, il a été vaincu pour l'éternité par la réparation de l'homme. L. *1 contra advers. leg. et proph.*, ii, 21 et 23. *De Civ. Dei*, l. xiv, c. 27. *De Catech. rudib.*, c. 18.

Lorsque les incrédules demandent encore pourquoi Dieu a interdit à notre premier père le fruit qui donnait *la connaissance du bien et du mal*, ils affectent de ne pas entendre de quelle connaissance il est question. *Adam* connaissait déjà le bien et le mal moral ; l'Écriture nous apprend que Dieu la lui avait donnée. *Eccli.* xvii, 6 ; autrement il aurait été aussi incapable de pécher que les enfants qui n'ont pas encore atteint l'âge de discrétion : mais il n'avait point encore la connaissance du mal physique, puisqu'il n'en avait éprouvé aucun ; il n'avait aucune idée de la honte et du remords que cause la conscience d'un crime. Il les sentit après son péché ; il fut en état de comparer le bien-être et la douleur : telle est la connaissance expérimentale de laquelle Dieu vou ait le préserver. Il ne s'ensuit donc pas qu'il y ait eu un arbre dont le fruit avait la vertu de faire connaître le bien et le mal (1).

C'est une nouvelle témérité, de la part des incrédules, de soutenir qu'il y a eu de l'injustice à rendre *Adam* maître du sort de sa postérité. C'est la condition naturelle de l'humanité ; et tel est l'ordre établi dans toutes les sociétés politiques. Un père, par sa mauvaise conduite, peut réduire à la misère ses enfants nés et à naître ; il peut les déshonorer d'avance par un crime ; il peut, dans les pays où l'esclavage est établi, les réduire à

(1) Bergier répond à ses adversaires par le moyen de l'allégorie. Nous croyons que c'est un défaut : car une fois placé sur la pente de l'allégorie, on arrive facilement à fausser toutes les croyances. *Voy.* HERMÉSIANISME, ALLÉGORIE.

cette condition en vendant sa liberté. Il est du bien de la société que cela soit ainsi, afin d'inspirer aux pères plus d'horreur des crimes qui peuvent avoir pour leurs enfants des suites si terribles, et plus de reconnaissance aux enfants envers un père qui, par la sagesse de ses mœurs, les a mis à couvert de ce malheur.

Dieu, continuent nos adversaires, pouvait prévenir le péché de l'homme par une grâce efficace, sans nuire à son libre arbitre ; s'il ne devait pas cette grâce à l'homme, du moins il la devait à lui-même et à sa bonté infinie. Ne donner à l'homme dans cette circonstance qu'un secours inefficace dont Dieu prévoyait l'inutilité, c'était plutôt lui faire du mal que du bien.

Ce raisonnement, s'il était solide, prouverait que Dieu, en vertu de sa bonté infinie, ne peut donner à aucun homme une grâce dont il prévoit l'inefficacité, et ne peut permettre aucun péché ; mais il porte sur trois ou quatre suppositions fausses. La première, qu'un moindre bienfait, comparé à un plus grand, n'est plus un bien, mais un mal. La deuxième, que de deux bienfaits inégaux, Dieu se doit à lui-même d'accorder toujours le plus grand, ce qui va droit à l'infini. La troisième, que plus Dieu prévoit de résistance de la part de l'homme, plus il est obligé d'augmenter la grâce ; comme si la malice de l'homme était un titre qui lui donne droit aux grâces de Dieu. La quatrième, qu'il faut raisonner de la bonté de Dieu jointe à une puissance infinie, comme de la bonté de l'homme qui n'a qu'un pouvoir très-borné. Toutes ces absurdités n'ont pas besoin d'une plus longue réfutation.

Une grâce inefficace, ou de laquelle Dieu prévoit l'inefficacité, est sans doute un moindre bienfait qu'une grâce dont il prévoit l'efficacité ; mais il est faux que la première soit un mal, un don inutile ou pernicieux, un piége tendu à l'homme, etc. Un secours, qui donne à l'homme toute la force nécessaire pour le rendre maître de son choix et de son action, ne peut sous aucune face être envisagé comme un mal.

Ce que l'historien sacré dit de la tentation d'Ève et de ses suites a fourni aux incrédules de quoi exercer leur malignité. Cette narration leur paraît renfermer plusieurs absurdités : que le serpent soit le plus rusé de tous les animaux ; qu'il ait eu une conversation suivie avec la femme, et qu'elle se soit laissé tromper ; qu'il soit plus maudit que les autres animaux, pendant qu'il y a des peuples qui lui rendent un culte ; qu'il n'ait rampé sur son ventre que depuis ce temps-là ; qu'il mange de la terre, etc.

Par ces réflexions mêmes, les censeurs de l'histoire sainte prouvent, ou que Moïse était un insensé, ou qu'il y a un sens caché sous l'écorce de cette histoire. C'est ce que nous soutenons, et un célèbre incrédule l'a reconnu. *De la manière*, dit-il, *dont l'historien raconte ce funeste événement, il paraît bien que son intention n'a pas été que nous sussions comment la chose s'était passée, et cela seul doit persuader à toute personne rai-sonnable que la plume de Moïse a été sous la direction particulière du Saint-Esprit. En effet, si Moïse eût été le maître de ses expres-sions et de ses pensées, il n'aurait jamais en-veloppé d'une façon si étonnante le récit d'une telle action; il en aurait parlé d'un style un peu plus humain et plus propre à instruire la postérité: mais une force majeure, une sagesse infinie le dirigeait de telle sorte qu'il n'écrivait pas selon ses vues, mais selon les desseins cachés de la Providence.* Bayle, *Nouv.*, juin 1686, art. 2, p. 592.

Est-il vrai d'ailleurs que son récit ren-ferme des absurdités? 1° Nous ne connaissons pas assez les différentes espèces de serpents, pour savoir jusqu'à quel point ces animaux sont rusés et industrieux; ceux qui enten-dent parler des castors pour la première fois, sont tentés de prendre pour des fables ce que l'on en raconte. 2° Il est constant que ce fut le démon qui emprunta l'organe du serpent pour converser avec Ève, et cette femme n'avait pas encore assez d'expérience pour savoir si un animal était capable ou incapa-ble de parler. 3° Il n'est pas moins vrai qu'en général nous avons horreur des serpents, et qu'il n'y a qu'une longue habitude qui puisse accoutumer des peuples à demi sauvages à se familiariser avec quelques espèces de ces animaux. 4° Si l'on en croit les voyageurs et les naturalistes, il y a des serpents ailés qui s'élèvent dans les airs; il n'est donc pas cer-tain que toutes les espèces aient toujours rampé sur leur ventre. On dit encore qu'il y en a qui sont d'une beauté singulière, et l'on en a vu de très-apprivoisés. Enfin, si les serpents ne mangent pas la terre, ils semblent du moins avaler la poussière et les ordures en cherchant les insectes dont ils se nourrissent. Il n'y a donc rien d'absurde ni de ridicule dans la narration de Moïse.

Une question plus importante est de sa-voir si Dieu a puni trop rigoureusement le péché d'*Adam*, comme le supposent les in-crédules. La faute, disent-ils, fut légère, et le châtiment est terrible: être condamné, pour toute cette vie, au travail et aux souf-frances; éprouver sans cesse la révolte de la chair contre l'esprit, et des passions contre la raison; avoir continuellement sous les yeux la mort qu'il faut subir, et un supplice éternel dont nous sommes menacés, et cela pour un prétendu crime qui n'est, dans le fond, qu'une légère désobéissance; y a-t-il de la proportion entre le péché et la peine?

Nous répondons, en premier lieu, qu'il est absurde de vouloir juger de la grièveté de la faute d'*Adam* autrement que par le châti-ment que Dieu en a tiré; avons-nous assisté au conseil de Dieu, ou avons-nous vu ce qui s'est passé dans l'âme d'*Adam*, pour savoir jusqu'à quel point il a été criminel ou excu-sable? La facilité de l'obéissance, dit saint Augustin, est précisément ce qui, dans les circonstances, aggrave la faute d'*Adam*. En second lieu, les misères de cette vie, la con-cupiscence même, sont une suite de notre nature: l'exemption de la mort, la soumis-

sion entière de la chair à l'esprit, était une grâce que Dieu ne devait point à nos pre-miers parents, ainsi que nous le prouverons à l'article NATURE PURE; il a donc pu, sans injustice, en priver l'homme coupable et ses descendants. En troisième lieu, l'on n'est pas obligé de croire, puisque l'Eglise ne l'a pas décidé, que les enfants souillés du péché originel sont tourmentés par des supplices. Ils n'entreront pas dans le royaume du ciel; mais il n'est pas dit que le lieu où ils seront sera pour eux un lieu de tourments. Nous discuterons cette question au mot BAPTÊME.

Les péchés actuels, qui font perdre la grâce, seront punis, il est vrai, par des sup-plices éternels; mais ces péchés ne sont pas des châtiments de la faute d'Adam, ce sont des maux que nous nous faisons volontaire-ment à nous-mêmes par des vices et des habitudes que nous avons contractées très-librement, et dont il ne tiendrait qu'à nous de nous préserver. Enfin, quand on parle de la faute d'*Adam* et de la punition, il faudrait ne pas oublier la manière dont Jésus-Christ l'a réparée par la grâce de la rédemption.

C'est en démontrant, par l'Ecriture sainte, l'excellence, la plénitude, l'universalité de cette grâce, que les Pères de l'Eglise ont ré-pondu aux objections des marcionites et des manichéens, qu'ils ont prouvé aux ariens la divinité de Jésus-Christ, qu'ils ont réfuté les pélagiens, qui, dans leur système, rédui-saient à rien la rédemption, comme font en-core aujourd'hui les sociniens.

Ils nous font remarquer d'abord que la promesse de la rédemption est aussi ancienne que le péché. Avant de condamner *Adam* aux souffrances et à la mort, Dieu avait déjà lancé la malédiction contre le serpent, et lui avait dit : *La race de la femme t'écrasera la tête.* C'est, disent les Pères, en vertu de cette promesse et des mérites du Rédempteur, que Dieu n'a condamné *Adam* et sa postérité qu'à une peine temporelle; ainsi la rédemp-tion future a commencé d'opérer son effet au moment même qu'elle a été promise. *Voy.* PROT-ÉVANGILE, RÉDEMPTION.

2° Ils nous représentent que les souffran-ces et la mort sont l'expiation du péché et un sujet de mérite en vertu de la passion du Sauveur; d'où ils concluent que la condam-nation de l'homme a été sous ce rapport un acte de miséricorde de la part de Dieu. Jésus-Christ, dit saint Paul, a ôté les amertumes de la mort, en nous assurant une résurrec-tion semblable à la sienne. *I Cor.* xv, 55. *Voy.* MORT, SOUFFRANCE.

3° Ils observent que la grâce, répandue avec abondance par Jésus-Christ, nous rend victorieux de la concupiscence; que par ce combat la vertu devient plus méritoire, et digne d'une récompense aussi grande que celle qui était destinée à notre premier père. Par ces différentes considérations, nos saints docteurs font comprendre la dignité à la-quelle notre nature a été élevée par son union avec le Verbe divin; ils montrent la grandeur du mal par la puissance du remède.

4

Selon l'histoire sainte, la pénitence d'*Adam* a été fort longue : il a vécu neuf cent trente ans. *Gen.* v, 5. Dieu lui accorda cette longue vie, afin de perpétuer parmi ses descendants la certitude des grandes vérités dont il avait été témoin, ou qu'il avait reçues de la propre bouche de Dieu même : les hommes pouvaient-ils avoir un maître plus respectable et plus digne de foi? Mais, sans la promesse qui lui avait été faite d'un réparateur, il aurait été souvent tenté de se livrer au désespoir, en voyant le déluge de maux de toute espèce que sa faute avait fait tomber sur la terre.

Aucun des pères de l'Eglise n'a douté du salut d'*Adam;* tous ont été persuadés qu'il a été sauvé par Jésus-Christ. Saint Augustin dit que c'est la croyance de l'Eglise, et l'on a taxé d'erreur Tatien et les encratites, qui ne voulaient pas admettre cette vérité.

On a même cru, dans les premiers siècles, qu'*Adam* avait été enterré sur le Calvaire, et que Jésus-Christ avait été crucifié sur sa sépulture, afin que le sang versé pour le salut du monde purifiât les restes du premier pécheur. Quoique cette tradition ne paraisse fondée que sur un passage de l'Ecriture mal entendu, elle atteste toujours la haute idée qu'avaient nos anciens maîtres de l'étendue et de l'efficacité de la rédemption.

Il paraît que certains théologiens l'avaient profondément oubliée, lorsqu'ils ont dit que le péché originel ou la chute d'*Adam* est la clef de tout le système du christianisme, le premier anneau auquel tient toute la chaîne de la révélation; il aurait fallu dire au moins: *Le péché originel effacé et pleinement réparé par Jésus-Christ.* Sans le dogme fondamental de la rédemption, celui du péché originel pourrait nous inspirer de la crainte, des regrets, de la douleur, peut-être le désespoir; il n'exciterait en nous ni reconnaissance, ni confiance, ni amour de Dieu, sentiments dans lesquels consiste la religion. Au mot Péché originel, nous ferons voir que la croyance de l'un de ces dogmes ne peut pas subsister sans celle de l'autre.

Quelques auteurs ont pensé que Platon avait eu connaissance de la chute d'*Adam*, et qu'il l'avait apprise par la lecture des livres de Moïse. Eusèbe, dans sa *Préparation évangélique*, liv. xii, c. 11, cite une fable tirée des Symposiaques de Platon, dans laquelle cette histoire semble être rapportée d'une manière allégorique; mais cette allusion n'est ni fort sensible, ni absolument certaine. Au temps de Platon, les livres de Moïse n'étaient pas encore traduits en grec, et ce philosophe n'avait point de connaissance de l'hébreu. On sait d'ailleurs que les Juifs ne montraient pas aisément leurs livres aux païens. Il faut juger de même de la fable de Pandore, que quelques-uns ont prise pour une altération de l'histoire de la chute d'*Adam*.

ADAMITES ou ADAMIENS, secte d'anciens hérétiques, qu'on croit avoir été un rejeton des basilidiens et des carpocratiens, sur la fin du ii° siècle.

Selon saint Epiphane, ils prirent le nom d'*adamites*, parce qu'ils prétendaient avoir été rétablis dans l'état de nature innocente, être tels qu'Adam au moment de sa création, et par conséquent devoir imiter sa nudité. Ils détestaient le mariage, soutenant que l'union conjugale n'aurait jamais eu lieu sur la terre sans le péché, et regardaient la jouissance des femmes en commun comme un privilége de leur prétendu rétablissement dans la justice originelle. Quelque incompatibles que fussent ces dogmes infâmes avec une vie chaste, quelques-uns d'eux ne laissaient pas de se vanter d'être continents, et assuraient que si quelqu'un des leurs tombait dans le péché de la chair, ils le chassaient de leur assemblée, comme Adam et Eve avaient été chassés du paradis terrestre pour avoir mangé du fruit défendu; qu'ils se regardaient comme Adam et Eve, et leur temple comme le paradis. Ce temple, après tout, n'était qu'un souterrain, une caverne obscure, ou un poêle dans lequel ils entraient tout nus, hommes et femmes, et là, tout leur était permis, jusqu'à l'adultère et à l'inceste, dès que l'ancien ou le chef de leur société avait prononcé ces paroles de la Genèse, c. i, v. 22, *Crescite et multiplicamini.* Théodoret ajoute que, pour commettre de pareilles actions, ils n'avaient pas même d'égard à l'honnêteté publique, et imitaient l'impudence des cyniques du paganisme. Tertullien assure qu'ils niaient, avec Valentin, l'unité de Dieu, la nécessité de la prière, et traitaient le martyre de folie et d'extravagance. Saint Clément d'Alexandrie dit qu'ils se vantaient d'avoir des livres secrets de Zoroastre; ce qui a fait conjecturer à M. de Tillemont qu'ils étaient livrés à la magie. *Tom. II, pag.* 280.

Cette secte infâme fut renouvelée dans le xii° siècle par un certain Tendème, connu encore sous le nom de Tanchelin, qui sema ses erreurs à Anvers, sous le règne de l'empereur Henri V. Les principales étaient, qu'il n'y avait point de distinctions entre les prêtres et les laïques, et que la fornication et l'adultère étaient des actions saintes et méritoires. Accompagné de trois mille scélérats armés, il accrédita cette doctrine par son éloquence et par ses exemples; sa secte lui survécut peu, et fut éteinte par le zèle de saint Norbert.

D'autres *adamites* reparurent encore dans le xiv° siècle, sous le nom de *turlupins* et de *pauvres frères*, dans le Dauphiné et la Savoie. Ils soutenaient que l'homme, arrivé à un certain état de perfection, était affranchi de la loi des passions, et que, bien loin que la liberté de l'homme sage consistât à n'être pas soumis à leur empire, elle consistait au contraire à secouer le joug des lois divines. Ils allaient tout nus, et commettaient en plein jour les actions les plus brutales. Le roi Charles V en fit périr plusieurs par les flammes : on brûla aussi quelques-uns de leurs livres à Paris, dans la place du marché aux Pourceaux, hors de la rue Saint-Honoré.

Un fanatique, nommé *Picard*, natif de Flandre, ayant pénétré en Allemagne et en Bohême au commencement du xvᵉ siècle, renouvela ces erreurs, et les répandit surtout dans l'armée du fameux Zisca. Malgré la sévérité de ce général, Picard trompait les peuples par ses prestiges, et se qualifiait *fils de Dieu*. Il prétendait que, comme un nouvel Adam, il avait été envoyé dans le monde pour y rétablir la loi de nature, qu'il faisait surtout consister dans la nudité de toutes les parties du corps et dans la communauté des femmes. Il ordonnait à ses disciples d'aller nus par les rues et les places publiques; moins réservé à cet égard que les anciens *adamites* qui ne se permettaient cette licence que dans leurs assemblées. Quelques anabaptistes tentèrent en Hollande d'augmenter le nombre des sectateurs de Picard; mais la sévérité du gouvernement les eut bientôt dissipés. Cette secte a aussi trouvé des partisans en Pologne et en Angleterre; ils s'assemblaient la nuit, et l'on prétend qu'une des maximes fondamentales de leur société était contenue dans ce vers :

> *Jura, perjura, secretum prodere noli.*

Mosheim, qui a examiné de près l'histoire de ces fanatiques, pense que le nom de *Picards* ne leur venait pas d'un chef ainsi appelé, mais que c'était une corruption du nom de *begghards* ou *bigghards*. *Voyez* ce mot. Leur maxime capitale était que, quiconque use d'habits pour couvrir sa nudité, et n'est pas capable de voir sans émotion le corps nu d'une personne d'un sexe différent du sien, n'est pas encore *libre*, c'est-à-dire suffisamment dégagé des affections corporelles. Il était impossible qu'avec un pareil principe, suivi dans la pratique, il ne se passât rien de criminel dans leurs assemblées. Aussi Mosheim n'est point de l'avis de Basnage, qui a voulu justifier les picards ou *adamites* de Bohême, et qui les a confondus avec les vaudois. *Trad. de l'Histoire ecclésiast. de Mosheim*, t. III, page 472.

Quelques savants sont dans l'opinion que l'origine des *adamites* remonte beaucoup plus haut que l'établissement du christianisme : ils se fondent sur ce que Maacha, mère d'Asa, roi de Juda, était grande prêtresse de Priape, et que, dans les sacrifices nocturnes que les femmes faisaient à cette idole obscène, elles paraissaient toutes nues. Le motif des *adamites* n'était pas le même que celui des adorateurs de Priape; et l'on a vu, par leur théologie, qu'ils n'avaient pris du paganisme que l'esprit de débauche, et non le culte de Priape.

ADESSENAIRES, nom formé par Pratéolus du verbe latin *adesse*, être présent, et employé pour désigner les hérétiques du xviᵉ siècle, qui reconnaissaient la présence réelle de Jésus-Christ dans l'eucharistie, mais dans un sens différent de celui des catholiques.

Ces hérétiques sont plus connus sous le nom d'*Impanateurs*; leur secte était divisée en quatre branches : les uns soutenaient que le corps de Jésus-Christ est dans le pain, d'autres qu'il est alentour du pain, d'autres qu'il est sur le pain, et les derniers qu'il est sous le pain. *Voy.* IMPANATION.

ADIAPHORISTES, nom formé du grec ἀδιάφορος, *indifférent*.

On donna ce titre, dans le xviᵉ siècle, aux luthériens mitigés, qui adhéraient aux sentiments de Mélanchthon, dont le caractère pacifique ne s'accommodait point de l'extrême vivacité de Luther. Conséquemment, l'an 1548, l'on appela ainsi ceux qui souscrivirent à l'*intérim* que l'empereur Charles-Quint avait fait publier à la diète d'Ausbourg. *Voy.* LUTHÉRIENS.

Cette diversité de sentiments parmi les luthériens causa entre leurs docteurs une contestation violente : il était question de savoir 1° s'il est permis de céder quelque chose aux ennemis de la vérité dans les choses purement indifférentes, et qui n'intéressent point essentiellement la religion ; 2° si les choses que Mélanchthon et ses partisans jugeaient indifférentes l'étaient véritablement. Ces disputeurs, qui appelaient *ennemis de la vérité* tous ceux qui ne pensaient pas comme eux, n'avaient garde d'avouer que les opinions ou les rites auxquels ils étaient attachés, étaient indifférents au fond de la religion. *Voy.* MÉLANCHTHONIENS.

ADJURATION. Commandement que l'on fait au démon, de la part de Dieu, de sortir du corps d'un possédé, ou de déclarer quelque chose.

Ce mot est dérivé du latin *adjurare*, conjurer, solliciter avec instance; et l'on a ainsi nommé les formules d'exorcisme, parce qu'elles sont presque toutes conçues en ces termes : *Adjuro te, spiritus immunde, per Deum vivum, ut*, etc.

Dans le *Dictionnaire de Jurisprudence*, l'on a blâmé les curés qui font des *adjurations* ou des exorcismes contre les orages et contre les animaux nuisibles; nous en parlerons au mot EXORCISME.

ADONAI, est parmi les Hébreux un des noms de Dieu : il signifie *mon Seigneur*. Les massorètes ont mis sous le nom que l'on lit aujourd'hui, *Jehovah*, les points qui conviennent aux consonnes du mot *Adonaï*, parce qu'il était défendu, chez les Juifs, de prononcer le nom propre de Dieu, et qu'il n'y avait que le grand prêtre qui eût ce privilége, lorsqu'il entrait dans le sanctuaire. Les Grecs ont aussi mis le nom *Adonaï* à tous les endroits où se trouve le nom de Dieu. Le mot *Adonaï* est tiré de la racine *don*, qui, dans toutes les langues, signifie élévation, grandeur, au propre et au figuré. Les Grecs l'ont traduit par Κύριος, et les Latins par *Dominus*. Il s'est dit aussi quelquefois des hommes, comme dans ce verset du ps. 104, *Constituit eum dominum domus suæ*, en parlant des honneurs auxquels Pharaon éleva Joseph. *Voy.* Génébrard, Le Clerc, Cappel, *De nomine Dei tetragramm.*

ADOPTIENS, hérétiques du viiiᵉ siècle, qui prétendaient que Jésus-Christ, en tant qu'homme, n'était pas fils propre ou fils naturel de Dieu, mais seulement son fils adoptif. C'était renouveler l'erreur de Nestorius.

Cette secte s'éleva sous l'empire de Charlemagne, vers l'an 778, à cette occasion. Elipand, archevêque de Tolède, ayant consulté Félix, évêque d'Urgel, sur la filiation de Jésus-Christ, cet évêque répondit que Jésus-Christ, en tant que Dieu, est véritablement et proprement fils de Dieu, engendré naturellement par le Père ; mais que Jésus-Christ, en tant qu'homme ou fils de Marie, n'est que fils adoptif de Dieu ; décision à laquelle Elipand souscrivit. Le pape Adrien, averti de cette erreur, la condamna dans une lettre dogmatique adressée aux évêques d'Espagne.

On tint, en 791, un concile à Narbonne, où la cause des deux évêques espagnols fut discutée, mais non décidée. Félix se rétracta, puis revint à ses erreurs ; et Elipand, de son côté, ayant envoyé à Charlemagne une profession de foi qui n'était pas orthodoxe, ce prince fit assembler un concile nombreux à Francfort, en 794, où la doctrine de Félix et d'Elipand fut condamnée, de même que dans celui de Forli, de l'an 795, et peu de temps après dans le concile tenu à Rome sous le pape Léon III.

Félix d'Urgel passa sa vie dans une alternative continuelle d'abjurations et de rechutes, et la termina dans l'hérésie ; il en fut de même d'Elipand.

Geoffroi de Clairvaux impute la même erreur à Gilbert de la Porée ; Scot et Durand semblent ne s'être pas assez éloignés de cette opinion, qui paraît retomber dans celle de Nestorius.

L'erreur dont nous parlons fut réfutée avec succès par saint Paulin, patriarche d'Aquilée, et par Alcuin. Dans la vie que Madrissi a donnée du premier, il a discuté plusieurs faits concernant Elipand et Félix d'Urgel, qui n'avaient pas encore été suffisamment éclaircis. *Histoire de l'Eglise gallic.* t. V, an. 797, 799.

ADOPTION, dans le sens théologique, est la grâce que Dieu nous a faite par le baptême ; ce sacrement nous imprime le caractère d'enfants adoptifs de Dieu, de frères de Jésus-Christ, d'héritiers du bonheur éternel : droit précieux duquel sont privés ceux qui ne sont pas baptisés. *Voyez*, dit aux fidèles l'apôtre saint Jean, *quelle bonté Dieu le Père a eue pour nous, de nous accorder le nom et les droits d'enfants de Dieu (I Joan. iii, 1). Or*, continue saint Paul, *si nous sommes enfants, nous sommes aussi héritiers de Dieu, cohéritiers de Jésus-Christ (Rom. viii, 17).* Dieu est le père de tous les hommes, puisqu'il est le créateur et le bienfaiteur de tous, non-seulement dans l'ordre de la nature, mais dans celui de la grâce ; il ne refuse à aucun les secours nécessaires et suffisants dont il a besoin pour parvenir au salut. Dieu est néanmoins plus particulièrement le Père des chrétiens, puisqu'il leur donne, par le baptême, une nouvelle naissance, et qu'il leur accorde des grâces de salut plus puissantes et plus abondantes qu'au reste des hommes. *Voy.* ENFANT DE DIEU.

ADORATION, ADORER. Ce terme, pris dans sa signification littérale, signifie porter la main à la bouche, baiser sa main par un sentiment de vénération. Dans tout l'Orient ce geste est une des plus grandes marques de respect et de soumission : il a été en usage à l'égard de Dieu et à l'égard des hommes. Il est dit dans le livre de Job, c. xxxi, v. 17 : *Si j'ai regardé le soleil dans son éclat, et la lune dans sa clarté ; si j'ai baisé ma main avec une joie secrète, ce qui est un très-grand péché et une manière de renier le Dieu très-haut.* Dans le troisième livre des Rois, c. xix, v. 18 : *Je me réserverai sept mille hommes qui n'ont pas fléchi le genou devant Baal, et toutes les bouches qui n'ont pas baisé leurs mains pour l'A-DORER.* Minutius Félix dit que Cécilius, passant devant la statue de Sérapis, baisa sa main, comme c'est la coutume du peuple superstitieux. Ceux qui *adorent*, dit saint Jérôme, ont coutume de baiser la main et de baiser la terre ; les Hébreux, selon le génie de leur langue, mettent le baiser pour l'*adoration* : il est dit, *Ps.* ii, v. 12, *Baisez le fils, de peur qu'il ne s'irrite*, c'est-à-dire, ADOREZ-le, et soumettez-vous à son empire.

Pharaon, parlant à Joseph, lui dit : *Tout mon peuple baisera la main à votre commandement. Il recevra vos ordres comme ceux du roi.* Abraham *adore* le peuple d'Hébron, *Gen.* xxiii, 7 et 12. La Sunamite *adore* Elisée, qui avait ressuscité son fils *IV Reg.* iv, 37, etc. Dans ces divers passages, le terme *adorer* ne signifie certainement pas la même chose ni la même espèce de culte.

Lorsqu'il est employé à l'égard de Dieu, il signifie le culte suprême qui n'est dû qu'à Dieu seul ; lorsqu'il est mis en usage à l'égard des idoles, c'est un acte d'idolâtrie ; si l'on s'en sert à l'égard des hommes, ce mot n'exprime qu'un culte purement civil. La même équivoque a lieu dans l'hébreu comme dans les autres langues.

Baiser la main, fléchir les genoux, se prosterner, sont des signes extérieurs dont le sens varie selon l'intention de ceux qui les emploient.

C'est donc mal à propos que les protestants se sont élevés contre notre croyance, parce que nous disons *adorer la croix*, et que nous donnons des marques de respect à la vue de ce signe de notre rédemption. Il est évident que nous ne prenons pas alors le terme d'*adoration* dans le même sens que par rapport à Dieu, que ce culte se rapporte à Jésus-Christ Homme-Dieu ; qu'il ne se borne ni à la matière, ni à la figure de la croix. *Voy.* l'*Exposition de la Foi catholique*, par Bossuet.

Vainement ils disent que Dieu seul doit être *adoré* ; si par là ils entendent *honoré comme Etre suprême*, cela est vrai ; s'ils entendent *honoré comme être respectable*, c'est une fausseté. Le culte, l'honneur, le respect, doivent être proportionnés à la dignité des personnages auxquels ils sont adressés, et il serait absurde de soutenir que le respect n'est dû qu'à Dieu. *Voy.* CULTE.

Ils disent et répètent sans cesse que nous *adorons* les saints, leurs images, leurs reliques : c'est toujours la même équivoque. Nous honorons les saints, et nous leur témoignons du respect, mais non le même respect qu'à Dieu ; nous respectons leurs images à cause de ce qu'elles représentent, et leurs reliques parce qu'elles leur ont appartenu ; mais nous ne les *adorons* pas, si par *adorer* l'on entend le culte suprême. Quand quelques auteurs catholiques, peu exacts dans leurs expressions, auraient mal appliqué le terme d'*adoration*, cela ne prouverait encore rien, puisque notre croyance est clairement exposée dans tous nos catéchismes. *Voy.* Paganisme, § 11.

Une autre grande question entre les protestants et nous, est de savoir si l'on doit *adorer* l'Eucharistie ; cela dépend de savoir si Jésus-Christ y est véritablement, ou s'il n'y est pas. *Voyez* Eucharistie, § 4.

On nomme encore *adoration* l'hommage que les cardinaux rendent au pape après son élection, et une manière extraordinaire d'élection, qui se fait lorsque la foule des cardinaux va subitement se prosterner devant l'un d'entre eux et le proclame pape. Ces termes équivoques ne peuvent induire en erreur que ceux qui ne font pas attention aux bizarreries du langage, ou qui veulent se tromper eux-mêmes par l'abus des termes.

Au mot Paganisme, § 11, nous réfuterons la notion que quelques protestants ont voulu donner de l'*adoration*, afin de persuader que les catholiques *adorent* les saints et les images.

ADRAMELEC. *Voy.* Samaritains.

ADRIANISTES. Théodoret met les *adrianistes* au nombre des hérétiques qui sortirent de la secte de Simon le Magicien ; mais aucun autre auteur n'en parle. Théodoret, *livre* I des *Fables hérétiques*, c. 1.

Les sectateurs d'Adrien Hamstédius, l'un des novateurs du xvie siècle, furent appelés de ce nom. Il enseigna premièrement dans la Zélande, et ensuite en Angleterre, que l'on était libre de garder les enfants durant quelques années sans leur conférer le baptême ; que Jésus-Christ avait été formé de la semence de la femme, et qu'il n'avait fondé la religion chrétienne que pour certaines circonstances. Outre ces erreurs et quelques autres pleines de blasphèmes, il souscrivait à toutes celles des anabaptistes. *Prateol. Sponde, Lindan.*

ADVERSITÉ. *Voyez* Affliction.

ADULTÈRE, crime de ceux qui violent la foi conjugale. Les jurisconsultes ne donnent ordinairement ce nom qu'à l'infidélité d'une personne mariée ; mais les théologiens appellent aussi *adultère* le crime d'une personne libre qui pèche avec une personne mariée ; parce que l'une et l'autre coopèrent à la violation de la foi jurée ; si tous deux sont mariés, c'est alors un *double adultère*. Aussi la loi de Moïse, qui condamne à la mort les *adultères* de l'un et de l'autre sexe, *Levit.* xx, 10 ; *Deut.* xxii, 22, n'exempte point de la peine le coupable non marié : la loi du décalogue qui défend à tout homme de convoiter la femme de son prochain, n'excepte personne, non plus que la décision portée par Jésus-Christ, *Matth.* v, 28, que celui qui regarde une femme pour s'exciter à de mauvais désirs, a déjà commis l'*adultère* dans son cœur. Saint Paul s'exprime d'une manière aussi générale, en disant que si une femme, pendant la vie de son mari, habite avec un autre homme, elle sera coupable d'*adultère*. *Rom.* vii, 3.

La sévérité de ces lois et de cette morale est évidemment fondée sur l'intérêt de la société. S'il y a un crime capable de troubler l'ordre public et de faire commettre d'autres forfaits, c'est celui dont nous parlons. Plus les devoirs qu'impose l'état du mariage sont grands, plus il importe que cet engagement soit sacré et inviolable. Les droits des deux conjoints sont égaux ; quel que soit celui des deux qui les foule aux pieds, il est, aux yeux de Dieu et de la religion, coupable du même crime. A la vérité, l'infidélité de la femme entraîne des conséquences plus fâcheuses, puisqu'elle l'expose à placer dans sa famille un enfant adultérin, qui enlèvera injustement aux enfants légitimes une partie de leur héritage, et qui sera pour le mari une charge de plus. Mais, d'autre part, un mari infidèle, quelle que soit la personne à laquelle il s'attache, fait à son épouse l'injure la plus sensible, et à ses enfants un tort irréparable, il n'est pas rare de voir des pères perfides témoigner pour les fruits de leur débauche plus d'attachement que pour ceux de l'union conjugale.

Ce crime une fois commis, il ne reste plus d'estime, plus de confiance, plus de tendresse mutuelle entre les époux ; le lien qui devait faire leur bonheur leur devient insupportable. De là naissent les divisions éclatantes, les séparations scandaleuses, les diffamations réciproques, les haines déclarées entre les familles. A quels excès ne sont pas capables de porter la jalousie, la vengeance, la fureur ? Quels exemples pour des enfants qui auraient dû trouver des modèles de vertu dans ceux de qui ils ont reçu le jour ! Quelle reconnaissance, quel respect peuvent-ils avoir pour eux ?

Lorsque les mœurs d'une nation sont dépravées, que l'irréligion, le luxe, l'épicuréisme, ont étouffé tous les sentiments et perverti tous les principes, ce désordre ne peut pas manquer de devenir commun ; l'on n'en rougit plus, et l'on ferme les yeux sur toutes les conséquences. L'on disserte alors et l'on déclame contre l'indissolubilité du mariage ; on soutient la justice et la nécessité du divorce. Un crime peut-il donc rendre nécessaire un autre crime ? C'est augmenter le mal au lieu d'y remédier. *Voy.* Divorce.

Jésus-Christ, plus sage que tous les dissertateurs, a pris le seul moyen efficace de le prévenir, en fermant toutes les avenues qui peuvent y conduire, en condamnant le simple désir de l'impudicité. Pour conserver les corps chastes, dit saint Jean Chrysostome, il s'est attaché à purifier les âmes, *l.* vii,

Hom. 17 *in Matth.* En rétablissant le mariage dans sa sainteté primitive, il a voulu bannir les désordres qui le rendent malheureux.

Le sentiment commun des théologiens protestants est que ce divin Maître a permis le divorce ou la rupture du mariage en cas d'*adultère;* nous prouverons le contraire au mot DIVORCE (1).

Certains critiques ont été scandalisés de ce que Jésus-Christ ne voulut pas condamner la femme *adultère. Joann.*, VIII, 3. S'il l'avait condamnée, ces censeurs téméraires déclameraient encore plus fort. 1° Le Sauveur n'était ni juge ni magistrat; il ne voulut pas seulement en faire les fonctions pour accorder deux frères qui contestaient sur leur héritage. *Luc.* XII, 14. 2° Les scribes et les pharisiens, qui accusaient cette femme, ne l'étaient pas non plus; ce n'était point le zèle pour l'observation de la loi qui les faisait agir; mais le désir de tendre un piége au Sauveur. Dès qu'ils virent que leur hypocrisie était démasquée, ils se retirèrent tout confus. 3° En usant d'indulgence envers l'accusée, il n'ôtait pas aux magistrats le pouvoir de la punir si elle était véritablement coupable, et ce n'était point à lui de poursuivre sa condamnation : il était venu non pour perdre les pécheurs, mais pour les sauver. 4° En disant aux accusateurs : *Que celui d'entre vous qui est sans péché jette la première pierre*, il ne décidait pas qu'il faut être sans péché pour juger un criminel, puisque, encore une fois, il n'y avait point là de juges, et que cette femme n'avait été ni convaincue ni condamnée. Si tel avait été le sens de sa réponse, les scribes et les pharisiens ne se seraient pas tus; mais elle leur fit sentir que Jésus-Christ connaissait leurs motifs et leur dessein; c'est ce qui les couvrit de confusion, et les fit retirer l'un après l'autre.

Cette histoire manquait autrefois dans plusieurs exemplaires de l'évangile de saint Jean ; saint Augustin et d'autres auteurs ont pensé qu'elle avait été omise exprès par des copistes, qui craignaient que l'on n'en tirât des conséquences fâcheuses, comme font aujourd'hui les incrédules. Fausse prudence, mais qui, heureusement, n'a pas eu de succès. Cette narration nous fait admirer la sagesse et la charité du Sauveur; elle ne peut inspirer une fausse confiance aux pécheurs, mais seulement leur apprendre que s'ils se repentent, Jésus-Christ est toujours prêt à leur pardonner. C'est encore une bonne leçon pour les zélateurs hypocrites qui déclament contre la négligence et la douceur des magistrats, pendant qu'ils seraient eux-mêmes en danger d'être punis, si les lois étaient observées à la rigueur.

AÉRIENS. Sectaires du quatrième siècle, qui furent ainsi appelés d'Aérius, prêtre d'Arménie, leur chef. Les *aériens* avaient à peu près les mêmes sentiments sur la Trinité

---

(1) Voir le *Dictionnaire de Théologie morale*, pour avoir une idée complète des lois divines, ecclésiastiques et civiles concernant l'adultère.

que les ariens; mais ils avaient de plus quelques dogmes qui leur étaient propres et particuliers; par exemple, que l'épiscopat n'est point un ordre différent du sacerdoce, et qu'il ne donne aux évêques le pouvoir d'exercer aucune fonction qui ne puisse être faite par les prêtres. Ils fondaient ce sentiment sur plusieurs passages de saint Paul, et singulièrement sur celui de la première épître à Timothée, c. IV, v. 14, où l'apôtre l'exhorte à ne pas négliger le don qu'il a reçu par l'imposition des mains des prêtres. Sur quoi Aérius observe qu'il n'est pas là question d'évêques, et qu'il est clair par ce passage que Timothée reçut l'ordination par la main des prêtres.

Saint Épiphane, *Hæres.* 75, s'élève avec force contre les *aériens*, en faveur de la supériorité des évêques. Il observe judicieusement que le mot *presbyterii*, dans saint Paul, renferme les deux ordres d'évêques et de prêtres, tout le sénat, toute l'assemblée des ecclésiastiques d'un même endroit, et que c'était dans une pareille assemblée que Timothée avait été ordonné. *Voyez* PRESBYTÈRE, ÉVÊQUE.

Les disciples d'Aérius soutenaient encore, après leur maître, que les prières pour les morts étaient inutiles; que les jeûnes établis par l'Église, et surtout ceux du mercredi, du vendredi et du carême, étaient superstitieux; qu'il fallait plutôt jeûner le dimanche que les autres jours, et qu'on ne devait plus célébrer la pâque. Ils appelaient par mépris *antiquaires* les fidèles attachés aux cérémonies prescrites par l'Église, et aux traditions ecclésiastiques. Les *aériens* se réunirent aux catholiques pour combattre les rêveries de cette secte, qui ne subsista pas longtemps. Tillemont, *Hist. ecclés.*, t. IX, p. 87.

Comme la plupart des erreurs soutenues par Aérius ont été renouvelées par les protestants, il est de leur intérêt de justifier cet hérétique. Ils disent que son principal but était de réduire le christianisme à sa simplicité primitive. *Ce dessein*, dit Mosheim, *est sans doute louable ; mais les principes qui y portent et les moyens que l'on emploie sont souvent répréhensibles à plusieurs égards, et tel peut avoir été le cas de ce réformateur* (*Hist. ecclésiast.*, IVᵉ siècle, IIᵉ part., c. 3, § 21). Ainsi, selon Mosheim, Aérius pouvait avoir tort pour la forme, mais il avait raison pour le fond. *Son opinion*, dit-il encore, *plut beaucoup à plusieurs bons chrétiens qui étaient las de la tyrannie et de l'arrogance de leurs évêques.*

Mais nous soutenons que ce réformateur, très-semblable à ceux du seizième siècle, était répréhensible et condamnable à tous égards. 1° Était-ce à un simple prêtre, sans autorité et sans mission, de vouloir réformer la croyance et la pratique de l'Église universelle? S'il croyait y apercevoir des innovations et des abus, il pouvait faire des représentations modestes et respectueuses aux pasteurs auxquels il appartenait d'y pourvoir ; mais se révolter contre son évêque, lui débaucher ses diocésains, se séparer de l'Eglise pour devenir chef de secte et de parti, c'est une conduite condamnée par les apôtres, et que rien ne peut excuser. 2° Le motif qui faisait agir Aérius était connu : c'était la jalousie contre son évêque, et le dépit de ne lui avoir pas été préféré pour remplir le siége de Sébaste ; on en était convaincu par ses discours et par toute sa conduite. 3° Cet hérétique n'attaquait point des abus nouvellement introduits, mais des usages aussi anciens que le christianisme. Saint Epiphane, en le réfutant, lui oppose la tradition primitive, constante et universelle de toute l'Eglise chrétienne, *Hæres.* 75. Vouloir supprimer ou changer ces notions et ces usages, ce n'était pas réduire le christianisme à sa simplicité primitive, mais créer un nouveau christianisme. Au quatrième siè le il était aisé de savoir quel avait été le christianisme depuis les apôtres. 4° Une preuve que ceux qui s'attachèrent à Aérius n'étaient pas de *bons chrétiens*, c'est que cet hérétique n'admettait pas la divinité de Jésus-Christ ; aussi ses sectateurs et lui furent-ils chassés de toutes les églises, réduits à s'assembler dans les campagnes et dans les forêts. 5° Aucune secte hérétique n'a jamais manqué de regarder les pasteurs légitimes comme des tyrans et des arrogants ; mais aucun chef de secte n'a jamais manqué non plus de s'arroger une autorité plus absolue et plus tyrannique que celle des évêques : témoin Luther et Calvin. Il est fâcheux qu'Aérius, un de leurs précurseurs, ait été universellement condamné comme novateur ; cet exemple aurait dû les rendre plus sages. *Voyez* NOVATEURS.

AÉTIENS. *Voyez* ANOMÉENS.

AFFINITÉ, parenté par alliance. On trouvera dans le *Dictionnaire de jurisprudence* la distinction des différentes espèces d'*affinité*, et des divers degrés dans lesquels c'est un empêchement dirimant du mariage.

AFFINITÉ SPIRITUELLE, espèce d'alliance que contractent avec leur filleul ceux qui lui servent de parrain et de marraine au baptême ; ils la contractent encore avec le père et la mère du baptisé ; de même celui qui baptise est censé contracter une alliance ou *affinité* spirituelle avec le baptisé et avec ses père et mère. C'est un empêchement de mariage sur lequel il faut consulter les canonistes. *Voyez* aussi l'*Ancien Sacramentaire* par Grandcolas, 2ᵉ part., p. 23. La même *affinité* se contracterait par le sacrement de confirmation, si c'était encore l'usage d'y prendre des parrains et des marraines.

AFFLICTION. Nous laissons aux philosophes les réflexions que la raison peut nous suggérer sur l'utilité des *afflictions*, et dont nous nous servons pour répondre aux blasphèmes des athées contre la Providence et contre la bonté divine. Notre travail doit se borner à démontrer ce que la révélation nous enseigne sur ce point.

Déjà, du temps de Job, les *afflictions* des justes étaient un sujet de scandale pour ceux qui se piquaient de raisonner. Ses amis lui soutenaient que Dieu ne l'aurait point *affligé*, s'il n'avait pas été pécheur ; le saint homme

leur répond et justifie la providence : c'est le plus ancien exemple de dispute philosophique dont l'histoire nous donne connaissance. 1° Job fait parler le Seigneur pour apprendre aux hommes que sa conduite et ses desseins sont impénétrables, et qu'il n'en doit compte à personne, c. IX, v. 38. Nous ne connaissons ni l'intérieur des hommes, ni ce que Dieu fera pour eux dans la suite ; il y a donc bien de la témérité à juger de sa providence par le moment présent.

2° Il pose pour principe que l'homme n'est jamais exempt de tout péché aux yeux de Dieu, *ibid.*, v. 2. Les *afflictions* qu'il éprouve peuvent donc toujours être le châtiment de ses fautes. 3° Job soutient que Dieu dédommage ordinairement en ce monde le juste *affligé*, cap. 21, 24, 27 ; et il en est lui-même un illustre exemple. 4° Il compte sur une vie à venir. *Quand Dieu m'ôterait la vie*, dit-il, *j'espérerais encore en lui... Les leviers de ma bière porteront mon espérance, elle reposera avec moi dans la poussière du tombeau.* C. XIII, v. 15 ; c. XVII, v. 16, *Hebr.* Après avoir déploré la brièveté de la vie de l'homme, il dit au Seigneur : *Accordez-lui donc quelques moments de repos, jusqu'à celui auquel il attend, comme le mercenaire, le salaire de son travail.* C. XIV, v. 6.

Mais ces vérités capitales, qui faisaient déjà la consolation des patriarches, ont été mises dans un plus grand jour par Jésus-Christ ; c'est lui qui, par ses leçons et par son exemple, a fait comprendre aux hommes qu'il faut acheter le bonheur éternel par les souffrances, et qui a su apprendre aux justes à remercier Dieu des *afflictions*.

D'ailleurs, l'Écriture sainte nous fait sentir que cette vie ne peut pas être le temps de récompenser la vertu et de punir tous les crimes. 1° Cette conduite ôterait aux justes le mérite de la persévérance et de la confiance en Dieu, bannirait du monde les vertus héroïques, rendrait l'homme esclave et mercenaire. Elle ôterait aux pécheurs le temps et les moyens de faire pénitence et de se corriger. Un être aussi faible, aussi inconstant que l'homme, doit-il être ainsi traité ? 2° Souvent une action qui paraît louable, a été faite par un motif criminel, elle est plus digne de punition que de récompense ; souvent un délit, qui paraît mériter des supplices, est pardonnable, parce qu'il a été commis par surprise, par faiblesse, par erreur. Est-il utile à la société que tous les crimes secrets soient dévoilés par un châtiment éclatant ? Qui oserait souhaiter pour lui-même cette Providence rigoureuse ? 3° Il faudrait que notre vie fût éternelle sur la terre ; quand les peines de ce monde pourraient suffire pour punir tous les crimes, la félicité de cette vie est trop imparfaite pour être le salaire de la vertu. 4° Il faudrait des miracles continuels pour mettre les justes à couvert des fléaux qui sont universels, et pour empêcher les pécheurs de prospérer par leur industrie et par leurs talents naturels. Ceux qui accusent la Providence sont donc des insensés.

Dès qu'il est établi par la révélation que,

quand Dieu nous afflige, c'est par miséricorde ; qu'il veut par là nous purifier en ce monde, afin de nous pardonner et de nous récompenser dans l'autre ; nous sommes encore plus obligés de le bénir dans les *afflictions* que dans la prospérité.

AFFRANCHI, en latin *libertinus*. Ce terme signifie proprement un esclave mis en liberté. Dans les Actes des apôtres il est parlé de la synagogue des *affranchis*, qui s'élevèrent contre saint Etienne, qui disputèrent contre lui, et qui montrèrent beaucoup de chaleur à le faire mourir. Les interprètes sont partagés sur ces *libertins* ou *affranchis :* les uns croient que le texte grec, qui porte *libertini*, est fautif, et qu'il faut lire *libystini*, les Juifs de la Libye voisine de l'Egypte. Le nom *libertini* n'est pas grec ; et les noms auxquels il est joint dans les Actes, font juger que saint Luc a voulu désigner les peuples voisins des Cyrénéens et des Alexandrins ; mais cette conjecture n'est appuyée sur aucun manuscrit ni sur aucune version que l'on sache. *Joan. Drus., Cornel. à Lapid., Mill.*

D'autres croient que les *affranchis* dont parlent les Actes étaient des Juifs que Pompée et Sosius avaient emmenés captifs de la Palestine en Italie, lesquels ayant obtenu la liberté, s'établirent à Rome, et y demeurèrent jusqu'au temps de Tibère, qui les en chassa sous prétexte de superstitions étrangères qu'il voulait bannir de Rome et d'Italie. Ces *affranchis* purent se retirer en assez grand nombre dans la Judée, et avoir une synagogue à Jérusalem, où ils étaient lorsque saint Etienne fut lapidé. Les rabbins enseignent qu'il y avait dans Jérusalem, jusqu'à quatre cents synagogues, sans compter le temple. *OEcuménius , Lyran,* etc. Mais il pouvait y avoir en Afrique une colonie nommée *libertina*, puisqu'à la conférence de Carthage, c. 116, deux évêques, l'un catholique, l'autre donatiste, prirent tous deux le titre d'*Episcopus Ecclesiæ libertinensis.*

AFRICAINS, AFRIQUE. On ne sait pas certainement qui est celui des apôtres, ou de leurs disciples, qui a prêché le premier la religion chrétienne sur les côtes de l'*Afrique*. Quelques auteurs ont écrit que c'était l'apôtre saint Simon ; d'autres soutiennent que le christianisme ne s'est établi dans cette partie du monde que vers l'an 120 de notre ère. Il y avait fait en peu de temps de très-grands progrès, puisqu'au v⁰ siècle on y comptait plus de quatre cents évêques. Les Vandales, qui pour lors se rendirent maîtres de l'*Afrique*, y établirent l'arianisme ; mais ils en furent chassés sous Justinien, l'an 533. Dans le siècle suivant, les Sarrasins ou Arabes mahométans l'ont subjuguée, et en ont banni le christianisme. *Voy.* Fabricius, *Salut. lux Evang.*, c. 44, p. 702.

Pour comprendre jusqu'à quel point le christianisme avait changé le génie et le caractère des *Africains*, il n'y a qu'à comparer les mœurs des anciens Carthaginois et celles des Barbaresques d'aujourd'hui avec celles qui régnaient dans ce même climat du temps de Tertullien, de saint Cyprien, de saint Au-

gustin. Le même phénomène se voyait en Egypte, et subsiste encore aujourd'hui chez les Abyssins ; c'est bien une preuve qu'il n'y a dans l'univers aucune contrée où le christianisme ne puisse s'établir et se conserver, et que la sainteté de cette Religion peut triompher dans tous les climats.

A la vérité, lorsque l'on fait attention à l'excès du rigorisme de Tertullien, à l'obstination avec laquelle les évêques d'*Afrique* refusèrent pendant longtemps de reconnaître comme valide le baptême donné par les hérétiques, aux fureurs atroces des donatistes et de leurs circoncellions, aux mœurs de la plupart de leurs évêques, à la dureté avec laquelle s'expriment plusieurs conciles de ce pays-là, on voit qu'en général le caractère *africain* ne gardait point de mesure, et donnait presque toujours dans l'excès. Salvien, *de Provid.*, l. viii, n. 2 et suiv., fait des mœurs de cette partie du monde un affreux tableau ; il soutient que l'irruption des Vandales est une juste punition des crimes des *Africains*. On est tenté de croire que, pour conserver longtemps le christianisme dans ce pays-là, il fallait un miracle aussi grand que celui que Dieu avait fait pour l'y établir. Cependant il y a subsisté pendant près de six cents ans, en y comprenant le siècle entier pendant lequel l'arianisme, des Vandales y a dominé ; notre religion n'y a été entièrement détruite qu'en l'an 709, lorsque les mahométans, pour achever la conquête de l'*Afrique*, passèrent tous les chrétiens au fil de l'épée. *Hist. de l'Acad. des Inscript.*, t. X, in-12, p. 203.

Aujourd'hui même une très-grande partie de l'*Afrique* serait chrétienne, s'il était possible de vaincre plusieurs obstacles qui s'opposent au succès des missions. 1° Dans plusieurs contrées de ce vaste continent le climat est meurtrier pour les Européens ; plusieurs des tentatives que l'on a faites pour y établir des missions, n'ont abouti qu'à faire périr les missionnaires ; comme à Madagascar, au Congo, à Loango, dans la Guinée, etc. Il faudrait des naturels du pays pour y établir solidement la Religion chrétienne. 2° Les relations que les missionnaires européens sont forcés d'entretenir avec la nation qui les protége, les rendent suspects aux *Africains*, qui redoutent beaucoup le génie conquérant, l'ambition, la rapacité et le ton impérieux des nations de l'Europe. 3° La politique détestable de celles-ci les a souvent portées à croiser le succès des missions ; parce que si les *Africains* embrassaient le christianisme, ils ne vendraient plus leurs compatriotes, et l'on n'aurait plus de nègres pour cultiver les colonies de l'Amérique. 4° Le caractère de la plupart de ces peuples méridionaux est extrêmement léger, et à peu près semblable à celui des enfants ; ils sont très-sensibles au moindre intérêt temporel ; ils renoncent à la religion aussi aisément qu'ils l'embrassent, dès qu'ils y trouvent le moindre avantage. *Etat présent de la Religion*, etc., pag. 222 et suiv.

Mosheim, qui n'a négligé aucune occasion

de déprimer les travaux et les succès des missionnaires catholiques, a cependant été forcé de rendre justice au zèle héroïque avec lequel les capucins se sont livrés aux missions de l'*Afrique*. *Hist. eccl.*, xviiᵉ siècle, sect. 1ʳᵉ, § 18.

AGAG, roi des Amalécites. Saül, vainqueur de ce roi, l'avait épargné contre l'ordre exprès du Seigneur, Samuel indigné le mit à mort devant le tabernacle. *I Reg.* xv, 33. On reproche à Samuel ce meurtre, non-seulement comme un acte de cruauté, mais comme un sacrifice de sang humain offert à Dieu.

Il n'était point là question de sacrifice, mais d'exécuter l'ordre de Dieu, et de traiter un ennemi dans toute la rigueur du droit de la guerre, tel qu'il était connu et suivi pour lors. Loin d'agir par un motif de cruauté, Samuel veut punir *Agag* de ses cruautés. *De même*, lui dit-il, *que ton épée a privé les mères de leurs enfants, ainsi ta mère sera privée de toi.* Saül lui-même reconnut qu'il avait eu tort d'épargner *Agag*. *Ibid.*, v. 30.

Mais les incrédules forment contre Samuel une accusation plus grave, c'est d'avoir été la cause de cette guerre : rien ne leur paraît plus injuste que d'avoir engagé Saül à exterminer entièrement les Amalécites, sous prétexte que, quatre cents ans auparavant, leurs ancêtres avaient refusé aux Israélites, sortant de l'Égypte, le passage sur leurs terres.

Est-ce là véritablement tout le crime des Amalécites ? Non-seulement ils avaient refusé le passage, mais ils étaient tombés sur ceux des Israélites qui étaient restés en arrière, épuisés de faim et de fatigues, et les avaient massacrés sans raison et sans crainte de Dieu. Voilà pourquoi Dieu donna aux Israélites l'ordre suivant : *Lorsque le Seigneur vous aura donné le repos dans la terre qu'il vous a promise, vous exterminerez de dessous le ciel le nom d'Amalec* (*Deuter.* xxv, 17). Ce même ordre avait déjà été donné au moment que les Amalécites vinrent attaquer les Israélites. *Exod.* xvii, 8 et 14. Sous les juges, ils se joignirent deux fois aux Moabites et aux Madianites, pour mettre les possessions des Israélites à feu et à sang. *Jud.* iv, 13 ; vi, 3. Ils avaient donc mérité la vengeance qui fut exercée contre eux, et Samuel était bien fondé à demander que l'ordre du Seigneur fût exécuté à la rigueur.

Mais pourquoi, disent nos censeurs, exterminer non-seulement les hommes, mais les animaux ? Parce que Dieu l'avait ainsi ordonné ; parce que les Amalécites avaient agi de même envers les Israélites, *Jud.* vi, 4 ; parce qu'en épargnant le bétail, les Israélites auraient paru agir par cupidité, et non par obéissance à l'ordre de Dieu.

AGAPES, du grec ἀγάπη, *amour* : repas de charité que faisaient entre eux les premiers chrétiens dans leurs assemblées, pour cimenter la concorde et l'union entre les membres du même corps, et pour rétablir du moins au pied des autels la fraternité détruite dans la société civile par la trop grande inégalité des conditions.

Dans les commencements, ces *agapes* se passaient sans désordre et sans scandale ; il le paraît par ce que saint Paul en écrivit aux Corinthiens, *Epist. I*, c. xi. Les païens, qui n'en connaissaient ni la police ni la fin, en prirent occasion de faire aux premiers fidèles les reproches les plus odieux. On les accusa d'égorger des enfants, d'en manger la chair, de se livrer dans les ténèbres à l'impudicité ; le peuple crédule ajouta foi à ces calomnies. Mais Pline, après des informations exactes, en rendit compte à Trajan, et assura que, dans les *agapes*, tout respirait l'innocence et la frugalité.

L'empereur Julien, quoique ennemi déclaré des chrétiens, convenait que leur charité envers les pauvres, leurs *agapes*, le soin que leurs prêtres prenaient des misérables, étaient un des principaux attraits par lesquels ils engageaient les païens à embrasser leur religion. *OEuv. de Julien*, édit. de Spanheim, p. 305.

Les pasteurs, pour bannir toute ombre de licence, défendirent que le baiser de paix par lequel s'unissait l'assemblée, se donnât entre les personnes de sexe différent, et qu'on dressât des lits dans les églises pour y manger plus commodément ; mais divers autres abus engagèrent insensiblement à supprimer les *agapes*. Saint Ambroise y travailla si efficacement, que dans l'église de Milan l'usage en cessa entièrement. Dans celle d'Afrique, il ne subsista plus qu'en faveur des clercs, et pour exercer l'hospitalité envers les étrangers ; mais ce ne fut pas sans peine que saint Augustin vint à bout de faire supprimer à Hippone cette coutume de manger dans l'église, abus qui avait été défendu par le concile de Laodicée, can. 18 ; il fut obligé de prendre toutes les précautions et d'user de tous les ménagements possibles. *Mém. de Tillem.*, tom. XIII, pag. 206.

Il y a eu entre les savants plusieurs contestations pour savoir si la communion de l'eucharistie se faisait avant ou après le repas des *agapes* ; il paraît que dans l'origine elle se faisait après, afin d'imiter plus exactement l'action de Jésus-Christ, qui n'institua l'eucharistie et ne communia ses apôtres qu'après la cène qu'il venait de faire avec eux. Cependant l'on comprit bientôt qu'il était mieux de recevoir l'eucharistie à jeun, et il paraît que cet usage s'établit dès le second siècle ; mais le troisième concile de Carthage, en l'ordonnant ainsi, excepta le jour du jeudi saint, auquel on continua de faire les *agapes* avant la communion. L'on en conclut que la discipline, sur ce point, ne fut pas d'abord uniforme partout. Bingham, *Orig. Eccles.*, l. xv, c. 7, § 7.

Quelques écrivains prétendent que ces *agapes* étaient une coutume empruntée du paganisme ; c'était un des reproches de Fauste le manichéen.

Ils ne font pas attention que les Juifs étaient dans l'usage de manger des victimes qu'ils immolaient au vrai Dieu, et qu'en ces occasions ils rassemblaient leurs parents et leurs amis. Le christianisme, qui avait pris naissance parmi eux, en prit cette coutume, indifférente en elle-même, mais bonne et louable par le motif qui la dirigeait. Les premiers fidèles, d'abord en petit nombre, se considéraient comme une famille de frères, et vivaient en commun : l'esprit de charité institua ces repas où régnait la tempérance ; multipliés par la suite, ils voulurent conserver cet usage des premiers temps ; les abus s'y glissèrent, et l'Eglise fut obligée de l'interdire.

Saint Grégoire le Grand permit aux Anglais nouvellement convertis de faire des festins sous des tentes ou des feuillages, au jour de la dédicace de leurs églises ou des fêtes des martyrs, auprès des églises, mais non pas dans leur enceinte. On rencontre aussi quelques traces des *agapes* dans l'usage où sont plusieurs églises cathédrales ou collégiales de faire, le jeudi saint, après le lavement des pieds et celui des autels, une collation dans le chapitre, le vestiaire, et même dans l'église. Saint Grég., *Ep.* 71, l. IX ; Baronius, *ad ann.* 57, 377, 384 ; Fleury, *Hist. eccles.*, t. I, p. 64, l. I.

AGAPÈTES. C'étaient, dans la primitive Eglise, des vierges qui vivaient en communauté, et qui servaient les ecclésiastiques par pur motif de piété et de charité.

Ce mot signifie *bien-aimée*, et, comme le précédent, il est dérivé du grec.

Dans la première ferveur de l'Eglise naissante, ces pieuses sociétés, loin d'avoir rien de criminel, étaient nécessaires à bien des égards. Le petit nombre de vierges qui faisaient, avec la Mère du Sauveur, partie de l'Eglise, et dont la plupart étaient parentes de Jésus-Christ ou de ses apôtres, ont vécu en commun avec eux comme avec tous les autres fidèles. Il en fut de même de celles que quelques apôtres prirent avec eux en allant prêcher l'Evangile aux nations ; outre qu'elles étaient probablement leurs proches parentes, et d'ailleurs d'un âge et d'une vertu hors de tout soupçon, ils ne les retinrent auprès de leurs personnes que pour le seul intérêt de l'Evangile, afin de pouvoir par leur moyen, comme dit saint Clément d'Alexandrie, introduire la foi dans certaines maisons, dont l'accès n'était permis qu'aux femmes. On sait que chez les Grecs leur appartement était séparé, et qu'elles avaient rarement communication avec les hommes du dehors. On peut dire la même chose des vierges dont le père était promu aux ordres sacrés, comme des quatre filles de saint Philippe, diacre, et de plusieurs autres. Mais, hors de ces cas privilégiés et de nécessité, il ne paraît pas que l'Eglise ait jamais souffert que des vierges, sous quelque prétexte que ce fût, vécussent avec des ecclésiastiques autres que leurs plus proches parents. On voit par ses plus anciens monuments qu'elle a toujours interdit ces sortes de sociétés. Tertullien, dans son livre sur le *Voile des vierges*, peint leur état comme un engagement indispensable à vivre éloignées des regards

des hommes ; à plus forte raison, à fuir toute cohabitation avec eux. Saint Cyprien, dans une de ses *Epîtres*, assure aux vierges de son temps, que l'Eglise ne pouvait souffrir non-seulement qu'on les vît loger sous le même toit avec des hommes, mais encore manger à la même table : le même saint évêque, instruit qu'un de ses collègues venait d'excommunier un diacre pour avoir logé plusieurs fois avec une vierge, félicite ce prélat de cette action comme d'un trait digne de la prudence et de la fermeté épiscopale ; enfin les Pères du concile de Nicée défendent expressément à tous les ecclésiastiques d'avoir chez eux de ces femmes qu'on appelait *subintroductæ*, si ce n'étaient leur mère, leur sœur, ou leur tante paternelle, à l'égard desquelles, disent-ils, ce serait une horreur de penser que des ministres du Seigneur fussent capables de violer les droits de la nature.

Par cette doctrine des Pères, et par les précautions prises par le concile de Nicée, il est probable que la fréquentation des *agapètes* et des ecclésiastiques avait occasionné des désordres et des scandales. C'est ce que semble insinuer saint Jérôme, quand il demande avec une sorte d'indignation : *Unde agapetarum pestis in Ecclesiam introivit ?* C'est à cette même fin que saint Jean Chrysostome, après sa promotion au siége de Constantinople, écrivit deux petits traités sur le danger de ces sociétés ; et enfin le concile général de Latran, sous Innocent III, en 1139, les abolit entièrement.

Les protestants et tous ceux qui ont écrit contre le célibat des clercs, ont fait grand bruit des scandales qui naquirent de la fréquentation des *agapètes* avec les ecclésiastiques ; il semble, à les entendre, que cet abus était très-commun, que les lois de l'Eglise ne furent pas suffisantes pour le déraciner, et qu'il fallut pour cela recourir à l'autorité des empereurs ; ils ont répété vingt fois le mot de saint Jérôme que nous venons de citer.

C'est ainsi que, par des exagérations ridicules, on trompe les lecteurs. 1° Ces déclamateurs ne font pas attention que la fréquentation dont nous parlons avait lieu avant qu'il y eût une loi générale du célibat pour les ecclésiastiques ; cette loi ne fut pas même portée dans le concile de Nicée, qui défendit aux clercs promus aux ordres sacrés de retenir chez eux des personnes qui ne fussent pas leurs proches parentes : ce n'est donc pas la loi du célibat qui donna lieu à leur société avec les *agapètes*, ou femmes *sous-introduites*. 2° Tous les exemples que l'on a pu citer de ce scandale se réduisent à deux ou trois, à celui de Paul de Samosate qui retenait chez lui deux jeunes personnes, et ce fut une des causes de sa déposition ; et à deux diacres dont parle saint Cyprien dans ses lettres, et qui furent excommuniés par leur évêque. Ces châtiments exemplaires n'étaient pas fort propres à persuader aux clercs qu'ils pouvaient être scandaleux impunément. Les autres scandales que saint Cyprien reprochait à des vierges ne regardaient pas les ecclésiastiques ; du moins il n'y a rien dans ses expressions qui le témoigne. 3° Quand il ne serait arrivé dans toute l'Eglise à ce sujet qu'un seul scandale dans cinquante ans, c'en a été assez pour donner lieu aux lois qui ont été faites pour le prévenir, soit par les conciles, soit par les empereurs ; et il ne s'ensuit point pour cela que le désordre ait été commun. Ne sait-on pas que le moindre soupçon formé contre la conduite d'un ecclésiastique connu, suffit pour exciter une grande rumeur et faire parler tout le monde ? 4° Lorsque saint Jérôme s'est élevé contre les hérétiques et leur a reproché leurs désordres, nos adversaires le regardent comme un déclamateur, et lui refusent toute croyance : ici, parce qu'il tonne contre les ecclésiastiques de son temps, ils argumentent sur ses expressions comme sur des paroles sacramentelles. Et voilà comme les protestants et les incrédules, leurs élèves, ont traité l'histoire ecclésiastique ; un seul fait désavantageux au clergé, qu'ils peuvent citer, est pour eux un triomphe ; vingt exemples de vertu ne leur paraissent mériter aucune attention.

Le nom d'*agapètes* fut encore donné, vers l'an 395, à une secte de gnostiques qui était principalement composée de femmes. Celles-ci s'attachaient les jeunes gens, en leur enseignant qu'il n'y avait rien d'impur pour les consciences pures. Une de leurs maximes *était de jurer et de se parjurer sans scrupule, plutôt que de révéler les secrets de la secte. On a vu régner le même esprit parmi tous les hérétiques débauchés.* Saint Aug., *Hær.* 70.

Il ne faut pas confondre les *agapètes* avec les diaconesses. *Voy.* DIACONESSE.

AGGEE, le dixième des douze petits prophètes, naquit pendant la captivité des Juifs à Babylone ; et après leur retour, il exhorta vivement Zorobabel, prince de Juda, le grand prêtre Jésus, fils de Josédec, et tout le peuple au rétablissement du temple ; il leur reproche leur négligence à cet égard, leur promet que Dieu rendra ce second temple plus illustre et plus glorieux que le premier, non par l'abondance de l'or et de l'argent, mais par la présence du Messie. C. ii, v. 7 et suiv.

Cette prophétie est formelle ; les termes ne peuvent pas être plus clairs. *Encore un peu de temps, et j'ébranlerai le ciel, la terre, la mer et tout l'univers, je mettrai en mouvement tous les peuples, et le désiré de toutes les nations viendra. Je remplirai ainsi de gloire cette maison, dit le Seigneur des armées : l'or et l'argent sont à moi ; mais la gloire de cette maison sera plus grande que celle de la première, et je donnerai la paix en ce lieu.*

LE DÉSIRÉ DE TOUTES LES NATIONS ne peut pas être un autre que le Messie.

Selon la prophétie de Jacob, il doit rassembler les nations ; selon les promesses faites à Abraham, toutes les nations de la terre doivent être bénies en lui ; selon les prédictions d'Isaïe, les nations espéreront en lui, et les îles attendront sa loi, etc. Tacite, Suétone et Josèphe nous apprennent qu'à l'avénement de Jésus-Christ, tout l'Orient était persuadé qu'un personnage sorti de la Judée serait le maître du monde. A la venue du Sauveur, le ciel, la terre, la mer, ont été ébranlés par les prodiges qui ont paru ; le concert des anges qui ont annoncé sa naissance, l'étoile qui l'a indiquée aux mages, le ciel ouvert à son baptême, les ténèbres qui ont couvert la Judée à sa mort, son ascension, la descente du Saint-Esprit, ont été autant de prodiges opérés dans le ciel ; il a calmé les tempêtes, et a rempli toute la Judée de ses miracles. Avant sa naissance, les guerres des Juifs contre les rois de Syrie ; après sa mort, la conquête de la Judée par les Romains, ont mis tous les peuples en mouvement. Le second temple était beaucoup moins riche que le premier, mais il a été sanctifié et honoré par la présence du Messie, qui y a opéré plusieurs miracles, et qui y a prêché l'Évangile de la paix.

Aussi les auteurs du Talmud ont entendu comme nous cette prophétie de l'avénement du Messie. *Galatin,* l. viii, c. 9.

AGIOGRAPHE. *Voy.* HAGIOGRAPHE.

AGNEAU PASCAL. C'est la victime qu'il est ordonné aux Juifs d'immoler en mémoire de leur sortie miraculeuse de l'Egypte. *Voy.* PAQUE. Saint Paul dit aux chrétiens que Jésus-Christ a été immolé pour être notre *agneau pascal,* ou notre Pâque. *I. Cor.* v, 7. L'Eglise répète dans ses prières ce que saint Jean-Baptiste a dit de Jésus-Christ, qu'il est l'*Agneau de Dieu,* qui ôte les péchés du monde. *Joan.* i, 26.

AGNOÈTES, AGNOITES, sorte d'hérétiques qui suivaient l'erreur de Théophronc de Cappadoce, lequel attaquait la science de Dieu sur les choses futures, présentes et passées. Les eunomiens, ne pouvant souffrir cette erreur, le chassèrent de leur communion, et il se fit chef d'une secte à laquelle on donna le nom d'*eunomisphroniens.* Socrate, Sozomène et Nicéphore, qui parlent de ces hérétiques ajoutent qu'ils changèrent aussi la forme du baptême usitée dans l'Eglise, ne baptisant plus au nom de la Trinité, mais au nom de la mort de Jésus-Christ. Cette secte commença sous l'empire de Valens, vers l'an du salut 370.

AGNOÏTES ou AGNOÈTES, secte d'eutychiens dont Thémistius fut l'auteur dans le vi^e siècle. Ils soutenaient que Jésus-Christ, en tant qu'homme, ignorait certaines choses, et particulièrement le jour du jugement dernier.

Ce mot vient du grec ἀγνοητὴς, *ignorant,* dérivé d'ἀγνοεῖν, *ignorer.*

Eulogius, patriarche d'Alexandrie, qui écrivit contre les *agnoïtes* sur la fin du vi^e siècle, attribue cette erreur à quelques solitaires qui habitaient dans le voisinage de Jérusalem, et qui, pour la défendre, alléguaient différents textes du Nouveau Testament, entre autres celui de saint Marc, c. xiii, v. 32, que nul homme sur la terre ne sait ni le jour ni l'heure du jugement, ni les anges qui sont dans le ciel, ni même le Fils, mais le Père seul. Les sociniens se servent aussi de ce passage pour attaquer la divinité de Jésus-Christ.

Les théologiens catholiques répondent, 1° que, dans saint Marc, il n'est pas question du jour du jugement dernier, mais du jour auquel Jésus-Christ devait venir punir la nation juive par l'épée des Romains ; 2° que Jésus-Christ, même comme homme, n'ignorait pas le jour du jugement, puisqu'il en avait prédit l'heure, *Luc.* xvii, 31 ; le lieu, *Matth.* xxiv, 28; les signes et les causes, *Luc.* xxi, 25. Mais que par ces paroles le Sauveur voulait réprimer la curiosité indiscrète de ses disciples, en leur faisant entendre qu'il n'était pas à propos qu'il leur révélât ce secret. Sa réponse a le même sens que celle d'un père qui dit à un enfant trop curieux : *Je n'en sais rien.*

Ainsi l'ont entendu saint Basile, saint Augustin et d'autres Pères de l'Eglise.

En effet, Jésus-Christ dit de lui-même, *Joan.* xii, 49 : *Je ne parle pas de moi-même, je ne dis que ce qui m'a été ordonné par mon Père qui m'a envoyé.* Et *Act.* i, 7, il répond à une autre question que lui faisaient ses apôtres : *Ce n'est point à vous de connaître les temps ni les moments que le Père tient en sa puissance.* Saint Paul dit d'ailleurs qu'en Jésus-Christ sont cachés tous les trésors de la sagesse et de la science. *Coloss.* ii, 3.

Les *agnoètes* objectaient encore, aussi bien que les ariens, le passage de l'évangile selon saint Luc, c. ii, v. 52, où il est dit que Jésus croissait en sagesse, en âge et en grâce, devant Dieu et devant les hommes. Les Pères répondaient que cela doit s'entendre tout au plus des apparences extérieures, puisque saint Jean dit dans son Evangile, c. i, v. 14 : *Nous avons vu sa gloire, telle qu'elle convient au Fils unique du Père, rempli de grâce et de vérité, par conséquent de science et de sagesse.* Pétau, *de Incarn.*, l. ii, c. 2.

Par cette contestation et par la plupart des autres disputes, il est évident que l'on ne pourrait jamais terminer aucune question avec les hérétiques, si l'on s'en tenait à l'Ecriture toute seule, et qu'il faut nécessairement recourir à la tradition, pour en prendre le vrai sens. Aussi plusieurs protestants sont tombés dans la même erreur que les sociniens touchant la science de Jésus-Christ. *Note de Feuardent sur saint Irénée, l. ii, c. 49.*

AGNUS DEI, est un nom que l'on donne aux pains de cire empreints de la figure d'un agneau portant l'étendard de la croix, et que le pape bénit solennellement le dimanche *in Albis*, après sa consécration, et ensuite de sept ans en sept ans, pour être distribués au peuple.

L'origine de cette cérémonie vient d'une coutume ancienne dans l'Eglise de Rome. On prenait autrefois, le dimanche *in Albis*, le reste du cierge pascal béni le jour du samedi saint, et on le distribuait au peuple par morceaux. Chacun les brûlait dans sa maison, dans les champs, les vignes, etc., comme un préservatif contre les prestiges du démon, et contre les tempêtes et les orages. Cela se pratiquait ainsi hors de Rome ; mais dans la ville, l'archidiacre, au lieu du cierge pascal, prenait d'autre cire, sur laquelle il versait de l'huile, en faisait divers morceaux de figure d'agneaux, les bénissait et les distribuait au peuple. Telle est l'origine des *Agnus Dei*, que les papes ont depuis bénis avec plus de cérémonies. Le sacristain les prépare longtemps avant la bénédiction. Le pape, revêtu de ses habits pontificaux, les trempe dans l'eau bénite, et les bénit après qu'on les en a retirés. On les met dans une boîte qu'un sous-diacre apporte au pape à la messe, après l'*agnus Dei*, et les lui présente en répétant trois fois ces paroles : *Ce sont ici de jeunes agneaux qui vous ont annoncé l'alleluia ; voilà qu'ils viennent à la fontaine, pleins de charité, alleluia.* Ensuite le pape les distribue aux cardinaux, évêques, prélats, etc.

On croit qu'il n'y a que ceux qui sont dans les ordres sacrés qui puissent les toucher ; c'est pourquoi on les couvre de morceaux d'étoffe proprement travaillés, pour les donner aux laïques. Quelques écrivains en rendent plusieurs raisons mystiques, et leur attribuent plusieurs effets. *Voyez* l'Ordre romain, Amalarius, Valafrid Strabon, Sirmond dans ses *Notes sur Ennodius*, Théophile Raynaud, etc.

Agnus Dei, partie de la liturgie de l'Eglise romaine, ou prière de la messe entre le *Pater* et la communion. C'est l'endroit de la messe où le prêtre, se frappant trois fois la poitrine, répète autant de fois à voix intelligible : *Agneau de Dieu, qui ôtez les péchés du monde, pardonnez-nous.* C'est une profession de foi de l'universalité de la rédemption, qui est tirée de l'Evangile. *Joan.* i, 29.

Isaïe avait déjà dit dans le même sens, liii, 6 : *Nous nous sommes tous égarés comme des brebis....., et Dieu a mis sur lui l'iniquité de nous tous.* Lebrun, *Explic. des Cérém.*, tom. II, pag. 577.

AGOBARD, archevêque de Lyon dans le ixe siècle, est au nombre des écrivains ecclésiastiques. Il prouva, contre Félix d'Urgel, que Jésus-Christ n'est pas seulement fils de Dieu par adoption, mais par nature ; il écrivit contre les duels, les épreuves superstitieuses du feu et de l'eau, l'abus des biens ecclésiastiques, et contre plusieurs erreurs populaires. Il mourut en 840. La meilleure édition de ses ouvrages est celle de Baluze, faite en 1666, en 2 vol. *in-4°.*

Les protestants ont voulu mettre cet archevêque au nombre de ceux qu'ils nomment *les témoins de la vérité*, parce qu'il attaqua les superstitions de son siècle : preuve frivole et qui ne mérite aucune attention. Basnage a voulu aussi faire douter de la foi d'*Agobard* touchant l'Eucharistie; mais il est constant que cet écrivain a professé formellement la croyance de l'Eglise sur ce point dans plusieurs endroits de ses ouvrages.

AGONIE, AGONISANT. Ce terme vient du grec ἀγών, *combat.* Les censeurs de la religion chrétienne ont poussé la prévention jusqu'à faire un crime à l'Eglise catholique de la charité qu'elle témoigne aux fidèles prêts à sortir de ce monde, et des secours spirituels qu'elle s'efforce de leur procurer : ils ont dit que c'est une cruauté de faire envisager à un mourant sa fin prochaine, et de mettre déjà sous ses yeux une partie de l'appareil de sa pompe funèbre. Cette réflexion de leur part démontre sans doute que ce dernier moment est terrible pour eux ; mais il ne l'est point pour un chrétien qui croit en Dieu, qui espère en Jésus-Christ, qui attend avec confiance une vie éternelle. Les confréries des *agonisants*, les prières que l'on y récite, celles que l'on dit auprès d'un malade, les derniers sacrements, sont une consolation pour lui ; il les demande, il se tranquillise sur l'intercession de l'Eglise et sur les vœux de ses frères ; il les regarde comme la dernière marque d'amitié que l'on peut lui donner. Un père qui bénit ses enfants rassemblés, prosternés et fondant en larmes, est certainement un grand spectacle. Souvent il a fait rentrer en eux-mêmes des pécheurs qui n'y étaient guère disposés ; et, si le philosophe le plus intrépide avait de temps en temps cet objet sous les yeux, ce serait peut-être la meilleure réponse à toutes ses objections.

AGONIE DE JÉSUS-CHRIST. Quelques moments avant d'être saisi par les Juifs, Jésus-Christ, priant au jardin des Olives, est tombé en faiblesse et à l'*agonie*; il a conjuré son Père d'écarter de lui le calice des souffrances ; il a sué sang et eau. Celse dans Origène, liv. II, n. 23 ; les Juifs, dans le *Munimen fidei*, sec. partie, c. 24 ; les incrédules modernes, ont insisté à l'envi sur cette circonstance. *L'Homme-Dieu*, disent-ils, *aux approches de la mort, montre une faiblesse dont un homme courageux rougirait en pareil cas.*

Nous les prions de considérer, 1° que Jésus-Christ avait prédit plus d'une fois à ses disciples sa passion et sa mort ; il venait encore de leur en parler après la dernière cène. Il nommait ses souffrances le moment de sa gloire ; il avait constamment annoncé sa résurrection. 2° Il ne tenait qu'à lui de tromper le dessein de Judas et des Juifs ; s'il était allé passer la nuit ailleurs ; s'il s'était éloigné de Jérusalem, ses ennemis auraient manqué leur proie. 3° Au moment qu'il sait leur approche, il se lève, éveille ses disciples, va au-devant des soldats, se présente à eux d'un air intrépide, les renverse par terre d'un seul mot, leur fait sentir qu'il est le maître de les exterminer ou de se livrer entre leurs mains.

Par son *agonie*, Jésus-Christ voulait nous apprendre que la répugnance naturelle de souffrir et de mourir n'est pas un crime, lorsqu'elle est jointe à une parfaite soumission à Dieu. Il voulait instruire les martyrs, leur apprendre qu'il faut attendre la mort et non la provoquer. Il finit sa prière par ces paroles : *Mon Père, que votre volonté se fasse et non la mienne.*

Un philosophe moderne est convenu qu'il y a un extrême courage à marcher à la mort en la redoutant. Voyez *Dissertation sur la sueur de sang*, etc. *Bible d'Avignon*, t. XIII, p. 468.

AGONISTIQUES, nom par lequel Donat et les donatistes désignaient les prédicateurs qu'ils envoyaient dans les villes et dans les campagnes pour répandre leur doctrine, et qu'ils regardaient comme autant de combattants propres à leur conquérir des disciples. On les appelait ailleurs *circuiteurs*, *circellions*, *circoncellions*, *catropites*, *coropites*, et à Rome *montenses*. L'histoire ecclésiastique est pleine des violences qu'ils exerçaient contre les catholiques. *Voy.* CIRCONCELLIONS, DONATISTES, etc.

AGONYCLITES, hérétiques du VIIIe siècle qui avaient pour maxime de ne prier jamais à genoux, mais debout.

Ce mot est composé d'α privatif, de γόνυ genou, et du verbe κλίνω *incliner*, *plier*, *courber*.

*AGREDA (Marie d'). Marie, nommée d'Agréda, de la ville où elle fut supérieure du couvent de l'Immaculée-Conception, naquit le 2 avril 1602, de parents nobles, riches et craignant Dieu. Elle prit l'habit de religieuse avec sa mère et sa sœur, le 15 janvier 1619. Elle se fit remarquer pendant son noviciat par de grandes austérités et par son goût particulier pour l'oraison, qu'elle avait pratiquée dès sa plus grande jeunesse. Elle parvint bientôt à un degré de perfection inconnu au commun des religieuses. Dieu permit qu'elle fût affligée par de grandes maladies. Les esprits malins lui causaient des craintes horribles ; on assure même qu'ils lui apparurent sous des figures capables d'effrayer les plus courageux, et qu'ils lui firent subir des tortures qui semblaient lui disloquer tous les membres. Mais à peine était-elle délivrée de ces rudes épreuves, qu'elle tombait dans des extases, des ravissements, des visions et d'autres merveilles semblables. Elle prétendit avoir reçu l'ordre de Dieu d'écrire la vie de la sainte Vierge. Son confesseur extraordinaire lui ordonna de jeter cet écrit au feu, elle obéit aussitôt ; mais son confesseur ordinaire lui prescrivit d'écrire de nouveau cet ouvrage. Il parut sous le titre de : *La mystique Cité de Dieu, miracle de sa toute-puissance, abîme de la grâce de Dieu, Histoire divine, et la Vie de la très-sainte Vierge Marie, Mère de Dieu, manifestée dans ces derniers siècles par la sainte Vierge, à la sœur Marie de Jésus, abbesse du couvent de l'Immaculée-Conception de la ville d'Agréda.*

Cet ouvrage fut mis à l'index à Rome en 1710. Eusèbe Amort, célèbre théologien, déclare que, sous le pontificat de Benoît XIII, ce décret fut rapporté. Le procès de la canonisation de Marie d'Agréda fut poursuivi en cour de Rome. Les auteurs de la *Bibliothèque sacrée* assurent que Benoît XIV déclara que les écrits de Marie d'Agréda ne contiennent rien de contraire à la foi. Le jugement sur sa canonisation a été suspendu. La Sorbonne condamna, en 1696, plusieurs propositions extraites de *la mystique Cité*. Nous croyons que la Sorbonne s'est montrée trop sévère. Nous ne voulons pas être plus rigides que l'Eglise elle-même; quoiqu'il y ait dans cet écrit des choses qui paraissent extravagantes, considérant que les plus hautes voies de Dieu ne sont pas toujours compréhensibles aux esprits ordinaires, *nous nous abstenons de juger*.

AGYNNIENS, hérétiques nommés aussi *agonites*, ou *agionois*, qui parurent environ l'an de Jésus-Christ 694. Ils ne prenaient point de femmes, et prétendaient que Dieu n'était pas auteur du mariage ; leur nom vient d'α privatif et de γυνή, *femme*. Cette secte paraît avoir été un rejeton des manichéens.

AHIAS, prophète du Seigneur, dont il est parlé, *III Reg.* XI, 29. C'est lui qui, sous le règne de Salomon, annonça à Jéroboam qu'après la mort de ce roi, il régnerait lui-même sur dix des tribus d'Israël ; sa prophétie s'accomplit en effet sous Roboam, fils de Salomon, parce que ce jeune roi traita avec dureté le peuple qui lui demandait d'être déchargé d'une partie des impôts.

De là les incrédules modernes ont pris occasion d'assurer que ce prophète fut la cause du schisme de ces dix tribus, de toutes les guerres et de tous les maux qui s'ensuivirent ; que ce fut lui qui inspira à Jéroboam l'ambition et le projet de parvenir à la royauté. Ils en ont conclu qu'en général les prophètes étaient des rebelles fanatiques, qui soulevaient les sujets contre leur roi, qui soufflaient la discorde, et qui, par leurs prétendues prophéties, toujours crues par le peuple, furent enfin la cause de la ruine de leur nation.

Ce reproche est grave ; mais a-t-il quelque fondement dans l'histoire ?

1° Nos censeurs supposent que la prédiction d'*Ahias* fut faite à Jéroboam après la mort de Salomon ; c'est une fausseté, Salomon vivait encore : si ce prophète n'était qu'un fanatique, comment put-il prévoir que Roboam, monté sur le trône, rebuterait le peuple ; que le peuple se mutinerait ; que dix tribus, ni plus ni moins, secoueraient le joug, et se donneraient un autre roi ? Jéroboam conçut alors si peu le dessein de parvenir à la royauté, qu'il se sauva en Egypte, et qu'il n'en revint qu'après la mort de Salomon.

2° Nous ne voyons point qu'*Ahias* ait eu aucune part au soulèvement du peuple, ni qu'il y ait contribué en rien. La seule cause de cette révolte fut la réponse dure et menaçante que fit Roboam aux plaintes de cette multitude assemblée. Dieu lui-même avait révélé à Salomon ce qui arriverait après sa mort ; *Ahias* ne fit que confirmer la prédiction. Si Salomon n'en profita pas pour donner de salutaires leçons à son fils, il fut coupable ; ce n'est point au prophète qu'il faut en attribuer la faute. *III Reg.* xi, 11.

3° Jéroboam lui-même ne paraît être entré pour rien dans la sédition. Il est dit que les tribus mécontentes s'en retournèrent chacune chez elle ; que Roboam ayant envoyé un de ses officiers pour les ramener à l'obéissance, elles le lapidèrent ; que le roi lui-même s'enfuit de Sichem à Jérusalem ; qu'ensuite les tribus ayant appris que Jéroboam était de retour d'Egypte, elles lui envoyèrent des députés, le firent venir dans leur assemblée et l'établirent roi d'Israël. Ce fut donc de leur propre mouvement qu'elles le choisirent, et non point par l'instigation du prophète. *Ibid.*, xii, 16. Si elles avaient eu connaissance de sa prédiction, sans doute elles auraient commencé par mettre Jéroboam à leur tête, avant de mettre à mort l'officier de Roboam

4° Les prophètes, loin de souffler le feu de la discorde à cette occasion, empêchèrent la guerre et l'effusion du sang. Lorsque Roboam eut fait prendre les armes aux tribus de Juda et de Benjamin pour forcer les dix tribus rebelles à rentrer sous le joug, le prophète Séméïas leur défendit de la part de Dieu de combattre contre leurs frères ; ils n'allèrent pas plus loin, et la guerre n'eut pas lieu. *III Reg.* xii, 22. Quelques incrédules ont encore trouvé bon de reprocher à ce prophète qu'il avait confirmé les rebelles dans leur schisme. Mais nous les défions de citer un seul prophète du Seigneur qui ait excité le peuple à se soulever contre son souverain, soit dans le royaume d'Israël, soit dans celui de Juda.

5° Nous ne voyons pas que Jéroboam ait reconnu par aucun bienfait le service que lui avait rendu le prophète *Ahias*; loin de suivre ses leçons, il engagea les Israélites dans l'idolâtrie. Aussi, lorsqu'il envoya son épouse déguisée pour consulter *Ahias* sur la maladie de son fils, ce prophète, quoique devenu aveugle de vieillesse, la reconnut avant même qu'elle eût parlé ; il lui annonça sans ménagement la mort prochaine de cet enfant et les châtiments terribles que Dieu exercerait sur la race de Jéroboam en punition de son idolâtrie. *Ibid.* xiv.

Des prophètes imposteurs et fanatiques auraient cherché sans doute à faire leur cour et à ménager les rois ; nous voyons au contraire les prophètes juifs toujours prêts à reprocher aux rois tous leurs crimes, à leur prédire des châtiments et à braver la mort pour s'acquitter des ordres qu'ils avaient reçus de Dieu. Leur attribuer les maux qui sont arrivés, c'est vouloir qu'ils aient été cause de la perversité des princes qui n'ont jamais voulu profiter de leurs leçons. Peut-on citer un seul roi qui se soit mal trouvé de les avoir suivies ?

* AIGLE. L'Ecriture parle souvent de cette espèce d'oiseau. La loi ancienne mettait l'aigle au nombre des animaux impurs. *Levit.* xi, 13 ; *Deutér.* xiv, Dans le psaume 102. v. 5, il est dit que le Seigneur renouvelle la jeunesse du juste comme celle de l'aigle : *Renovabitur ut aquilæ juventus tua.* Ce rajeunissement de l'aigle a fait naître bien des opinions ; est constaté que l'aigle ne se rajeunit pas autrement que les autres oiseaux, qui quittent tous les ans leurs plumes pendant la mue, et qui en reprennent d'autres. Nous croyons que ce passage signifie : Vous renouvellerez et vous prendrez des forces comme l'aigle dans sa jeunesse. *Vid. Boch., de Anima. sacr.,* et Menoch.

AINÉ, AINESSE. Il est naturel qu'un père conçoive une tendre affection pour le premier fruit de son mariage, pour l'enfant qui lui a fait éprouver les premiers mouvements de l'amour paternel. Ce sentiment était plus vif dans les premiers âges du monde, lorsque chaque famille était une petite république isolée. Le cœur était moins partagé par multitude des affections sociales ; les enfants étaient la force et la richesse de leur père. L'*aîné* était destiné par la nature à être chef de la famille, si le père venait à manquer. C'est ce qui rendait le droit d'*aînesse* sacré et si précieux chez les patriarches Moïse l'avait conservé en entier par ses lois Mais à mesure que les peuplades se sont augmentées et civilisées, le pouvoir paternel a diminué, et le droit d'*aînesse* a perdu son prix ; nous en sommes venus au point de regarder aujourd'hui ce droit comme in-juste.

Il faut donc se rapprocher des mœurs an-tiques pour sentir l'énergie de plusieurs ex-pressions de l'Écriture sainte. Dieu promet à David qu'il le rendra *l'aîné* de tous les rois. Saint Paul nomme Jésus-Christ *aîné de tou-tes les créatures*, parce qu'il a été engendré du Père avant la création ; dans l'Apocalypse, il est appelé *le premier-né d'entre les morts*, parce qu'il est le premier qui soit ressuscité par sa propre vertu. Isaïe nomme *premiers-nés des pauvres*, ceux qui souffrent le plus ; dans le livre de Job *primogenita mors* signi-fie la plus cruelle de toutes les morts.

Il paraît par l'histoire sainte que le droit d'*aînesse* a été établi dès la création, mais il n'était pas inaliénable ; Dieu, pour de bon-nes raisons, l'a souvent transporté aux puî-nés. Ainsi Caïn, fils *aîné* d'Adam, fut privé de ses droits en punition de son crime, Seth qui fut substitué. Japhet, fils *aîné* de Noé, fut moins privilégié que Sem ; Isaac fut préféré à Ismaël son *aîné*, mais qui était né d'une étrangère ; Jacob acheta le droit d'*aînesse* de son frère Ésaü, il l'ôta à son propre fils Ru-ben, pour le donner à Joseph ; et en bénis-sant les deux fils de Joseph, il accorda la préférence à Ephraïm sur Manassé.

Nous voyons par le chap. xxi, 12, du Deu-téronome, que *l'aîné* avait une double por-tion dans l'héritage paternel ; et après la mort du père, il devenait le chef, par conséquent le prêtre de sa famille.

Les incrédules ont censuré avec beaucoup d'aigreur la conduite de Jacob, qui profita de la lassitude de son frère pour acheter de lui le droit d'*aînesse* à très-vil prix, et qui trompa son père Isaac pour extorquer de lui la bénédiction destinée à *l'aîné*. Nous exa-minerons ce trait d'histoire au mot JACOB.

Depuis que Dieu eut fait mourir tous les premiers-nés des Égyptiens par l'épée de l'ange exterminateur, et qu'il eut préservé ceux des Israélites, il ordonna que ceux-ci lui fussent offerts et consacrés ; cette loi ne regardait que les mâles, soit des hommes, soit des animaux. *Exod.* xiii. Si le premier enfant d'une femme était fille, le père n'é-tait obligé à rien, ni pour cet enfant, ni pour les suivants ; si un homme avait deux fem-mes, il était obligé d'offrir au Seigneur les premiers-nés de chacune. En les offrant dans le temple, les parents les rachetaient pour la somme de cinq sicles. Jésus-Christ fut offert et racheté par ses parents comme les autres premiers-nés ; mais il était destiné à être lui-même le prix de la rédemption du monde.

Les premiers-nés des animaux purs, tels que le veau, l'agneau, le chevreau, devaient être offerts dans le temple, immolés en sacri-fice, et non rachetés ; quant à ceux des ani-maux impurs qui ne pouvoient pas servir de victimes, ils étaient rachetés ou tués.

Cette loi était un monument irrécusable du miracle opéré en Égypte en faveur des Israélites ; elle fut observée d'abord par ceux même qui avaient été témoins oculaires du prodige. Auraient-ils voulu se soumettre à cette loi onéreuse, s'ils n'avaient pas été con-vaincus par leurs propres yeux de la vérité du fait ? Il leur fut ordonné d'instruire soi-gneusement leurs enfants du sens et du motif de la cérémonie. *Exod.* xv, 14. Ce témoignage, ainsi transmis de génération en génération avec l'observance de la loi, était une preuve à laquelle l'incrédulité la plus hardie ne pouvait rien opposer. Un incrédule quel-conque voudrait-il ainsi attester par ses pa-roles et par son obéissance, un fait public et très éclatant de la fausseté duquel il se-rait intimement convaincu ? La conduite des Juifs dans tous les temps démontre qu'ils n'étaient pas plus disposés que les mécréants d'aujourd'hui à croire des choses dont ils n'auraient pas eu la preuve.

* AINOS. Il se trouve dans les îles situées au nord du Japon des peuples connus sous ce nom. Le soleil, la lune, la mer, sont l'objet de leur culte. Ils recon-naissent aussi un Dieu du ciel et un maître des en-fers. Les Japonais ont fait souvent de grands efforts pour introduire chez ces peuples la religion des bouddhistes. Leurs tentatives ont été inutiles.

ALBANOIS, hérétiques qui troublèrent dans le viie siècle la paix de l'Église, et qui parurent principalement dans l'Albanie, ou dans la partie orientale de la Géorgie. Ils renouvelèrent la plupart des erreurs des ma-nichéens et des autres hérétiques qui avaient vécu depuis plus de trois cents ans. Leur première rêverie consistait à établir deux principes : l'un bon, père de Jésus-Christ, auteur du bien et du Nouveau Testament ; et l'autre mauvais, auteur de l'Ancien Testa-ment, qu'ils rejetaient en s'inscrivant en faux contre tout ce qu'Abraham et Moïse ont pu dire. Ils ajoutaient que le monde est de toute éternité ; que le Fils de Dieu avait apporté un corps du ciel ; que les sacre-ments, à la réserve du baptême, sont des su-perstitions inutiles ; que l'Église n'a point le pouvoir d'excommunier, et que l'enfer est un conte fait à plaisir. *Pratéole Gautier*, dans sa *Chron.*

ALBIGEOIS, nom général donné aux hé-rétiques qui parurent en France dans les xiie et xiiie siècles, et qui furent ainsi nom-més, parce qu'ils se multiplièrent non-seu-lement dans la ville d'Albi, mais encore dans le Bas-Languedoc, dont les habitants sont nommés par les auteurs de ce temps-là *Albi-genses.*

Le fond de leur doctrine était le mani-chéisme, mais différemment modifié par les visions des différents chefs qui l'avaient prê-ché en France, tels que Pierre de Bruis, Henri son disciple, Arnaud de Bresse, etc. : c'est ce qui fit nommer ces sectaires *pétro-brusiens, henriciens, arnaldistes* ou *arnau-distes* ; mais ils portèrent encore plusieurs autres noms tirés de leurs mœurs, dont nous parlerons ci-après. Nous ne devons donc pas être étonnés de ce que les auteurs qui ont exposé leurs erreurs ne les ont pas rappor-tées uniformément ; jamais aucune secte d'hérétiques ne fut constante dans ses opi-nions : chaque docteur se croit le maître de les entendre et de les arranger comme il lui plaît. Les *albigeois* étaient un amas confus de sectaires, la plupart très-ignorants et très-peu en état de rendre compte de leur croyance ; mais tous se réunissaient à condamner l'usage des sacrements et le culte extérieur de l'Eglise catholique, à vouloir détruire la hiérarchie et changer la discipline établie. C'est à ce titre que les protestants leur ont fait l'honneur de les regarder comme leurs ancêtres.

Alanus, moine de Cîteaux, et Pierre, moine de Vaux-Cernay, qui ont écrit contre eux, leur reprochent, 1° d'admettre deux principes ou deux créateurs, l'un bon et l'autre méchant ; le premier, créateur des choses invisibles et spirituelles ; le second, créateur des corps, auteur de l'Ancien Testament et de la loi judaïque, pour lesquels ces hérétiques n'avaient aucun respect : voilà le fond de l'ancien manichéisme. 2° De supposer deux Christs, l'un méchant, qui avait paru sur la terre avec un corps fantastique, qui n'était mort et ressuscité qu'en apparence ; l'autre bon, mais qui n'avait pas été vu en ce monde : c'était l'erreur de la plupart des gnostiques. 3° De nier la résurrection future de la chair, d'enseigner que nos âmes sont des démons, qui ont été logés dans nos corps en punition des crimes qu'ils avaient commis ; conséquemment ils niaient le purgatoire et l'utilité de la prière pour les morts ; ils traitaient même de folie la croyance des catholiques touchant les peines de l'enfer. Ces rêveries sont empruntées de différentes sectes d'hérétiques. 4° De condamner tous les sacrements de l'Eglise, de rejeter le baptême comme inutile, d'avoir en horreur l'eucharistie, de ne pratiquer ni la confession, ni la pénitence, de croire le mariage défendu, ou du moins de regarder la procréation des enfants comme un crime. C'était encore l'opinion des manichéens. Enfin ces auteurs rapportent que les *albigeois* détestaient les ministres de l'Eglise, ne cessaient de les décrier et de déclamer contre eux ; qu'ils n'avaient aucun respect pour la croix, pour les images, pour les reliques ; qu'ils les détruisaient et les brûlaient partout où ils étaient les maîtres.

Ils étaient divisés en deux ordres ; savoir, les *parfaits* et les *croyants*. Les premiers menaient une vie austère en apparence, vivaient dans la continence, faisaient profession d'avoir en horreur le jurement et le mensonge. Les seconds vivaient comme le reste des hommes, et plusieurs avaient des mœurs très-déréglées ; il croyaient être sauvés par la foi et par l'imposition des mains des *parfaits*. C'était l'ancienne discipline des manichéens.

Le concile d'Albi, que quelques-uns nomment *concile de Lombez*, tenu l'an 1176, dans lequel les *albigeois* furent condamnés sous le nom de *bons-hommes*, et dont les actes sont cités par Fleury, *Hist. ecclés.*, l. LXXII, n. 61, leur attribue les mêmes erreurs d'après leur propre confession. Rainerius, dans l'histoire qu'il a donnée de ces mêmes hérétiques sous le nom de *cathares*, expose leur

croyance à peu près de même. M. Bossuet, *Hist, des variat.*, l. IX, a cité encore d'autres auteurs qui confirment toutes ces accusations.

A la vérité, la plupart des protestants qui auraient voulu persuader que les *albigeois* soutenaient la même doctrine qu'eux, ont accusé les écrivains catholiques d'avoir attribué à ces sectaires des erreurs qu'ils n'avaient pas, afin de les rendre odieux, et de justifier la rigueur avec laquelle on les a traités. Mosheim, mieux instruit, n'a pas osé faire de même, il n'a rien dit de leur dogme ni de leur conduite, parce qu'il a bien senti qu'il n'était pas possible de justifier ni l'un ni l'autre. *Hist. ecclés.*, XIII⁰ siècle, deuxième partie, c. 5, § 2 et suiv.

Le nom de *bons-hommes* leur fut donné d'abord parce qu'ils affectaient un extérieur simple, régulier et paisible, et ils se donnaient eux-mêmes le nom de *cathares*, qui signifie *purs* ; mais leur conduite leur en fit bientôt donner d'autres : on les appela *pifres* et *patarins*, c'est-à-dire rustres et grossiers ; *publicains* ou *poplicains*, parce qu'on supposa que les femmes étaient communes entre eux ; *passagers*, parce qu'ils envoyaient des émissaires et des prédicants de toutes parts pour répandre leur doctrine et faire des prosélytes.

Leur condamnation, prononcée au concile d'Albi, l'an 1176, fut confirmée dans celui de Latran, l'an 1179, et dans d'autres conciles provinciaux ; mais la protection que leur accorda Raimond VI, comte de Toulouse, leur fit mépriser les censures de l'Eglise, les rendit plus entreprenants, et empêcha le fruit des prédications de saint Dominique et des autres missionnaires que l'on envoya pour les instruire et les convertir. Les violences qu'ils exercèrent engagèrent les papes à publier une croisade contre eux l'an 1210. Ce ne fut qu'après dix-huit ans de guerres et de massacres, qu'abandonnés par les comtes de Toulouse leurs protecteurs, affaiblis par les victoires de Simon de Montfort, poursuivis dans les tribunaux ecclésiastiques et livrés au bras séculier, les *albigeois* furent entièrement détruits. Quelques-uns s'échappèrent et se joignirent aux vaudois dans les vallées du Piémont, de la Provence, du Dauphiné et de la Savoie ; c'est pour cela que quelques auteurs ont quelquefois confondu ces deux sectes, mais elles étaient très-différentes dans l'origine ; les vaudois n'ont jamais été manichéens. *Voy.* VAUDOIS.

A la naissance de la prétendue réforme, les uns et les autres cherchèrent à se joindre aux zuingliens, et ils s'unirent enfin aux calvinistes, sous le règne de François I⁰ʳ. Fiers de ce nouvel appui, ils se permirent des violences qui attirèrent sur eux l'exécution sanglante de Cabrière et de Mérindol ; depuis ce moment ils ont disparu, et il n'en reste plus que le nom.

La croisade entreprise contre les *albigeois*, les supplices auxquels on les condamna, l'inquisition que l'on établit contre eux, ont fourni une ample matière de déclamations aux protestants et aux incrédules, leurs copistes. Les uns et les autres ont répété cent fois que cette guerre fut une scène continuelle de barbarie ; qu'il y avait de la démence à vouloir convertir des hérétiques par le fer et par le feu ; que le vrai motif de cette guerre fut l'ambition du comte de Montfort, qui voulait s'emparer des États du comte de Toulouse , et la fausse politique de nos rois, qui ont été bien aises d'en partager les dépouilles.

Nous n'avons aucun dessein de justifier les excès qui ont pu être commis de part ou d'autre par des gens armés, pendant une guerre de dix-huit ans ; nous savons assez que dès que l'on a tiré l'épée, l'on se croit tout permis ; qu'un trait de cruauté commis par l'un des deux partis devient un motif ou un prétexte de représailles sanglantes : c'est ce que l'on a vu dans nos guerres civiles du xvi° siècle ; l'on n'était sûrement pas plus modéré au xiii°. Nous ne prétendons pas soutenir non plus qu'il est louable ou permis de poursuivre à feu et à sang des hérétiques dont la doctrine n'intéresse en rien l'ordre et la tranquillité publique, et dont la conduite est paisible d'ailleurs ; toute la question est de savoir si les *albigeois* étaient dans ce cas. C'est une discussion dans laquelle nos adversaires n'ont jamais voulu entrer.

1° Enseigner que le mariage ou la procréation des enfants est un crime ; que tout le culte extérieur de l'Église catholique est un abus , et qu'il faut le détruire ; que tous les pasteurs sont des loups ravissants, et qu'il faut les exterminer : est-ce une doctrine qui puisse être suivie et réduite en pratique sans que l'ordre et le repos public en souffrent ? Les pasteurs de l'Église peuvent-ils se croire obligés en conscience de la tolérer ? Le comte de Toulouse, quels que fussent ses motifs, était-il sage et avait-il raison de la protéger ? Nous savons bien qu'à la réserve du premier article, les protestants ont été de cet avis ; mais nous en appellerons toujours au tribunal du bon sens, de leur décision. Il est fort singulier que les catholiques aient dû tolérer des opinions qui ne tendaient à rien moins qu'à les faire apostasier et à les faire blasphémer contre Jésus-Christ, et que les *albigeois* aient été dispensés de tolérer la doctrine catholique, parce qu'elle ne s'accordait pas avec la leur.

2° Quoi qu'en puissent dire les protestants, les *albigeois* avaient commencé par des insultes , des voies de fait et des violences contre les catholiques et contre le clergé, dès qu'ils s'étaient sentis assez forts. L'an 1147, plus de soixante ans avant la croisade, Pierre le Vénérable, abbé de Cluny, écrivait aux évêques d'Embrun, de Die et de Gap : *On a vu, par un crime inouï chez les chrétiens, rebaptiser les peuples, profaner les églises, renverser les autels, brûler les croix, fouetter les prêtres, emprisonner les moines, les contraindre à prendre des femmes par les menaces et les tourments.* Parlant ensuite à ces hérétiques, il leur dit : *Après avoir fait*

un grand bûcher de croix entassées , vous y avez mis le feu ; vous y avez fait cuire de la viande et en avez mangé le vendredi saint, après avoir invité publiquement le peuple à en manger. Fleury, *Hist. ecclés.*, l. lxix, n. 24. C'est pour ces belles expéditions que Pierre de Bruis fut brûlé à Saint-Gilles quelque temps après. Nous aurions peine à les croire si les protestants n'avaient pas renouvelé ces excès au xvi° siècle.

3° L'on ne peut pas douter que tous les libertins et les malfaiteurs de ces temps-là, connus sous le nom de *routiers*, *cotereaux* et *mainades*, ne se soient joints aux *albigeois* dès qu'ils virent que , sous prétexte de religion, l'on pouvait piller, violer, brûler et saccager impunément. C'est ainsi qu'à la naissance de la réforme l'on vit tous les ecclésiastiques libertins, tous les moines dyscoles et déréglés, tous les mauvais sujets de l'Europe , embrasser le calvinisme, afin de satisfaire en liberté leurs passions criminelles. Un huguenot qui avait un ennemi catholique s'en vengeait à son aise et avec honneur ; les enfants révoltés contre leurs parents les menaçaient d'apostasier ; un paysan qui en voulait à son seigneur ou à son curé pouvait exercer contre eux toute sa haine : les prédicants sanctifiaient tous les crimes commis par zèle contre le papisme, leurs successeurs les excusent encore aujourd'hui.

4° Avant de sévir contre les *albigeois*, l'on avait employé pendant plus de quarante ans les missions, les instructions et toutes les voies que la charité chrétienne pouvait suggérer. L'on n'en vint aux armes et aux supplices que quand ces hérétiques intraitables et furieux ne laissèrent plus aucune espérance de conversion. Lorsque saint Bernard alla en Languedoc pour les combattre, l'an 1147, il n'était armé que de la parole de Dieu et de ses vertus. L'an 1179, le concile général de Latran dit anathème contre eux, et il ajouta : *Quant aux Brabançons , Aragonais , Navarrais , Basques , cotereaux et triaverdins , qui ne respectent ni les églises ni les monastères, et n'épargnent ni orphelins, ni âge, ni sexe , mais pillent et désolent tout comme des païens , nous ordonnons...... à tous les fidèles, pour la rémission de leurs péchés, de s'opposer courageusement à ces ravages, et de défendre les chrétiens contre ces malheureux (Can. 27).* Voilà le motif de la guerre contre les *albigeois* clairement exprimé, et c'est pour cela que le légat Henri marcha contre eux avec une armée, l'an 1181. Ce n'était donc pas pour les convertir que l'on employait contre eux la violence, mais pour réprimer leurs ravages.

Les excès auxquels ils s'étaient livrés , sont prouvés 1° par la confession même que le comte de Toulouse fit publiquement au légat, l'an 1209, pour obtenir son absolution ; 2° par le vingtième canon du concile d'Avignon, tenu la même année ; 3° par le témoignage des historiens du temps, témoins oculaires. Que penser des *albigeois*, lorsque l'on voit le comte de Toulouse, leur protecteur, pousser la barbarie jusqu'à faire étrangler son propre frère, parce qu'il s'était réconcilié à l'Eglise catholique ? Le comte de Foix était un monstre encore plus cruel. *Hist. de l'Egl. gall.*, t. X, l. xxix et xxx.

Mosheim a déguisé les faits avec sa prudence ordinaire ; il dit que toutes les sectes hérétiques du xiiie siècle convenaient unanimement que la religion dominante n'était qu'un composé bizarre d'erreurs et de superstitions, l'empire des papes une usurpation, et leur autorité une tyrannie. Ces sectaires, selon lui, ne se bornèrent pas à répandre ces opinions : ils réfutèrent encore les superstitions et les impostures du temps par des arguments tirés de l'Ecriture sainte ; ils déclamèrent contre la puissance, les richesses et les vices du clergé, avec un zèle d'autant plus agréable aux princes et aux magistrats civils, que ceux-ci étaient las des usurpations et de la tyrannie des gens d'église. *Treizième siècle*, iie part., ch. 5, § 2.

En effet, les tisserands, les manouvriers, les laboureurs de la Provence et du Languedoc étaient des docteurs fort habiles dans l'Ecriture sainte ; au concile d'Albi, l'an 1176, l'évêque de Lodève leur opposa l'Ecriture sainte, et ils furent confondus ; les actes en font foi. Leurs seuls arguments étaient les déclamations, les railleries, les insultes, les calomnies, les voies de fait, comme ceux des huguenots. L'on sait d'ailleurs quel usage les manichéens savaient faire de l'Ecriture sainte ; nous le voyons dans les disputes que saint Augustin soutint contre eux.

Quand il serait vrai que la religion dominante au xiiie siècle était un amas d'erreurs et de superstitions, celle des *albigeois* valait encore moins, puisque c'était un chaos de rêveries de deux ou trois sectes différentes. Quand celle-ci aurait été plus pure, il n'appartenait pas à de simples particuliers, sans mission, de l'établir, encore moins d'employer la violence, le meurtre, le brigandage, pour en venir à bout. Parce que les protestants ont fait de même, ce n'est pas une raison d'approuver cette étrange manière de réformer l'Eglise.

Si les princes étaient las de la tyrannie des gens d'église, comment ont-ils pu soutenir à main armée les efforts que faisaient le pape et les évêques pour réprimer les *albigeois* ?

Nous ne prendrons pas la peine de réfuter les motifs odieux pour lesquels on prétend que nos rois, et surtout saint Louis, sont entrés dans la guerre contre le comte de Toulouse et contre les *albigeois*. A la vérité, le traité par lequel ce seigneur fit sa paix avec saint Louis, en 1228, fut très-avantageux à la couronne, puisqu'il y fut stipulé que l'héritière du comte de Toulouse épouserait un des frères du roi, et, qu'au défaut d'enfants mâles, ce comté reviendrait au roi. Mais lorsque la croisade contre les *albigeois* fut résolue, dix-huit ans auparavant, on ne pouvait pas prévoir cette clause, et il nous paraît que le comte de Toulouse dut se tenir

fort honoré de cette alliance. Il se révolta quatorze ans après, trait qui ne lui fait pas honneur ; mais la victoire de saint Louis à Taillebourg força ce vassal rebelle de se soumettre ; dès lors les *albigeois*, privés de toute protection, furent aisément détruits.

Basnage, dans son *Histoire de l'Eglise*, l. xxiv, a fait tous ses efforts pour réfuter l'histoire des *albigeois* tracée par Bossuet ; voici ce qui résulte de toutes ses recherches :

1° Avant que les manichéens répandus dans la Lombardie au xiie siècle eussent pénétré en France, il y avait déjà, dans nos provinces méridionales, des sectateurs de Pierre et de Henri de Bruis, qui y dogmatisaient et y tenaient des assemblées. Quoiqu'ils n'eussent point les mêmes opinions que les manichéens, ils ne laissèrent pas, lorsque ceux-ci arrivèrent, de se joindre à eux et de faire cause commune avec eux, de même qu'au xiiie siècle ils s'associèrent encore aux vaudois. Telle a toujours été la politique des sectaires, afin de faire nombre et de tenir tête aux catholiques. Par la même raison les vaudois se sont ensuite joints aux calvinistes, quoiqu'ils n'eussent pas la même croyance.

2° De là même il résulte qu'au xiiie siècle les *albigeois* étaient un ramas de manichéens, d'ariens, de pétrobrusiens, de henriciens et de vaudois, très-peu d'accord sur le dogme, mais réunis par intérêt et par la haine contre l'Eglise romaine et son clergé ; que la plupart très-ignorants ne savaient pas trop ce qu'ils croyaient ou ne croyaient pas. De là vient la variété des récits que les historiens du temps ont faits de la doctrine de ces sectaires.

3° Dans les interrogatoires que l'on fit subir à leurs chefs, et dans les conciles où ils furent condamnés, il ne fut pas aisé de découvrir et de distinguer leurs différentes opinions, soit parce que ces prédicants n'avaient aucune doctrine fixe, soit parce qu'ils cachaient avec soin celles de leurs erreurs qui pouvaient inspirer le plus d'horreur aux catholiques.

4° Par là même on voit le ridicule de Basnage et des protestants, qui veulent faire passer les *albigeois* pour leurs ancêtres ; aucun de ces hérétiques n'aurait voulu signer une profession de foi luthérienne ou calviniste, et aucun protestant sincère ne voudrait adopter toutes les rêveries des différentes sectes d'*albigeois*.

5° Basnage a eu grand soin de dissimuler les véritables raisons pour lesquelles on fut obligé de sévir contre ces mécréants, savoir : leurs violences, leurs voies de fait, leur fureur contre le culte extérieur de l'Eglise catholique et contre le clergé. Il veut persuader qu'on les punissait uniquement pour leurs erreurs, ce qui est faux. Si quelquefois on a condamné au supplice des novateurs, avant qu'ils eussent eu le temps de se former un parti redoutable, c'est que leur doctrine et leurs principes tendaient directement à la sédition et à troubler la tranquillité publique. *Voyez* HÉRÉTIQUE.

ALCORAN. *Voy.* Mahométisme.

ALCUIN, diacre de l'Eglise d'York, fut appelé en France par Charlemagne, et eut l'avantage de donner des leçons à cet empereur, et de contribuer au rétablissement des lettres ; il mourut dans son abbaye de Saint-Martin de Tours, en 804. Il a fait plusieurs ouvrages théologiques qui se sentent de la rudesse du viiie siècle : mais la doctrine en est pure. L'auteur doit être rangé parmi les écrivains ecclésiastiques et les témoins de la tradition. L'on attend la nouvelle édition de ses œuvres, promise par un savant bénédictin de la congrégation de Saint-Vannes ; elle sera plus exacte et plus complète que celle d'André Duchesne, en 3 volumes in-fol.

Basnage a voulu persuader qu'*Alcuin* n'était pas du sentiment catholique touchant l'Eucharistie ; le contraire est prouvé dans la *Perpétuité de la foi*, tom. I, l. viii, c. 4.

*** ALEXANDRE LE GRAND.** Le premier livre des Machabées, c. vi, v. 2, donne à Alexandre le nom de premier roi des Grecs. Les incrédules ont vu dans ce passage une erreur ; mais il est constant que c'est réellement Alexandre, qui le premier, a pris le titre de roi. Des médailles sont venues confirmer cette vérité, et donner ainsi raison à la Bible contre les arguties des incrédules et des protestants. Nous développons cette réponse au mot Médailles.

ALEXANDRIE. Nous n'avons à parler que de l'Eglise fondée dans cette ville célèbre. Selon tous les monuments anciens de l'histoire ecclésiastique, c'est saint Marc, disciple de saint Pierre, qui a prêché l'Evangile dans *Alexandrie*, et y a fondé une Eglise. M. de Valois pense que ce fut la neuvième année de l'empereur Claude, environ dix-sept ans après la mort de Jésus-Christ : d'autres placent cet événement dix ans plus tard.

Quoi qu'il en soit, l'on ne pouvait ignorer dans *Alexandrie*, ville remplie de Juifs, ce qui s'était passé en Judée dix-sept ans auparavant : il y avait un commerce habituel entre *Alexandrie* et Jérusalem, et une synagogue dans cette dernière pour les Alexandrins. *Act.* vi, 9. Si saint Marc avait raconté des faits imaginaires dans l'Evangile qu'il écrivit pour l'instruction des nouveaux fidèles, il leur aurait été très-aisé d'en constater la fausseté. Apollo, disciple de saint Paul, était d'*Alexandrie*. *Act.* xviii, 24. Les troubles qui causèrent la ruine de Jérusalem ne se firent point sentir en Egypte ; l'Eglise naissante put y jouir d'une longue tranquillité. Saint Marc eut une suite non interrompue de successeurs dont Eusèbe a donné la liste ; la tradition apostolique a dû se conserver longtemps sans altération dans cette église patriarcale. On sait qu'*Alexandrie* était une des villes où les sciences étaient le plus cultivées ; il y avait une école de philosophie. Panthænus, Clément d'*Alexandrie*, Origène y furent instruits et y donnèrent ensuite des leçons. Ce n'est donc pas dans les ténèbres, ni sous le voile de l'ignorance que le christianisme s'est établi dans *Alexandrie*. Ceux qui ont cru en Jésus-Christ, ne l'ont pas fait sans s'être informés de la vérité des faits publiés par les apôtres. Il

n'est pas douteux que cette Eglise n'ait eu une liturgie qui lui était propre, et il est très-probable que c'est celle qui a paru dans la suite sous le nom de saint Marc. Nous en parlerons au mot Liturgie.

Il n'est aucune des anciennes Eglises qui ait été aussi agitée que celle d'*Alexandrie* ; cette ville, grande, riche et très-peuplée, était partagée en trois religions, le paganisme, le judaïsme et le christianisme, et ses habitants étaient naturellement séditieux et violents. Pour cette raison, les empereurs furent obligés d'accorder beaucoup d'autorité à l'évêque ; sa juridiction s'étendit bientôt sur toute l'Egypte La célébrité de l'école d'*Alexandrie* contribua encore à lui donner beaucoup de considération parmi les autres évêques ; mais plus cette place était importante, plus elle était exposée à de fréquents orages. Dès le commencement du iiie siècle, l'ordination d'Origène, qui parut irrégulière à deux évêques d'*Alexandrie*, leur fournit un sujet de troubler le repos de ce grand homme ; d'autres le protégèrent, en particulier Denis, qui occupa ce siége vers l'an 250 : mais celui-ci à son tour fut accusé d'avoir préparé les voies à l'erreur d'Arius. L'an 306, le schisme de Mélèce divisa cette Eglise, et l'an 320 Arius commença d'y publier son hérésie. On sait combien elle causa de désordres dans toute l'Eglise, et à quelles persécutions saint Athanase fut exposé, parce qu'il soutenait avec zèle la divinité de Jésus-Christ. Théophile, un de ses successeurs en 385, fut ennemi de saint Jean Chrysostome, et augmenta les brouilleries qui régnaient déjà entre les évêques d'*Alexandrie* et ceux de Constantinople. L'épiscopat de saint Cyrille, neveu et successeur de Théophile, fut très-orageux ; Nestorius, qu'il condamna dans le concile d'Ephèse en 431, et contre lequel il écrivit, eut beaucoup de partisans qui accusèrent saint Cyrille d'eutychianisme. Dioscore, qui lui succéda, embrassa ouvertement le parti d'Eutychès ; il résista aux décisions du concile de Chalcédoine, tenu l'an 451, et entraîna toute l'Egypte dans son schisme. Lorsqu'on voulut mettre sur ce siége des évêques catholiques, les Alexandrins en massacrèrent un et en chassèrent un autre. Pendant près d'un siècle, les empereurs employèrent vainement toute leur autorité pour rétablir la paix ; leurs efforts n'aboutirent qu'à aigrir les Egyptiens contre le gouvernement. L'an 630, le patriarche Cyrus fut le premier auteur du monothélisme, et quatre ans après, les mahométans conquirent et ravagèrent l'Egypte.

Basnage, dans son *Histoire de l'Eglise*, liv. ii, s'est beaucoup étendu sur ce tableau ; son dessein était de prouver que les évêques d'*Alexandrie* n'ont jamais reconnu la juridiction du pontife romain, et ne lui ont jamais été soumis. Ce n'est pas ici le lieu de discuter tous les faits dont il veut tirer avantage ; mais quand l'indépendance de ces évêques serait encore mieux prouvée, qu'en résulterait-il ? Les tristes effets qu'elle a produits suffiraient pour démontrer contre les protestants la nécessité d'un centre d'unité dans la foi, et d'un chef dans l'épiscopat; puisque, faute d'en reconnaître un, les patriarches d'*Alexandrie* ont vu leur Eglise sans cesse agitée par des schismes et par des hérésies, jusqu'à ce qu'enfin le christianisme y ait été presque entièrement aboli; il n'y en a plus qu'un faible reste parmi les Cophtes, et encore y est-il très-défiguré par l'ignorance et par l'erreur. *Voyez* COPHTES, ÉGYPTE.

L'abbé Renaudot a donné une histoire des patriarches d'*Alexandrie*, depuis la fondation de cette Eglise jusqu'au XIIIe siècle.

ALLÉGORIE, discours dont le sens est détourné, ou qui, sous le sens littéral, cache un autre sens moins facile à saisir. Ce mot vient du grec ἄλλη ἀγορεύω, *je parle autrement;* c'est par conséquent une métaphore continuée. La différence entre une *allégorie* et une *parabole* est que la première renferme un sens historique ou littéral vrai, au lieu que la seconde est une espèce de fable, dont les personnages ou les faits n'ont jamais existé. Ainsi saint Paul, *Galat.* IV, 22, nous apprend que ce qui est dit des deux fils d'Abraham, dont l'un était né d'une esclave, l'autre d'une épouse, est une *allégorie* qui signifie les deux alliances que Dieu a faites avec les hommes, dont l'une produisait des esclaves, l'autre fait naître des enfants libres; que la loi qui défendait aux Juifs de lier le mufle du bœuf qui foulait le grain, signifiait que les fidèles devaient fournir la subsistance aux ouvriers évangéliques, etc. Cela n'empêche pas que l'histoire des deux enfants d'Abraham ne soit vraie, et que la loi imposée aux Juifs n'ait dû être exécutée à la lettre. Au contraire, les *paraboles* dont se servait Jésus-Christ pour instruire le peuple, comme celle de l'enfant prodigue, de la brebis perdue, etc., ne sont point des narrations historiques, mais des fictions, dont le but est de peindre la bonté et la miséricorde de Dieu envers les pécheurs. *Voyez* PARABOLE.

Outre le sens *allégorique* de l'Ecriture sainte, les interprètes y distinguent encore un sens *tropologique,* qui regarde les mœurs, et un sens *anagogique,* qui concerne les récompenses que Dieu nous promet dans l'autre vie. *Voyez* ÉCRITURE SAINTE, § 3

De là quelques incrédules ont pris occasion de conclure que les auteurs sacrés ont écrit exprès dans un style énigmatique, afin de tromper les auditeurs et les lecteurs : conséquence très-peu réfléchie. Quand nous disons que l'Ecriture sainte a souvent un sens *allégorique* ou figuratif, nous ne prétendons pas que les écrivains sacrés ont eu toujours en vue un double sens. Il n'est pas certain que Moïse, en parlant des deux enfants d'Abraham, a compris que l'un était une figure du peuple juif, l'autre du peuple chrétien; ni qu'en portant la loi dont nous avons parlé, il pensait à pourvoir à la subsistance des prédicateurs de l'Evangile. Il peut avoir ignoré le dessein que Dieu avait en lui faisant écrire cette histoire et porter

cette loi; et Dieu s'est réservé de le révéler aux écrivains du Nouveau Testament. Moïse n'a donc péché ni contre la sincérité d'un historien, ni contre la sagesse d'un législateur. Il en est de même des prophètes et des autres historiens sacrés; tous peut-être n'ont eu en vue que le sens littéral; mais cela n'empêche pas que Dieu n'ait pu nous découvrir, sous l'écorce de la lettre, un autre sens, ou par Jésus-Christ, ou par les apôtres, ou par les docteurs de l'Eglise. Il ne s'ensuit pas de là que Dieu a trompé les écrivains sacrés, ni qu'il a voulu induire en erreur les Juifs, dépositaires des Ecritures; il s'ensuit seulement qu'il n'a pas révélé à ces anciens tout ce qu'il se proposait de faire dans la suite des siècles.

Nous lisons dans l'Evangile, *Joan.* XI, 49, que Caïphe dit aux prêtres et aux pharisiens rassemblés, en parlant de Jésus-Christ : *Vous n'y entendez rien; vous ne voyez pas qu'il est expédient pour vous que cet homme meure pour le peuple et pour que toute la nation ne périsse point.* L'Evangile ajoute : *Caïphe ne dit point cela de lui-même; mais, comme il était pontife, il prophétisa que Jésus mourrait non-seulement pour le peuple, mais pour rassembler tous les enfants de Dieu.* Caïphe fit donc une prédiction sans le savoir; son discours fut une *allégorie* dont il ne comprenait pas tout le sens. Mais soit que les écrivains de l'Ancien Testament aient compris tous le sens de ce qu'ils disaient, ou qu'ils n'en aient vu qu'une partie, ils n'ont été ni trompeurs ni trompés.

C'est une question de savoir si, dans le dessein de Dieu, toute la loi de Moïse était figurative; si l'on peut et si l'on doit donner à tous les événements de l'Ancien Testament un sens *allégorique,* et les envisager comme autant de types et de figures de ce qui arrive dans le Nouveau. Nous examinerons cette question au mot FIGURE et FIGURISME.

Non-seulement plusieurs incrédules, mais quelques auteurs chrétiens, ont pensé que les anciennes prophéties ne pouvaient être appliquées à Jésus-Christ que dans un sens *allégorique;* que dans le sens littéral elles regardaient d'autres personnages et d'autres événements. Nous prouverons le contraire au mot PROPHÉTIE.

De même que les anciens, surtout les Orientaux, aimaient à parler en paraboles, ils avaient aussi du goût pour les *allégories;* ils se plaisaient à trouver dans un événement quelconque la figure d'un autre événement. Un de nos philosophes, très-appliqué à tourner en ridicule les livres saints, est convenu qu'une ancienne coutume de l'Orient était non-seulement de parler en *allégories,* mais d'exprimer, par des actions singulières, les choses qu'on voulait signifier, et de peindre aux yeux des auditeurs les objets dont on voulait leur frapper l'imagination. Rien n'était, dit-il, plus naturel; car les hommes n'ayant écrit longtemps leurs pensées qu'en hiéroglyphes, ils devaient prendre l'habitude de parler comme ils écrivaient. Nous ne devons donc pas être étonnés de ce que Dieu a souvent ordonné aux prophètes des actions qui semblaient ridicules, mais qui étaient très-capables d'exciter l'attention des spectateurs, et qui renfermaient beaucoup de sens.

Ainsi, le prophète Isaïe marche au milieu de Jérusalem avec la nudité des esclaves, pour annoncer aux Juifs leur sort futur, *Isaïe*, c. 20 ; Jérémie met un joug sur ses épaules, pour leur montrer d'avance celui qui leur sera imposé par Nabuchodonosor ; il envoie des chaînes aux rois de l'Idumée, de Moab et de Tyr, symbole de celles dont ils étaient menacés. Dieu ordonne à Osée d'épouser une prostituée, de l'abandonner pendant quelque temps, et de la reprendre ensuite, pour peindre la conduite de Dieu à l'égard de la nation juive, etc. C'étaient des *allégories* très-frappantes, et l'on en trouve quelques exemples dans l'histoire profane.

Puisque telle était la tournure des mœurs antiques, il n'est pas surprenant que les Juifs aient souvent donné un sens *allégorique* aux faits de l'histoire sainte. Saint Paul l'a fait plus d'une fois ; les Pères de l'Eglise les plus anciens l'ont imité, parce que cette manière d'instruire était du goût de leurs auditeurs. Mais les protestants leur en font un crime ; ils disent que cette méthode, ridicule en elle-même, n'est bonne qu'à pallier l'ignorance du prédicateur, à faire passer des visions pour des vérités importantes, à donner aux auditeurs un goût faux, à les détourner de la recherche du sens littéral et naturel de l'Ecriture sainte. Tel est le jugement qu'en a porté Barbeyrac, *Traité de la morale des Pères*, chap. 7, § 6 et suiv. Il soutient que l'exemple des apôtres ne peut pas servir à justifier les Pères.

1° Les apôtres, dit-il, ont fait rarement usage des *allégories*, et les Pères s'en servent continuellement ; les premiers y ont recours, plutôt pour montrer, dans l'Ancien Testament, les mystères de Jésus-Christ, que pour en tirer des leçons de morale ; à peine en trouve-t-on deux ou trois exemples dans saint Paul, au lieu que les Pères n'en donnent presque point d'autres.

Cependant saint Matthieu a pris dans un sens *allégorique* au moins vingt prophéties de l'ancien Testament : c'est un reproche que lui font les incrédules ; et Barbeyrac, sans le savoir, a pris la peine de le confirmer. Saint Paul a tourné en leçon de morale, non-seulement la loi du Deutéronome, dont nous avons parlé, et celle qui défendait de se servir du pain levé dans la célébration de la pâque, mais encore la loi de la circoncision, celle du sabbat, celle des ablutions, celle des abstinences, les promesses faites à Abraham, les reproches et les menaces adressés aux Juifs par Isaïe, etc. Les Juifs modernes en font un crime à saint Paul ; ils disent que c'est un expédient imaginé par cet apôtre, pour exempter ses prosélytes de l'observation de la loi cérémonielle. Il est fâcheux que Barbeyrac n'ait pas vu qu'il autorisait l'entêtement des Juifs.

Saint Pierre, *Epist. 1*, cap. ii, v. 6, tourne en leçon de morale la prophétie d'Isaïe, c. viii, v. 14, concernant la pierre angulaire qui écrase les incrédules ; celle d'Osée, c. ii, v. 24, qui regarde les Juifs rentrés en grâce avec Dieu ; l'exemple des pécheurs exterminés par le déluge, et il compare le baptême à l'arche de Noé, c. iii, v. 20, etc. Ces sortes de leçons ne sont donc pas aussi rares dans les écrits des apôtres que Barbeyrac le prétend.

2° Il dit que, comme les écrivains sacrés étaient inspirés, nous devons les croire, lorsqu'ils nous découvrent un sens *allégorique*, dans un fait ou dans une loi, où nous ne l'aurions pas aperçu ; mais qu'ils n'ont commandé à personne de faire de même, et qu'ils n'ont donné aucune règle pour découvrir ces sortes de sens ; qu'ainsi ce sont des explications arbitraires et de vaines imaginations.

Nouvelle imprudence : comment n'a-t-il pas vu que les incrédules se prévaudraient encore de cette remarque et la tourneraient contre les apôtres mêmes ? En effet, les incrédules disent que l'inspiration prétendue ne peut pas rendre réel ce qui est imaginaire, ni respectable ce qui est ridicule, ni justifier un sens auquel il est évident que le législateur des Juifs et leurs prophètes n'ont jamais pensé : c'est à Barbeyrac de prouver le contraire. Il s'ensuit seulement de son observation que les explications *allégoriques* données par les Pères ne sont pas des articles de foi ; et qui l'a jamais prétendu ? Les apôtres n'ont pas commandé ces explications, mais ils ne les ont pas défendues non plus, puisque saint Barnabé et saint Clément en ont fait un grand usage ; nous devons présumer que ces deux disciples immédiats des apôtres connaissaient pour le moins aussi bien les intentions de leurs maîtres, que les critiques protestants du xviie ou du xviiie siècle.

3° Les apôtres, continue le censeur des Pères, ont donné des sens *allégoriques* à l'Ecriture sainte, par condescendance pour les Juifs qui avaient du goût pour ce genre d'instruction ; mais ce n'est pas un exemple à suivre : ce goût est pernicieux en lui-même, parce qu'il nous détourne de la recherche du sens littéral et vrai de la parole de Dieu.

Nous n'avouerons jamais qu'un genre d'instruction duquel les apôtres se sont servis, soit pernicieux en lui-même ; mais nous soutenons que les Pères l'ont mis en usage par le même motif, par condescendance pour leurs auditeurs. En effet, après saint Barnabé et saint Clément de Rome, les deux Pères de l'Eglise qui y ont été le plus attachés sont saint Clément d'Alexandrie et Origène ; l'un et l'autre instruisaient et écrivaient en Egypte : or, les Juifs d'Alexandrie étaient très-accoutumés aux explications *allégoriques* de l'Ecriture sainte, témoin les ouvrages de Philon. Les Egyptiens en général n'y étaient pas moins habitués par l'usage de leurs hiéroglyphes.

Une autre preuve du motif qui a conduit les Pères, c'est qu'ils ne se bornent point au sens mystique ou *allégorique* de l'Ecriture sainte. Origène, avant d'y avoir recours, donne assez souvent l'explication littérale du texte, et l'on connaît les travaux entrepris par ce savant homme pour confronter le texte hébreu avec les versions. Saint Grégoire de Nysse, après avoir tiré de la loi de Moïse un grand nombre d'*allégories*, conclut ainsi : *Ce que nous venons de proposer se réduit à des conjectures ; nous les abandonnons au jugement des lecteurs : s'ils les rejettent, nous ne les réclamerons point; s'ils les approuvent, nous n'en serons pas pour cela plus contents de nous-mêmes* (L. de Vita Mosis, p. 223). Saint Augustin, peu de temps après sa conversion, avait écrit deux livres sur la Genèse contre les manichéens, où il avait donné des raisons *allégoriques* de la plupart des faits, *parce que je ne voyais pas*, dit-il, *comment on pouvait les entendre dans le sens propre*. Mieux instruit dans la suite, il fit un autre ouvrage sur la Genèse, prise dans le sens littéral, *de Genesi ad litteram*. La bonne foi aurait exigé que Beausobre fît cette remarque, avant de censurer saint Augustin, *Hist. du Manich.*, tom. 1, l. 1, c. 4, pag. 283.

C'est donc très-mal à propos que l'on blâme les Pères de l'Eglise ; voudrait-on qu'ils eussent pris une autre méthode d'instruire, qui aurait déplu à leurs auditeurs, et qui n'aurait pas été écoutée? Juger du goût des IIe et IIIe siècles de l'Eglise par celui du XVIIIe, c'est une absurdité. En second lieu, les Pères ne pensaient point à former des savants, mais des chrétiens vertueux ; ils voulaient les accoutumer à chercher dans les livres saints, non de l'érudition ou des connaissances profanes, mais des leçons de morale et des sujets d'édification ; nous soutenons qu'ils n'avaient pas tort. Grâces à l'entêtement des hérétiques et des incrédules, ce n'est plus là ce qu'on veut aujourd'hui, il faut des remarques grammaticales, critiques, historiques, philosophiques, de la chronologie, de la géographie, de la physique et de l'histoire naturelle, pour expliquer les livres saints. Nous sommes sans doute, dans tous les genres, plus habiles que nos pères, en sommes-nous meilleurs chrétiens? Ces savantes discussions sont-elles à portée du peuple?

Or, c'est principalement le peuple que les Pères devaient et voulaient instruire. L'événement suffit pour nous convaincre qu'ils ont mieux réussi que leurs accusateurs. Les savants commentaires des protestants n'ont abouti qu'à multiplier parmi eux les disputes, les sectes, les erreurs ; ceux des Pères de l'Eglise formaient des hommes vertueux et des saints.

Ce qu'il y a de plus singulier, c'est que les protestants, qui censurent avec tant d'aigreur le goût des anciens Pères pour les *allégories*, sont cependant très-attentifs à profiter des explications *allégoriques* que saint Clément d'Alexandrie, Origène et Tertullien ont données quelquefois aux paroles de Jésus-Christ touchant l'Eucharistie.

Mais il est bon de voir combien leur prévention contre les Pères a donné d'avantage aux incrédules. C'est mal à propos, dit l'un d'entre eux, que les apologistes du christianisme ont voulu prouver aux païens l'absurdité de leur religion par la nécessité de recourir à des *allégories* pour dissiper le scandale de leurs fables ; ne sommes-nous pas dans le même cas à l'égard de la plupart des faits de l'Ancien Testament? Les Pères de l'Eglise l'ont senti, puisque tous ont allégorisé et sont convenus que sans cette méthode il était impossible d'entendre l'Ecriture sainte. Il cite en preuve saint Clément d'Alexandrie, Origène, Tertullien et saint Augustin. La fureur pour les *allégories* a fait diviniser le cantique de Salomon ; les mahométans font de même pour pallier les absurdités de l'Alcoran.

Vainement nous demanderions aux censeurs des Pères une réponse solide à cette objection ; ce n'est pas chez eux que nous irons la chercher. Les actions infâmes et scandaleuses racontées dans les fables étaient attribuées aux dieux ; pouvait-on les condamner ou les blâmer? S'il y en a dans l'histoire sainte, elles sont attribuées à des hommes, elles ne sont point approuvées, souvent même elles sont punies ; cela est fort différent. Les hommes ne sont pas impeccables, mais les dieux devaient l'être ; toutes les actions des premiers ne sont pas des exemples à suivre ; mais pouvait-on être coupable en imitant les dieux? Nous n'avons donc pas besoin d'*allégories* pour expliquer l'ivresse de Noé, l'inceste de Loth avec ses filles, le mensonge que Jacob dit à son père pour avoir sa bénédiction, l'adultère et l'homicide de David, etc., puisque nous ne sommes pas obligés de les justifier.

Nous avons vérifié les citations des Pères que l'on nous oppose ; la plupart sont fausses : voici tout ce qu'il y a de vrai.

Saint Clément d'Alexandrie, *Strom.*, l. II, c. 19, pag. 481, dit que la manière dont Dieu en a agi à l'égard d'Adam, de Noé, d'Abraham, de Jacob et d'Esaü, était prophétique et typique ; c'est aussi le sentiment de saint Paul à l'égard des deux derniers. Saint Clément conclut par les paroles de Jacob : *Parce que Dieu a eu pitié de moi, il m'a donné tout ce que je possède*, l. VI, c. 15, pag. 803. Il observe que, selon l'Evangile, Jésus-Christ ne parlait qu'en paraboles ; il conclut que, puisque Jésus-Christ est aussi l'auteur de la loi et des prophètes, il y a parlé de même en paraboles. Saint Clément en donne pour raison, 1° que par là Dieu a voulu exciter notre vigilance et notre curiosité ; 2° parce que plusieurs auraient abusé d'un style plus clair ; 3° parce que c'était la manière d'enseigner la plus ancienne et la plus générale ; 4° parce que le style des Hébreux est ordinairement figuré. Mais il ajoute que les hommes vraiment intelligents sont ceux qui entendent l'Ecriture sainte *selon la règle ecclésiastique*. Il n'admettait donc pas les explications arbitraires, et il ne s'ensuit pas de là que tout est parabole ou *allégorie* dans l'Ecriture sainte.

Origène, parlant de la distinction des animaux purs et impurs, *Homil. 7 in Levit.*, n° 5, dit que si on l'entend comme les Juifs et comme le peuple, les lois que Dieu a portées sur ce sujet paraîtront moins raisonnables et moins respectables que celles des Athéniens, des Spartiates ou des Romains ; mais que si on les entend *selon le sens qu'enseigne l'Eglise*, elles paraîtront vraiment divines et supérieures à toutes les lois humaines. *L. 11 in Epist. ad Rom., n.* 9. Il demande que peuvent avoir de commun avec la loi naturelle celles qui ordonnent la circoncision, qui défendent de faire un tissu de lin et de laine, ou de manger du pain levé à la fête de Pâques. Il dit qu'ayant demandé à des Juifs la raison et l'utilité de ces lois, ils ne lui en ont point donné d'autre que le bon plaisir du législateur. Il ne s'ensuit pas de là qu'Origène voulait que l'on prît aussi dans un sens *allégorique* les autres lois dont la raison était claire et sensible, et les lois morales contenues dans le Décalogue. Il nous paraît que l'on a jugé ce Père un peu trop sévèrement, quand on a conclu de là qu'il détruisait souvent le sens littéral de l'Ecriture sainte ; ce n'était pas le détruire que d'avouer qu'il ne le voyait pas.

Tertullien, liv. v *contre Marcion*, c. 5, dit que rien ne paraît plus ridicule ni plus méprisable que les sacrifices sanglants, les purifications, la loi du talion, la circoncision, les abstinences ; qu'aussi tout hérétique tourne en dérision l'ancien Testament dans son entier ; mais que Dieu a voilé sous ces énigmes et sous ces figures une sagesse qui devait être révélée par Jésus-Christ. Cependant Tertullien, dans ce même ouvrage, donne de très-bonnes raisons des abstinences prescrites aux Juifs, de la distinction des animaux purs et impurs, de la multitude des sacrifices et des offrandes. Lors donc qu'il a dit que tout cela pris à la lettre était ridicule et méprisable, il a entendu que cela paraissait tel aux hérétiques, et non aux fidèles instruits par Jésus-Christ. Quand même il aurait voulu dire de toute la loi cérémonielle ce que les incrédules lui attribuent, il ne s'ensuivrait pas encore qu'il a pensé de même de tout l'Ancien Testament.

Saint Augustin, *L. contra Mendacium*, ad *Consent.*, c. 10, n. 23 et 24, soutient qu'Abraham et Isaac n'ont pas menti, en disant que leurs épouses étaient leurs sœurs, non plus que Jacob, en disant à Isaac qu'il était Esaü, son aîné, parce que c'étaient des figures, des types ou des métaphores. Nous ne pensons pas que cette excuse soit solide ; parce qu'une équivoque, employée pour tromper quelqu'un est un vrai mensonge : mais on n'en peut pas conclure que, selon saint Augustin, toute l'histoire sainte est figurative ou *allégorique*, et que sans le secours des *allégories*, il serait impossible de l'entendre.

Il n'a pas été difficile de réfuter Woolston, qui prétendait que les miracles de Jésus-Christ devaient être pris dans un sens purement *allégorique*, et qu'ils avaient été ainsi envisagés par les Pères. *Voy. le sens littéral de l'Ecriture sainte défendu* par Stakhouse, etc.

Ce n'est point le goût pour les *allégories* qui a fait diviniser le cantique de Salomon ; c'est au contraire l'habitude du style *allégorique*, usité de tout temps chez les Orientaux, qui a fait écrire ainsi cet ancien ouvrage, monument original des mœurs simples et innocentes qui régnaient pour lors. L'Eglise chrétienne l'a reçu comme un livre divin, sur la foi de la tradition constante des Juifs, transmise par les apôtres, et leur témoignage n'a pas besoin d'un autre garant.

Il n'est pas vrai que les mahométans recoururent aux *allégories* pour pallier les absurdités et les turpitudes renfermées dans l'alcoran ; ils font profession de les croire à la lettre, telles que leur prétendu prophète les a écrites ; et quand ils voudraient user de ce palliatif, ils ne viendraient jamais à bout de leur donner la moindre apparence de bon sens. *Voy.* Marracci, *Prodromus ad refut. Alcoranni*, et Mahométisme.

ALLELU-IA ou **ALLELU-IAH**, deux mots hébreux qui signifient, *louez le Seigneur*.

Saint Jérôme est le premier qui ait introduit le mot *alleluia* dans le service de l'Eglise ; pendant longtemps on ne l'employait qu'une seule fois l'année dans l'Eglise latine, savoir le jour de Pâques ; mais il était plus en usage dans l'Eglise grecque, où on le chantait dans la pompe funèbre des saints, comme saint Jérôme le témoigne expressément en parlant de celle de sainte Fabiole : cette coutume s'est conservée dans cette Eglise, où l'on chante même l'*alleluia* quelquefois pendant le carême.

Saint Grégoire le Grand ordonna qu'on le chanterait de même toute l'année dans l'Eglise latine ; ce qui donna lieu à quelques personnes de lui reprocher qu'il était trop attaché aux rites des Grecs, et qu'il introduisait dans l'Eglise de Rome les cérémonies de celle de Constantinople ; mais il répondit que tel avait été autrefois l'usage à Rome, même lorsque le pape Damase, qui mourut en 384, introduisit la coutume de chanter l'*alleluia* dans tous les offices de l'année. Ce décret de saint Grégoire fut tellement reçu dans toute l'Eglise d'Occident, qu'on y chantait l'*alleluia*, même dans l'office des morts, comme l'a remarqué Baronius dans la description qu'il fait de l'enterrement de sainte Radegonde. On voit encore dans la messe mozarabique, attribuée à saint Isidore de Séville, cet introït de la messe des défunts : *Tu es portio mea, Domine, alleluia, in terrâ viventium, alleluia.*

Dans la suite, l'Eglise romaine supprima le chant de l'*alleluia* dans l'office et dans la messe des morts, aussi bien que depuis la septuagésime jusqu'au graduel de la messe du samedi saint, et elle y substitua ces paroles, *Laus tibi, Domine, Rex æternæ gloriæ*, comme on le pratique encore aujourd'hui. Le quatrième concile de Tolède, dans le onzième de ses canons, en fit une loi expresse, qui a été adoptée par les autres Eglises d'Occident.

Saint Augustin, dans son épître 119 *ad Januar.*, remarque qu'on ne chantait *alleluia* que le jour de Pâques. Il n'a fait que rapporter l'usage de son siècle. Dans la messe mozarabique, on le chantait après l'Evangile, mais non pas en tout temps; au lieu que dans les autres Eglises on le chantait comme on le fait encore, entre l'Epître et l'Evangile, c'est-à-dire, au Graduel. Sidoine Apollinaire remarquait que les forçats ou rameurs chantaient à haute voix l'*alleluia*, comme un signal pour s'exciter et s'encourager à leurs manœuvres.

C'était en effet la coutume des premiers chrétiens de sanctifier leur travail par le chant des hymnes et des psaumes. Bingham, *Orig. Eccl.*, tom. VI, lib. xiv, cap. 11, § 4.

ALLEMAGNE. Cette partie de l'Europe, à la prendre dans toute l'étendue qu'on lui donne aujourd'hui, n'a pas été convertie à la foi chrétienne en même temps. Saint Boniface, archevêque de Mayence, né en Angleterre, et religieux bénédictin, est regardé comme l'apôtre de l'*Allemagne*; c'est par ses travaux, continués depuis l'an 715, jusqu'à sa mort, arrivée l'an 755, que les Germains, voisins du Rhin, c'est-à-dire, les habitants de la Thuringe, de la Hesse, de la Frise et même de la Bavière, furent solidement convertis au christianisme, et que les premiers évêchés de cette partie occidentale de l'*Allemagne* furent fondés : son apostolat fut couronné par le martyre : il fut massacré par les barbares avec cinquante-deux de ses compagnons, soit missionnaires soit chrétiens; leur sang fut une semence qui produisit d'autres apôtres.

Les protestants mêmes n'ont pas osé contester son zèle, ses travaux, son courage, ses succès; mais, comme ce saint missionnaire a prêché le christianisme catholique, et non le protestantisme, il a bien fallu en déprimer l'éclat et en empoisonner au moins le motif. *Boniface, dit Mosheim, obtint, par ses travaux et par ses pieux exploits, le titre honorable d'apôtre de la Germanie ; et il le mérita certainement par les services signalés qu'il rendit au christianisme; mais cet éminent prélat fut un apôtre à la façon moderne; il s'écarta à plusieurs égards de l'excellent modèle qu'il avait dans la conduite et le ministère des premiers et vrais apôtres. Indépendamment de son zèle pour la gloire et l'autorité du pontife romain, qui égalait, s'il ne surpassait point, celui qu'il avait pour le service du Christ et pour la propagation de sa religion, on lui reproche plusieurs autres choses indignes d'un vrai ministre chrétien. En combattant les superstitions païennes, il n'employa pas toujours les armes dont les anciens hérauts de l'Evangile se servirent pour faire triompher la vérité, mais souvent la violence et la terreur, quelquefois même l'artifice et la fraude, pour multiplier le nombre des chrétiens. J'ajouterai que ses*

lettres annoncent un caractère impérieux et arrogant, un esprit fourbe et trompeur, un zèle excessif pour accroître les honneurs et les prétentions de l'ordre sacerdotal, et une profonde ignorance de plusieurs choses dont la connaissance est absolument indispensable à un apôtre, et surtout de celles qui ont pour objet la vraie nature et le véritable génie de la religion chrétienne (*Hist. ecclés.*, viiie siècle, 1re part., c. 1, § 4). Instruits par ce tableau, nos incrédules français n'ont pas hésité de dire que les missionnaires de l'*Allemagne* prêchèrent le papisme et non le christianisme; qu'ils furent les émissaires, les satellites, les esclaves des papes, plutôt que les envoyés de Jésus-Christ; d'où nous devons conclure que les barbares ne firent pas si mal de les massacrer : mais il ne nous paraît pas fort difficile de les justifier.

1° Il est absurde de vouloir que saint Boniface ait prêché dans l'*Allemagne* un autre christianisme, une autre religion que celle dans laquelle il avait été élevé et instruit, et de la vérité de laquelle il était très-persuadé; qu'il ait établi le prétendu christianisme de Luther et de Calvin, huit cents ans avant que celui-ci eût été forgé. Il y a donc aussi du ridicule à trouver mauvais qu'il ait cru fermement à l'autorité du pape, et qu'il l'ait établie dans les églises d'*Allemagne*, dès que c'était pour lors la foi et la croyance universelle de tout l'Occident. S'il avait fait autrement, c'est alors qu'il faudrait l'accuser d'infidélité à son ministère et de mauvaise foi. La seule preuve que l'on allègue de l'excès de son zèle sur ce point, c'est que, selon les auteurs de l'*Histoire littér. de la France,* « saint Boniface, dans ses lettres, exprime son dévouement pour le saint-siége en des termes qui ne sont pas assez proportionnés à la dignité du caractère épiscopal. » Mais ces termes n'étonnaient personne dans ce temps-là, parce que l'autorité des papes était plus grande au viiie siècle qu'elle n'est aujourd'hui; et nous verrons au mot PAPE, que cela était ainsi par nécessité et par le besoin des circonstances.

2° C'est encore une absurdité de conclure de là que le zèle de saint Boniface était plus grand pour l'autorité du pontife romain que pour la gloire de Jésus-Christ et pour la propagation de sa religion. Puisque ce saint missionnaire croyait fermement que l'autorité du pape avait été établie par Jésus-Christ lui-même, qu'elle était nécessaire pour la propagation de la foi et pour maintenir l'unité de l'Eglise, que l'on ne pouvait pas être sincèrement soumis à Jésus-Christ sans obéir à son vicaire sur terre; son zèle pour cette autorité était un vrai zèle pour la gloire et pour le service de Jésus-Christ. Quand saint Boniface aurait été dans l'erreur, ce qui n'est pas, elle lui aurait été commune avec tout son siècle, et sa conduite était parfaitement d'accord avec sa croyance.

3° Quelle preuve peut-on donner, pour

aire voir qu'il a employé la violence et
a terreur pour subjuguer les païens et
aire triompher la vérité ? Aucune ; on nous
ait seulement remarquer qu'il fut secondé
ar la puissante protection et encouragé
ar les libéralités de Charles Martel, de
Carloman et de Pepin, ses enfants. Il en avait
esoin, sans doute, pour fonder des évêchés,
les monastères et des écoles ; mais ces princes le firent-ils escorter par des soldats, pour
mprimer la terreur aux barbares, et pour
es forcer à se faire chrétiens ? Il ne voulut
as seulement que ses compagnons fissent
aucune résistance, lorsque les Frisons vinrent le massacrer ; sa douceur, sa patience,
a résignation à la mort, sont attestées par
es lettres. *Vies des Pères et des Martyrs*,
om. V, p. 133.

4° On ne donne point de preuves non plus
e son caractère fourbe et trompeur, des ar-
ifices et de la fraude qu'il employa pour
nultiplier le nombre des chrétiens. Si par
raudes les protestants entendent les reliques,
es indulgences, le purgatoire, la confes-
ion, même les miracles, nous avouerons que
aint Boniface les mit en usage ; mais il faut
ommencer par prouver que tout cela sont
es *fraudes*, et que saint Boniface lui-même
'y avait aucune foi. Ces prétendues *fraudes*
ont un peu différentes des mensonges, des
mpostures, des calomnies, dont les prédi-
ants du protestantisme se sont servis pour
établir.

5° Nous avons beau chercher dans les
ettres de ce saint évêque, ou ailleurs, des
estiges du caractère impérieux et arrogant
u'on lui attribue, nous n'y trouvons que
es témoignages du contraire. Mais il était
élé pour l'honneur et les prétentions de
ordre sacerdotal ; assurément, et ce crime
ui est commun avec saint Paul, qui disait :
ant que je serai l'apôtre des nations, j'hono-
erai mon ministère. (*Rom.* xi, 13), et à *Tite*,
, 15 : *Que personne ne vous méprise.* Saint
Boniface ne s'est pas attribué autant d'auto-
ité sur les églises qu'il avait fondées que
uther et Calvin sur celles qu'ils avaient
erverties. Avant sa mort il se donna un
uccesseur sur le siége de Mayence, et lui
aissa le soin de gouverner cette église, pour
ller continuer ses missions chez les idolâ-
res ; il n'attribua aux évêques point d'autre
utorité que celle dont ils jouissaient dans
out l'Occident.

6° Enfin, quand les missionnaires de l'*Al-*
emagne auraient donné quelque sujet aux
réventions des protestants, ce qui n'est
oint, ces derniers seraient encore injus-
es, et pour ainsi dire barbares, de cher-
her à ternir la gloire des ouvriers évan-
éliques qui ont instruit et civilisé leurs
ncêtres : sans leurs travaux, Luther aurait-
l établi dans ces contrées sa prétendue ré-
ormation ? Aucun des prédicants n'est allé
rêcher l'Evangile chez les barbares ; et
ous connaissons le succès qu'ont eu leurs
uccesseurs, quand ils ont voulu faire le per-
onnage d'apôtres. Ils ne savent que noir-

cir et calomnier comme leurs prédéces-
seurs.

Nous ne nous arrêtons point à relever le
ridicule de Brucker, qui reproche à saint
Boniface de n'avoir pas assez rendu de services aux lettres et à la philosophie, en portant le christianisme en *Allemagne :* il se
fâche contre les bénédictins, parce qu'ils
lui ont attribué de l'érudition et de la capacité, et qu'ils l'ont loué d'avoir établi des
écoles dans les monastères de Fulde et de
Fritzlar. Il en prend occasion de confirmer
ce que les auteurs protestants ont dit de
l'ignorance de ce missionnaire, et il en apporte pour preuve, non-seulement ses lettres, mais ce que rapporte Aventin, que ce
fut saint Boniface qui dénonça au pape Za-
charie Virgile de Salzbourg comme hérétique, pour avoir avancé qu'il y a des antipodes. Nous ne pensons point que l'intention
des bénédictins ait été de persuader que
saint Boniface était un grand philosophe,
et qu'il établit en *Allemagne* des écoles de
philosophie pour des Germains qui ne savaient pas lire. Ce zélé missionnaire était
instruit autant que l'on pouvait l'être au
viiie siècle ; il avait fait les études que l'on
faisait pour lors, et il s'était attaché aux
sciences ecclésiastiques, les seules dont il
eût besoin pour prêcher l'Evangile. Il établit des écoles pour ces mêmes sciences, et
contribua, autant qu'il le put, à tirer les
peuples de l'*Allemagne* de l'ignorance grossière dans laquelle ils étaient plongés. Que
devait-il faire de plus ? et n'est-ce pas là un
service réel rendu aux lettres ?

Ne savons-nous pas ce que veut dire
Mosheim, lorsqu'il refuse à saint Boniface
la connaissance des choses qui ont pour ob-
jet la vraie nature et le véritable génie de
la religion chrétienne ? S'il entend par là
que ce missionnaire ne connaissait pas le
christianisme tel qu'il a plu aux protestants de le forger, nous en sommes déjà
convenu ; il suffit, selon leur opinion, de
lire et d'étudier l'Ecriture sainte : or, saint
Boniface l'avait étudiée et la lisait constamment, il l'avait même enseignée aux autres dans son monastère ; mais il eut le
malheur de n'y pas voir, non plus que nous,
ce que les protestants ont prétendu y voir
huit cents ans après.

Quant à la prétendue hérésie touchant
les ANTIPODES, *voyez* ce mot. Mosheim et
les autres protestants n'ont pas parlé d'une
manière plus équitable des missions
faites au ixe siècle chez les Saxons, par
ordre de Charlemagne. *Voy.* MISSIONS.

ALLIANCE. Dans les saintes Ecritures,
on emploie souvent le mot *testamentum*, et
en grec διαθήχη, pour exprimer la valeur
du mot hébreu *berith*, qui signifie *alliance :*
d'où viennent les noms d'ancien et de Nouveau Testament, pour marquer l'ancienne
et la nouvelle *alliance.* La première *alliance*
de Dieu avec les hommes est celle qu'il fit
avec Adam au moment de sa création, lorsqu'il lui défendit l'usage du fruit de la science
du bien et du mal. *Gen.* ii, 16. Cette défense

est une espèce de contrat entre Dieu et
l'homme; c'est ainsi qu'elle est appelée.
Eccli. xiv, 12.

La seconde *alliance* est celle que Dieu
a faite avec l'homme après son péché, en
lui promettant un rédempteur. En considération de cette promesse, Dieu n'a point
condamné Adam à la peine éternelle qu'il
méritait, mais seulement à une peine temporelle, au travail, aux souffrances, à la
mort. *Si notre vie*, dit saint Augustin, *est
souffrante et sujette à la mort, c'est un effet
de la colère de Dieu, et une punition du premier péché.... Mais Dieu ne nous a pas traités
comme nos péchés le méritaient ; il a eu pitié
de nous comme un père a compassion de ses
enfants ; ce que nous souffrons est un remède
et non une vengeance, c'est une correction et
non une damnation, etc. Il a envoyé son
Fils, parce qu'il a eu pitié de nous (Enarr.
in Ps.* cii, n. 17 et suiv.; *Enchir. ad Laur.*,
c. 27, n. 8). *Voyez* Adam.

Saint Paul a souvent relevé les avantages
de cette *alliance* par laquelle le second Adam,
qui est Jésus-Christ, a pleinement réparé le
préjudice que le premier homme avait porté
à sa postérité. *De même que tous meurent en
Adam, ainsi tous seront vivifiés par Jésus-
Christ (I Cor.* xv, 22). *De même que par la
désobéissance d'un seul, la multitude des hommes sont devenus pécheurs, ainsi par l'obéissance d'un seul, la multitude des hommes de-
viendront justes (Rom.* v, 12, 19). *Par sa
mort, Jésus-Christ a détruit celui qui avait
l'empire de la mort, c'est-à-dire le démon
(Hebr.* ii, 14). *Voy.* Rédemption.

Une troisième *alliance* est celle que le Seigneur fit avec Noé, lorsqu'il lui dit de bâtir
une arche ou un grand vaisseau pour y sauver les animaux de la terre, et pour y retirer
avec lui un certain nombre d'hommes, afin
que par leur moyen il pût repeupler la terre
après le déluge. *Genes.* vi, 18.

Cette *alliance* fut renouvelée cent vingt-un
ans après, lorsque les eaux du déluge s'étant
retirées, et Noé étant sorti de l'arche avec sa
femme et ses enfants, Dieu lui dit : *Je vais
faire* alliance *avec vous et avec vos enfants
après vous, et avec tous les animaux qui sont
sortis de l'arche; en sorte que je ne ferai plus
périr toute chair par les eaux du déluge;
et l'arc-en-ciel que je mettrai dans les nues
sera le gage de l'*alliance *que je ferai aujour-
d'hui avec vous (Gen.* ix, 8, 9, 10 et 11).

Toutes ces *alliances* ont été générales entre Adam et Noé et toute leur postérité ; mais
celle que Dieu fit dans la suite avec Abraham fut plus limitée; elle ne regardait que
ce patriarche et la race qui devait naître de
lui par Isaac. Les autres descendants d'A-
braham par Ismaël et par les enfants de Cé-
thura n'y devaient point avoir de part. La
marque ou le sceau de cette *alliance* fut la
circoncision, que tous les mâles de la famille
d'Abraham devaient recevoir le huitième
jour après leur naissance. Les effets et les
suites de ce pacte sont sensibles dans toute
l'histoire de l'Ancien Testament; la venue du
Messie en est la consommation et la fin.

L'*alliance* de Dieu avec Adam forme ce que
nous appelons la loi de nature ; l'*alliance*
avec Abraham, expliquée dans la loi de
Moïse, forme la loi de rigueur; l'*alliance* de
Dieu avec tous les hommes, par la médiation
de Jésus-Christ, fait la loi de grâce. *Gen.* xii,
1, 2; et xvii, 10, 11, 12.

Dans le discours ordinaire, nous ne parlons guère que de l'ancien et du nouveau
Testament, de l'*alliance* du Seigneur avec
la race d'Abraham, et de celle qu'il a faite
avec tous les hommes par Jésus-Christ;
parce que ces deux *alliances* contiennent
éminemment toutes les autres qui en sont
des suites, des émanations et des explications ; par exemple, lorsque Dieu renouvelle
ses promesses à Isaac et à Jacob, et qu'il
fait *alliance* à Sinaï avec les Israélites et leur
donne sa loi; lorsque Moïse, peu de temps
avant sa mort, renouvelle l'*alliance* que le
Seigneur a faite avec son peuple, et qu'il
rappelle devant leurs yeux tous les prodiges
qu'il a faits en leur faveur, lorsque Josué, se
sentant près de sa fin, jure avec les anciens
du peuple une fidélité inviolable au Dieu de
leurs pères : tout cela n'est qu'une suite de
la première *alliance* faite avec Abraham.
Josias, Esdras, Néhémie, renouvelèrent de
même en différents temps leurs engagements
et leur *alliance* avec le Seigneur ; mais ce
n'est qu'un renouvellement de ferveur et une
promesse d'une fidélité nouvelle à observer
des lois données à leurs pères. *Exod.* xi,
24; vi, 47; xix, 5. *Deut.* xxix. *Jos.* xxiii,
25. *IV Reg.* ii, 18. *Paralip.* ii, 22.

La plus grande, la plus solennelle, la plus
excellente et la plus parfaite de toutes les
alliances de Dieu avec les hommes est celle
qu'il a faite avec nous par la médiation de
Jésus-Christ : *alliance* éternelle qui doit subsister jusqu'à la fin des siècles, dont le Fils
de Dieu est le garant, qui est cimentée et af-
fermie par son sang, qui a pour fin et pour
objet la vie éternelle, dont le sacerdoce, le
sacrifice et les lois sont infiniment plus parfaites que celles de l'Ancien Testament. *Voy.*
saint Paul, dans ses *Épîtres aux Galates et
aux Hébreux.*

Vainement les Juifs soutiennent que Dieu
n'a pas pu établir une nouvelle *alliance*,
après leur avoir ordonné d'observer celle de
Moïse à perpétuité. On leur prouve le contraire. 1° parce que Dieu l'a ainsi déclaré,
Jerem xxxi, 31 et suiv.; et c'est l'argument
que leur fait saint Paul, *Hebr.* viii, 8. 2° Ils
conviennent eux-mêmes que, selon les prophètes, le Messie doit être législateur aussi
bien que Moïse, *Deut.* xviii, 15 ; *Isa.* xlii, 4;
Munimen fidei, 1re part., c. 20. Cette fonction serait superflue, s'il ne devait point établir de nouvelles lois. 3° Dieu a rejeté les anciens sacrifices et promis un nouveau sacerdoce. *Ps.* xlix, 7. *Isa.* i, 16 et suiv.; lxvi, 2.
Jerem. vii, 21. *Ezech.* xx, 5 et suiv. *Mich.* vi,
6. *Malach.* i, 10. C'est encore un argument
de saint Paul, *Hebr.* vii, 12; viii, 8. 4° L'ancienne *alliance* mettait un mur de séparation
entre les Juifs et les autres nations; la loi
de Moïse n'était praticable que dans la Ju-

lée ; sous le Messie, au contraire, toutes les nations doivent se réunir et devenir le peuple du Seigneur ; les Juifs en conviennent : donc il faut une loi nouvelle qui soit praticable dans toutes les parties du monde. 5° Dieu a rendu la loi de Moïse impraticable aux Juifs mêmes par leur dispersion, par la destruction du temple, par la confusion des généalogies, par l'incompatibilité de leurs lois avec le droit public de toutes les nations : donc Dieu en a établi une nouvelle par le Messie : elle subsiste depuis près de dix-huit cents ans. Voyez *Philippi à Limborch, Amica collat. cum erudito Judæo*, etc.

ALOGES ou ALOGIENS, secte d'anciens hérétiques, dont le nom est formé d'*α* privatif, et de λό, ος, *parole* ou *verbe*, comme qui dirait *sans verbe* ; parce qu'ils niaient que Jésus-Christ fût le Verbe éternel. Ils rejetaient l'Evangile de saint Jean comme un ouvrage apocryphe, écrit par Cérinthe ; quoique cet apôtre ne l'eût écrit que pour confondre cet hérétique, qui niait aussi la divinité de Jésus-Christ.

Quelques auteurs rapportent l'origine de cette secte à Théodote de Byzance, corroyeur de son métier, et cependant homme éclairé, qui, ayant apostasié pendant la persécution de Sévère, répondit à ceux qui lui reprochaient ce crime, que ce n'était qu'un homme qu'il avait renié, et non un Dieu : et que de là ses disciples, qui niaient l'existence du Verbe, prirent le nom d'*ἄλογοι* : *Ils disent*, ajoute M. Fleury, *que tous les anciens, et même les apôtres, avaient reçu et enseigné cette doctrine, et qu'elle s'était conservée jusqu'au temps de Victor, qui était le treizième évêque de Rome depuis saint Pierre ; mais que Zéphirin, son successeur, avait corrompu la vérité.* Mais on leur opposait les écrits de saint Justin, de Milliade, de Tatien, de Clément, d'Irénée, de Méliton et d'autres anciens, qui disaient que Jésus-Christ était Dieu et homme ; Victor avait excommunié Théodote ; comment l'eût-t-il excommunié s'ils eussent été du même sentiment ? *Hist. eccl.*, t. I, liv. iv, n° 33.

D'autres avancent que ce fut saint Epiphane qui, dans sa liste des hérésies, leur donna ce nom ; mais d'autres Pères et grand nombre d'autres ecclésiastiques parlent des *alogiens*, comme sectateurs de Théodote de Byzance. *Voyez* Tertul., livre *des Prescr.*, chap. dernier ; saint August., *de Hær.*, cap. 33 ; Eusèbe, liv. v, chap. 19 ; Baronius, *ad ann.* 196 ; Tillemont, du Pin, *Biblioth. des auteurs ecclés.*, premier siècle.

ALPHA et OMÉGA, A et Ω, première et dernière lettres de l'alphabet grec. Jésus-Christ dit dans l'Apocalypse : *Je suis l'*ALPHA *et l'*OMÉGA, *le commencement et la fin. C. I*, v. 8 ; c. XXI, v. 6 ; c. XXII, v. 13. Il est en effet le Verbe divin qui a créé toutes choses ; il en est la dernière fin, puisque c'est en lui seul et par lui que nous pouvons trouver le souverain bonheur. Voy. *Coloss.* I, 15 et suiv.

ALPHABET grec et latin, caractères ou lettres à l'usage des Grecs et des Latins, que, dans la consécration d'une église, le prélat consécrateur trace avec son doigt sur la cendre dont on a couvert le pavé de la nouvelle église.

Cette cérémonie nous donne à entendre que l'Eglise est la vraie mère des fidèles ; qu'elle leur donne les éléments de la vraie science, de la science du salut, et qu'elle réunit tous les peuples.

AMALÉCITES. *Voy.* AGAG.

AMAURI, théologien de Paris, parut au commencement du XIIIe siècle. Il enseigna que Dieu était la matière première ; que la loi de Jésus-Christ devait finir l'an 1200, et faire place à la loi du Saint-Esprit, qui sanctifierait les hommes sans sacrements et sans aucun acte extérieur ; que les péchés commis par charité étaient innocents. Il niait la résurrection des morts et l'enfer, rejetait le culte des saints, déclamait contre le pape, etc. Il eut des sectateurs opiniâtres. On pardonna aux femmes ; mais dix de leurs séducteurs subirent le dernier supplice l'an 1210. Le concile de Latran, tenu en 1215, confirma la condamnation de leur doctrine. *Amauri* eut pour successeur David de Dinant, qui prêcha la même doctrine. *Hist. de l'Egl. gallic.*, liv. xxx, an. 1210-1212.

AMBITION, désir excessif des honneurs. Plusieurs philosophes de notre siècle ont fait l'apologie de l'*ambition*, parce que l'Evangile la réprouve et commande l'humilité. Ils disent qu'un homme est louable lorsqu'il recherche les dignités et les places importantes, dans le dessein de se rendre utile à ses semblables. Cela serait fort bien, si c'était là le motif des ambitieux ; mais on sait trop par expérience que leur intention est de jouir des priviléges attachés aux grandes places, sans se mettre beaucoup en peine d'en remplir les devoirs, et que les sujets les plus ineptes sont ordinairement les plus avides et les plus empressés de parvenir. *N'imitez point*, dit Jésus-Christ, *ceux qui recherchent les premières places, les respects et les hommages des hommes.* Il reproche ce vice aux pharisiens, et tâche d'en préserver ses disciples. *Matth.* XXIII, 6. Cette morale sera toujours plus sage que celle des philosophes. Avec des palliatifs, il n'est point de passion que l'on ne vienne à bout de justifier.

AMBROISE (S.), docteur de l'Eglise et archevêque de Milan, mort l'an 397. La meilleure édition de ses ouvrages est celle des bénédictins, en deux volumes *in-folio*. Le fait le plus honorable à *saint Ambroise* est d'avoir eu saint Augustin pour disciple. On peut voir ses autres actions dans le *Dictionnaire historique* ; nous nous bornons à examiner les accusations formées contre sa doctrine. On lui reproche d'avoir poussé trop loin l'étendue de la patience chrétienne, le mérite de la virginité et du célibat ; d'avoir dit qu'avant Moïse il n'y avait point de loi qui défendît l'adultère ; d'avoir voulu justifier, dans les saints personnages dont parle l'Ecriture, des actions qui ne doivent être ni louées, ni excusées.

Ces reproches empruntés de Daillé et de Barbeyrac, deux protestants, ne valaient pas la peine d'être répétés par les incrédules.

Les premiers chrétiens ont poussé la patience jusqu'à l'héroïsme : il le fallait, afin de convaincre les persécuteurs de l'inutilité des supplices pour exterminer le christianisme, et de montrer aux païens la supériorité des maximes de l'Evangile sur la morale de leurs philosophes. Aujourd'hui des censeurs téméraires osent soutenir que cette patience n'a pas été poussée assez loin.

Dans les articles CÉLIBAT et VIRGINITÉ, nous ferons voir que les Pères n'ont rien dit de plus que saint Paul; que cette doctrine est sage et irrépréhensible; qu'il n'est pas vrai qu'elle déroge à la sainteté du mariage, ni qu'elle soit nuisible au bien de la société.

Saint Ambroise a eu raison d'avancer qu'avant Moïse il n'y avait point de loi *positive* qui défendît l'adultère; mais il n'a pas prétendu qu'il fût permis par la loi naturelle.

Le commerce d'Abraham avec Agar n'était ni un adultère ni un concubinage, mais une *polygamie;* et alors elle n'était point réprouvée par le droit naturel. *Voy.* POLYGAMIE.

C'est donc très-improprement que *saint Ambroise* nomme *adultère* ce second mariage d'Abraham; mais il n'a pas tort de prétendre qu'en cela ce patriarche n'a point péché. Il est évident, par ce qu'il dit de Pharaon, d'*Abraham,* liv. II, c. 2, qu'il n'a jamais pensé que l'adultère proprement dit pût être permis; et, quoi qu'en dise Barbeyrac, ce n'est point là une contradiction. *Traité de la Morale des Pères,* c. 13, § 12.

Quant aux autres actions des patriarches que les Pères de l'Eglise ont excusées, *voy.* PATRIARCHE, ABRAHAM, etc.

D'autres critiques ont accusé *saint Ambroise* d'avoir enseigné que l'âme humaine est matérielle, parce qu'il dit qu'il n'y a rien d'exempt de composition matérielle que la substance de la Trinité, qui est d'une nature simple et sans mélange. *De Abraham,* liv. II, c. 8, n. 58. Mais, dans cet endroit même, il dit que l'âme humaine est indivisible et unie à la sainte Trinité, qui est simple. D'ailleurs il professe formellement l'immatérialité et l'immortalité de l'âme dans plusieurs autres ouvrages. *In psalm.* CXVIII, serm. 10, n. 15, 16, 18; *Hexam.,* liv. V, c. 7, n. 10, etc.

Le Clerc, dans ses notes sur les *Confessions de saint Augustin,* prétend que l'invention des reliques de saint Gervais et de saint Protais fut une fraude pieuse de *saint Ambroise,* qui se servit de cet expédient pour augmenter son autorité, pour réprimer les ariens, pour en imposer à l'impératrice Justine qui les favorisait. Il prouve ce soupçon, 1° parce que saint Augustin rapporte que *saint Ambroise* fut instruit par une vision ou une révélation du lieu où étaient ces reliques, au lieu que *saint Ambroise* ne parle point de cette vision en racontant cet événement. *Epist.* 22, lib. I. 2° *Saint Ambroise* dit : Nous trouvâmes deux corps d'une grandeur étonnante, *tels qu'ils étaient dans les anciens temps.* Veut-il parler des temps héroïques, ou veut-il faire entendre que les martyrs devenaient plus grands que les autres hommes? 3° Il rapporte que les possédés, ou plutôt les démons tourmentés par ces reliques, confondirent les ariens. 4° En effet, cet événement servit à humilier et à contenir ces hérétiques. Ce fut donc un stratagème imaginé à propos. Le Clerc pense qu'il en est de même de toutes les autres inventions de même espèce.

Sont-ce donc là des preuves assez fortes pour accuser de fourberie un personnage aussi respectable que *saint Ambroise?* S'il avait parlé de la révélation qu'il avait eue, Le Clerc lui aurait reproché de l'avoir forgée par orgueil. Ce n'est pas un prodige que deux martyrs aient été de haute stature, tels que les poëtes nous peignent les hommes des temps héroïques; il n'y a rien de ridicule dans cette remarque de *saint Ambroise.* Il se fit d'autres miracles à cette occasion que des guérisons de possédés. Saint Augustin raconte qu'un aveugle recouvra la vue, et il paraît l'attester comme témoin oculaire. Pour commettre une fraude, il aurait fallu avoir un trop grand nombre de complices, les fossoyeurs et les témoins, les miraculés, tout le clergé de Milan, et même tous les catholiques environnés des ariens; croirons-nous qu'aucun de ces derniers ne fut témoin des faits? *Saint Ambroise* se serait exposé à la dérision des hérétiques, au discrédit de la foi catholique, au ressentiment de l'impératrice Justine; il n'était pas assez imprudent pour courir un aussi grand danger. Etait-il indigne de Dieu de confirmer par des miracles la foi à la divinité du Verbe, et le culte des reliques contre lequel Vigilance s'éleva pendant ce temps-là? Mais Le Clerc, qui ne croyait ni l'un ni l'autre de ces dogmes, aima mieux accuser toute l'Eglise catholique de fourberie, que de démordre de ses opinions. Par un effet du même entêtement, il a reproché à saint Augustin d'avoir feint les prétendus miracles opérés par les reliques de saint Etienne, et d'avoir aposté les miraculés.

AMBROSIEN (rite ou office). Manière particulière de faire l'office dans l'Eglise de Milan, qu'on appelle aussi quelquefois *l'Eglise Ambrosienne.* Ce nom vient de saint Ambroise, docteur de l'Eglise et évêque de Milan, dans le IVe siècle. Walafrid Strabon a prétendu que saint Ambroise était véritablement l'auteur de l'office que l'on nomme encore aujourd'hui *ambrosien,* et qu'il le disposa d'une manière particulière, tant pour son église cathédrale que pour toutes les autres de son diocèse. Cependant quelques-uns pensent que l'Eglise de Milan avait un office différent de celui de Rome, quelque temps avant ce saint prélat. En effet, jusqu'au temps de Charlemagne, les églises avaient chacune leur office propre; dans Rome même il y avait une grande diversité d'offices; et si l'on en croit Abailard, la seule église de Latran conservait en son entier l'ancien office romain : et lorsque, dans la suite, les papes voulurent faire adopter celui-ci à toutes les Eglises d'Occident,